実務家のための
知的財産権
判例70選

2021 年度版

令和2年
5月20日
～
令和3年
4月14日
判決

一般社団法人弁理士クラブ知的財産実務研究所 編

JN084474

発明推進協会

「実務家のための知的財産権判例70選　2021年度版」の発刊にあたって

　今年も「実務家のための知的財産権判例70選　2021年度版」を一般社団法人弁理士クラブ知的財産実務研究所から発刊することになりました。この度の発刊は，2002年度版以来，シリーズ20冊目となります。

　この「実務家のための知的財産権判例70選」シリーズは，前年度一年間に出された知的財産権に関連する裁判の判決の中から，実務上注目される判決を精選し，これを実務家の立場から解説・論評したものです。2021年度版では，2020年度に裁判所ウェブサイトで公開された知的財産裁判例約290件の中から，特許庁における判断が見直された審決取消事例を含む約70件を選び，年と共に多様化する知的財産への考え方をコンパクトにまとめ，紹介しております。特に，近年は，判例の傾向に変化がみられ，その変化を把握しておくことは，知的財産権制度に関わる実務家にとって必須のことと考えます。

　本シリーズの内容をさらに向上させるため，一般社団法人弁理士クラブ知的財産実務研究所は，執筆部会を設け，弁理士クラブに所属する弁理士の有志が多忙な日常業務の合間を縫って協力しながら，判決のより充実した選定・検討作業を行いました。この集大成である「実務家のための知的財産権判例70選」の発刊は，知的財産業界への社会貢献の一つと信じます。

　なお，本シリーズの2002年度版以降に掲載された事件の判決のポイント，参照条文，キーワード等を，弁理士クラブ知的財産実務研究所のホームページにて公開いたしています。http://ip-practice.jp/index.htmlにアクセスし，ぜひご利用ください。

　最後に，原稿のとりまとめをされた稲山朋宏，今堀克彦，小國泰弘，奥川勝利，永井義久，濱田百合子，森廣亮太，小林恵美子，石田理，加藤和孝，須藤淳，山内輝和，虎山滋郎，小越一輝，玉腰紀子の各先生，また面倒な最終校正作業を引き受けて下さった三苫貴織先生など，一般社団法人弁理士クラブ知的財産実務研究所の諸先生方のご苦労に感謝すると同時に，本書出版のためにご指導とご協力をいただきました一般社団法人発明推進協会の関係者の方々に深く感謝の意を表します。

　2021年11月

　　　　　　　　　　　　　一般社団法人弁理士クラブ知的財産実務研究所
　　　　　　　　　　　　　代表理事 所長　　山 本 晃 司

凡 例

1．法律名等及び条文の表記

　法律名等の表記については，本文中では略記を用いなかったが，冒頭の「参照条文」の欄と本文括弧書き中では略記を用いた。略記の意味は，以下のとおりである。

特	特許法
実	実用新案法
意	意匠法
商	商標法
不競法	不正競争防止法
著	著作権法
民	民法
民訴	民事訴訟法
特施規	特許法施行規則
プロ責法	特定電気通信役務提供者の損害賠償責任の制限及び発信者情報の開示に関する法律

　また，条文については，項番号は○付き数字で，号番号は漢数字で表記した（例：特許法29条1項3号→特29①三）。ただし，現行法の改正前の法律（一部改正）の条文は，「旧」を付してある（例：旧35④）。また，準用条文については「準」を付してある（例：特許法50条を準用する場合→準特50）。

2．判例の表記

　本文中の判例の表記については，事件番号を基本とした。また，ある程度一般的に通用している事件名がある場合（例：キルビー事件），事件名も併記した。最高裁民事判例集（民集）のような判例集における掲載箇所の表記は，省略した。裁判所が提供する，裁判例情報のウェブサイト（https://www.courts.go.jp/app/hanrei_jp/search1）での検索により知り得るためである。

３．図及び写真について

　本書に掲載されている図及び写真でオリジナル以外のものは，すべて判決又は特許庁発行の公報からの転載である。

４．引用について

　条文などの引用部分は，かぎ括弧で囲って示した。なお，請求項や引用しつつも著者が独自に編集した裁判所の判断の記載は，かぎ括弧で囲うことはせず，引用の表記については著者の判断に委ねた。

◆ 目 次 ◆

第1編　行政事件訴訟編

第1部　審決取消訴訟
第1章　特許・実用新案

グループリーダーの付言

資料編

第 1 部
審決取消訴訟

第1章
特許・実用新案

電子記録債権の決済方法事件

判 決 の ポ イ ン ト	口座に金額を振り込むための振込信号等を送信する工程を含む債権の決済方法の発明について，その本質は取引決済についての人為的な取決めに向けられ，全体として自然法則を利用していないとされて，発明該当性が否定された。
事件の表示	R 2.6.18　知財高裁　令和元年（行ケ）10110
参 照 条 文	特2①　特29①柱書
Key Word	発明該当性，人為的な取決め

1．事実関係

（1）手続の経緯

　原告は，電子記録債権の決済方法に係る発明について，特許出願（特願2018-193836）をしたが，拒絶査定を受けた。これに対して，原告は，拒絶査定不服審判（不服2019-1157）を請求したが，本件発明は発明該当性及び進歩性を有しないとして，拒絶審決された（本件審決）。原告は，本件審決の取消しを求める本件訴訟を提起した。

（2）請求項1に係る発明（本件発明）の内容

　以下に本件発明を示す。なお，下線は筆者が追記したものである。

【請求項1】

　電子記録債権の額に応じた金額を債権者の口座に振り込むための<u>第1の振込信号を送信する</u>こと，

　前記電子記録債権の割引料に相当する割引料相当料を前記電子記録債権の債務者の口座から引き落とすための<u>第1の引落信号を送信する</u>こと，

　前記電子記録債権の額を前記債務者の口座から引き落とすための<u>第2の引落信号を送信する</u>ことを含む，電子記録債権の決済方法。

2．争点

　本件発明の発明該当性が争われた。

3．裁判所の判断

　裁判所は，本件発明は発明該当性に欠けるとして，本件発明は特許を受けることができないとする本件審決の結論に誤りはないと判断した。

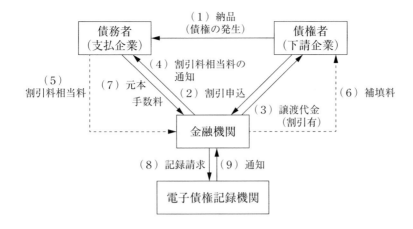

（1）特許法の発明の意義

　特許法上の発明とは，自然法則を利用した技術的思想の創作のうち高度のものをいう（特2①）。自然法則を利用していないもの，例えば，単なる精神活動，学問上の法則，人為的な取決めなどは，特許法上の発明に該当しない。発明該当性は，発明の課題，手段，効果等に照らし，全体として自然法則を利用しているかによって判断すべきである。したがって，技術的手段が示されても，その発明の本質が，全体として，単なる精神活動，学問上の法則，人為的な取決めなどに向けられている場合には，特許法上の発明に該当しない。

（2）本件発明の背景

　電子記録債権は，割引譲渡（以下「割引」という）が可能である。この場合，金融機関は，割引料を差し引いて，電子記録債権を買い取る。電子記録債権の債権者は，電子記録債権の割引によって，支払期日前に債権を回収できるが，割引料を負担することになる。この背景に基づき，下請代金支払遅延等防止法（以下「下請法」という）の運用基準が改訂され，電子記録債権の債権者を保護するために，債務者に割引料の負担を求めることが明示された。

（3）本件発明の発明該当性

　本件発明は，電子記録債権による取引決済における割引について，改訂された下請法の運用基準に適合し，かつ債務者や債権者の事務負担や管理コストを増大させずに，債務者に割引料を負担させるという課題を解決するためのものである。

　本件発明において，口座からの引き落とし及び振り込みのために振込信号及び引落信号を送信することは，従前から用いられていた。また，電子記録債権の額を債務者の口座から引き落とすことは，下請法の運用基準の改訂前後で，

変わらない。したがって，本件発明は，「電子記録債権の額に応じた金額を債権者の口座に振り込む」ことと，「電子記録債権の割引料に相当する割引料相当料を前記電子記録債権の債務者の口座から引き落とす」こととを，課題を解決するための手段としている。

　本件明細書には，発明の効果として，「電子記録債権の割引が行われる場合，債務者や債権者の事務負担や管理コストを増大させることなく，割引料を負担する主体を債務者とすることで，割引困難な債権の発生を効果的に抑制することが可能となる」と記載されている。しかし，本件発明では，「電子記録債権の額……第1の振込信号を送信すること」，「電子記録債権の割引料……第1の引落信号を送信すること」，及び「電子記録債権の額……第2の引落信号を送信すること」が示されているにすぎず，いかにして，債務者や債権者の事務負担や管理コストを増大させないのかを説明できていない。

　以上から，本件発明は，電子記録債権を用いた決済方法において，電子記録債権の額に応じた金額を債権者の口座に振り込むとともに，割引料相当料を債務者の口座から引き落とすことを，課題を解決するための手段としている。これにより，割引料を債務者に負担させて，割引困難な債権の発生を抑制できる。すなわち，本件発明の意義は，電子記録債権の割引の手数料を債務者の負担としたことに尽きる。このように，本件発明の意義は，電子記録債権を用いた決済において，電子記録債権の割引の手数料を債務者の負担としたことにあり，本件発明の本質は，取引決済についての人為的な取決めそのものに向けられている。

　したがって，本件発明は，その本質が専ら人為的な取決めそのものに向けられ，自然法則を利用するものではないから，全体として「自然法則を利用した」技術的思想の創作には該当しない。

▎4．実務上の指針
（1）発明該当性
　特許法上の発明は，自然法則を利用していることを要する（特2①）。自然法則を利用していない場合，例えば，単なる精神活動，純然たる学問上の法則，人為的な取決めなどは，特許法上の発明に該当しない。本件判決において，本件発明は実質的に人為的な取決めであると認定され，発明に該当しないと判示された。

（2）発明該当性の判断
　本件判決では，発明の課題及び目的等に基づいて，発明の本質を抽出し，この本質が自然法則，人為的取決めのいずれに向けられているかによって，発明該当性が判断されることを示した。そして，本件発明の意義は，最終的に割引

の手数料を債務者の負担としたことにあり，本件発明の本質は，取引決済についての人為的な取決めに向けられていると認定され，本件発明は発明該当性に欠けると判示された。発明該当性の判断指針として，本件判決は大いに参考となる。

本件発明において，実質的な技術的手段は，振込信号や引落信号を送信することに限られると考えられる。そして，これらの信号の送信は周知慣用といわざるを得ないから，本件発明が，取引決済についての人為的な取決めに向けられていると判断されたのは妥当と考える。

（3）原告による発明該当性の主張と裁判所による認定

原告は，以下に示すように，本件発明の発明該当性を主張したが，裁判所によりすべて否定された。

原告は，本件発明の各処理は，信号の送受信によって実行され，信号は自然法則を利用すると主張した。これに対して裁判所は，信号と送信は，技術的工夫なく用いられているとした。自然法則を利用するものであっても，従来同様に用いられている場合には，発明該当性が認められ難いことは当然であると思われる。

また，原告は，本件発明において，第1の引落信号と第2の引落信号とを別々に送信できるので，割引料相当額と電子記録債権の額とを引き落とす時期を分けることができ，債務者が割引料と電子記録債権の額とを区別して管理することが容易になると主張した。また，原告は，例えば債務者は，事務的な負担の増大を伴うことなく，一定期間に支払わなければならない割引料相当料を容易に，かつ正確に把握することができると主張した。これらの主張は，信号と発明の効果を関連付けるためのものである。これに対して裁判所は，事務的な負担を増大せずに，割引料を容易かつ正確に把握できる効果は，「金融機関」が割引料を算出して，通知することで奏され，本件発明の効果とはいえないとした。さらに，引き落としの時期を分け，割引料と電子記録債権の額を区別して管理することが容易になる効果は，引落信号を送信する時期や引落しの時期を含まない本件発明からは説明できないとした。

上記における原告の主張と，それに対する裁判所の否認は，発明該当性を考えるうえで参考になる。本件発明のように人為的な取決め等を含む発明において発明該当性を確保するためには，発明の課題・効果に寄与する「技術的」手段を意識して，請求項及び明細書を記載することが重要となると思われる。

（川原　行雄）

保温シート事件

判 決 の ポ イ ン ト	特許請求の範囲を補正する限定事項について，当初明細書等に明示的記載がない場合に，技術常識を考慮して当初明細書等の記載から自明であるとして，審決が取り消された。
事件の表示	R 2.11.5　知財高裁　令和元年(行ケ)10165
参 照 条 文	特17の2③
Key Word	新規事項，新たな技術的事項の導入

▌1．事実関係

（1）手続の経緯

　原告は，名称を「保温シート及びそれを用いた保温布団」とする発明について特許出願(特願2014-252662)をしたところ，拒絶理由通知を受けたため，特許請求の範囲等を補正する手続補正(第1回目の補正(平成29年7月21日)，以下，「本件補正」という。)をしたが，拒絶査定を受けたため，拒絶査定不服審判(不服2018-14256)を請求したが，特許庁は令和元年10月23日，「本件審判の請求は成り立たない」との審決(以下「本件審決」という。)をした。原告は本件審決の取消しを求めて本件訴訟を提起した。

（2）本件発明の内容

　本件発明の請求項1の発明(本件発明)の内容は次のとおり(平成31年8月29日の補正によるもの)である。なお，下線は筆者が付したものであり，本件補正時に補正され，本件訴訟の争点となった箇所を示す。

【請求項1】

　人又はその他の動物である生体の表面の保温を行う保温シートであって，

　フレキシブルに変更可能なシート状の基材と，

　通気性及び通水性が確保され且つ<u>透光性を有する</u>不織布又は織布からなるカバー体とを備え，

　前記基材における生体側の面に断熱材を含浸又は塗布することにより断熱面を形成し，

　前記断熱材は，中空ビーズ構造であって且つ10～50μmの粒径を有するアルミノ珪酸ソーダガラスと，顔料としての二酸化チタンとを含み，

　前記アルミノ珪酸ソーダガラスの含有量は，前記断熱材の全重量の10～20重量％であり，

　前記カバー体によって基材の断熱面をカバーし，

　前記カバー体は，上記断熱面に面状に密着された状態で接着され，

　前記カバー体は，生体側からの輻射熱を通すことによって，前記アルミノ珪酸ソーダガラスが遠赤外線を放射する温度まで該アルミノ珪酸ソーダガラスを温めるとともに，該アルミノ珪酸ソーダガラスから放射された遠赤外線が生体側に達するように構成されたことを特徴とする保温シート。

　本件発明については，本件出願時には「……通気性が確保された不織布又は織布からなるカバー体……」と記載されていたものが，本件補正後には「……通気性及び通水性が確保され且つ透光性を有する不織布又は織布からなるカバー体……」へと記載が変更されたものであり，本件カバー体につき，「通水性」及び「透光性」を有する旨の記載が追加された。

　（3）**本件審決の概要**

　本件審決においては，本件補正について，請求項1におけるカバー体（以下「本件カバー体」という。）が「透光性」を有することは，本件出願に係る願書に最初に添付された明細書，特許請求の範囲又は図面（以下「本件当初明細書等」という。）には明示的に記載されておらず，また，本件当初明細書等の記載から自明な事項であるとはいえないから，本件補正は，本件当初明細書等のすべての記載を総合することにより導かれる技術的事項との関係において新たな技術的事項を導入するものであり，特許法17条の2第3項に規定する要件を満たすものではない，とした。

▌2．争点

　本件カバー体が透光性を有する旨の記載を請求項に追加する本件補正が，新規事項の追加となるか否かについて争われた。

▌3．裁判所の判断

　（1）裁判所は，本件当初明細書等には，本件カバー体が通水性を有する旨の記載は存するものの，「透光性を有する」との事項に対応する明示的な記載は存しない，と認定した。裁判所は，工業分野一般における用語によれば，本件カバー体が「透光性を有する」とは，本件カバー体が光を透過させて他面から出す性質を有することを意味するものといえる，とした。また，本件出願よりも前の時点において，織布又は不織布に遮光性能を付与するために，特殊な製法又は素材を用いたり，特殊な加工を施したりするなどの方法が採られていたことが認められることから，本件出願時において，織布又は不織布に遮光性を付与するためにはこのような特別な方法を採る必要があるということは技術常識であったといえるとした。そのうえで，このような特別な方法が採られていない織布又は不織布は遮光性能を有しないということもまた，技術常識であったと

みるのが相当であるとした。そして，繊維分野において，遮光性能とは，入射する光を遮る性能をいうから，遮光性能を有しないということは，入射する光を遮らずに透過させること，すなわち上記の意味における「透光性」を有することを意味することとなるとした。裁判所は，これら検討に基づき，織布又は不織布について遮光性能を付与するための特別な方法が採られていなければ，当該織布又は不織布は透光性を有するということが，本件出願時における織布又は不織布の透光性に関する技術常識であったとみるのが相当であると認定した。

　（2）裁判所は，以上を前提として，本件出願時における当業者は，織布又は不織布について遮光性能を付与するための特別な方法が採られていなければ，当該織布又は不織布は透光性を有するものであると当然に理解するものといえるとした。また，本件当初明細書等の記載内容からすれば，当業者は，本件カバー体を構成する織布又は不織布について，特殊な製法又は素材を用いたり，特殊な加工が施されたりするなど，遮光性能を付与するための特別な方法は採られていないと理解するのが通常であるというべきであるとし，本件当初明細書等に接した当業者は，本件カバー体は透光性を有するものであると当然に理解するものといえるから，本件カバー体が「透光性を有する」という事項は，本件当初明細書等の記載内容から自明な事項であるというべきであると認定し，「本件補正は，……本件当初明細書等に記載した事項の範囲内においてしたものといえるから，特許法17条の2第3項の要件を満たすものと認められる」とした。また，裁判所は，本件明細書等には，顔料は光を反射する白色の二酸化チタンであり（【0031】）との記載が存するのみであって，二酸化チタンの光触媒作用や消臭効果等に関する記載は何ら存しない，とし，本願発明に係る明細書等に接した当業者においても，本願発明にこのような技術的意義又は作用・効果が存すると理解することはないというべきであるとした。そのうえで，裁判所は，本件補正により本件カバー本体について「透光性を有する」という事項が追加されたからといって，本願発明にこの構成に対応する新たな技術的意義又は作用・効果が導入されるものではないというべきであるとした。

▌4．実務上の指針

　（1）補正が新規事項を追加する補正であるか否かの判断は，その補正が「当初明細書等に記載した事項」との関係において，新たな技術的事項を導入するものであるか否かにより判断される。そして，「当初明細書等に記載した事項」とは，当業者によって，当初明細書等のすべての記載を総合することにより導かれる技術的事項である（特許・実用新案審査基準第IV部第2章2）。特許・実用新案審査基準では，新規事項の具体的な判断手法として，①当初明細書等に明示的に記載された事項にする補正，②当初明細書等の記載から自明な事項

にする補正の場合は，新規事項の追加とならない旨が記載されている。

（2）本判決で判断の対象となっている本件カバー体の透光性に係る構成は，審査段階の第1回目の拒絶理由通知に対応する応答時の本件補正により追加されたものである。原告は，本件補正に係る手続補正書と同時に提出された意見書において，不織布等が透光性を有することは自明であり，本願発明における独自の作用効果の記載として，本体カバー体が透光性を有していることから，本件カバー体を透過して断熱材に照射された光が断熱材に含まれた二酸化チタンが光触媒として作用させることは客観的に理解可能であるとした。透光性及び二酸化チタンが光触媒として作用することは本件当初明細書等に明示的には記載されていないが，その後の拒絶査定がされるまでの間に新規事項の追加は指摘されず，審判で初めて指摘された。

本判決では，本件当初明細書等に明示的な記載のない透光性に係る構成を追加した本件補正について，本件出願時における織布又は不織布の透光性に関する技術常識を考慮し，本件当初明細書等の記載から自明であるとした。また，審査段階における意見書において原告から本件補正により追加した本件カバー体の透光性に係る構成による新たな技術的意義について主張されているものの，本判決では当初明細書等には同様の記載がないとしてかかる構成による新たな技術的意義が導入されるものではないとした。

（3）本判決は，当初明細書等に明示的な記載がない事項について，証拠から技術常識を認定して，その製品の一般的な構成要素であり，かつ特殊な工程を追加しなければ除外されないような構成であり，当初明細書等から自明であるとした点で特徴的であり，その判断過程は参考になる。しかし，当初明細書等に明示的な記載がない構成を追加する補正は新規事項の追加とされるおそれがあり，特許が成立した場合であっても，新規事項の追加に当たるか否かのグレーな構成要素が請求項に残ることとなり，異議申立てや無効審判等の争いを招く可能性をはらむ。したがって，その製品の一般的な構成要素であり，かつ特殊な工程を追加しなければ除外されないような構成であったとしても，当初明細書等に明示や示唆等がない場合は，補正せずに意見書・審判請求書等で主張するのにとどめておくのがよいと考えられる。また，発明の技術的意義や作用効果に関わるポイントとなる構成については，当初明細書に明示的に記載しておくべきであると考える。

（古舘　久丹子）

回転ドラム型磁気分離装置事件

判決の ポイント	本件補正発明と引用発明との相違点2，3'は実質的な相違点であり，かつ，容易に想到することができたとは認められないとして，審決が取り消された。
事件の表示	R 2.5.20　知財高裁　令和元年(行ケ)10116
参照条文	特29①三　特29②
Key Word	相違点の認定，引用発明の認定，容易想到性

1．事実関係

（1）手続の経緯

　原告は，発明の名称を「回転ドラム型磁気分離装置」とする特許出願(特願2014-202824)をし，拒絶査定を受けた。原告は，この拒絶査定に対して，拒絶査定不服審判を請求する(不服2018-12494)と同時に，特許請求の範囲を補正したところ(以下「本件補正」という。)，特許庁は，本件補正を却下したうえ，「本件審判の請求は，成り立たない。」との審決をしたため，原告がその取消しを求めて本件訴訟を提起した。

（2）本件発明の内容

　本件補正後の特許請求の範囲の請求項1の発明(以下「本件補正発明」という。)の記載は，以下のとおりである。

【請求項1】

　複数の磁石を配置した第1の回転ドラムを備え，使用済みクーラント液中の磁性体を分離する回転ドラム型磁気分離装置において，複数の磁石を配置した第2の回転ドラムを，前記第1の回転ドラムよりも使用済みクーラント液が流入してくる手前側に備え，前記使用済みクーラント液は，第2の回転ドラムから第1の回転ドラムに向かって流れ，前記第2の回転ドラムが使用済みクーラント液中の磁性体を磁化することで，該磁性体を互いに吸着させて大きくするとともに，前記第2の回転ドラムに付着した磁性体を掻き取るスクレパーと，前記第1の回転ドラム下部の流路を形成する底部材とを備え，前記スクレパーにより掻き取られた磁性体が大きくなった状態のまま，前記使用済みクーラント液の流れに沿って前記第1の回転ドラムへ誘導されることを特徴とする回転ドラム型磁気分離装置。

（3）審決の概要

　審決では，本件補正発明と引用文献1(実願昭50-104558(実開昭52-19080)の

マイクロフィルム)に記載された発明(以下「引用発明」という。)とは,相違点1及び2を有すると認定している。

　そのうえで,相違点2については,「引用発明においては,オイル排出口15から混濁液が流下すること,及びマグネットドラム25が第3図で示された矢印方向へ回転していることからして,緩やかではあるものの,マグネットドラム25に固設されたカキ取り板39によって分離された鉄粉をカキ取り板の表面に沿って徐々に送り出すような緩い流れ,すなわち,下図(以下「審決参考図面」という。)の矢印のとおり,マグネットドラム27の下部に右向きの緩やかな流れが形成され,付随してマグネットドラム25からマグネットドラム27へカキ取り板39に沿って混濁液の緩やかな流れが形成されている蓋然性が高い。したがって,相違点2は実質的な相違点ではない。」と認定している。

2．争点
　相違点の認定の誤り,及び当該相違点に係る判断の誤りについて争われた。

3．裁判所の判断
（1）相違点の認定について
　裁判所は,本件補正発明と引用発明とは,審決で認定された相違点1の他に,以下の相違点2及び3'の点で相違すると判断した。

　相違点2「本件補正発明は,「複数の磁石を配置した第2の回転ドラムを,前記第1の回転ドラムよりも使用済みクーラント液が流入してくる手前側に備え,使用済みクーラント液は,第2の回転ドラムから第1の回転ドラムに向かって流れ」ることにより,スクレパーにより掻き取られた磁性体が大きくなった状態のまま「使用済みクーラント液の流れに沿って前記第1の回転ドラムへ誘導される」ものであるが,引用発明は,マグネットドラム25からマグネットドラム27に向かって混濁液が流れているか否かが明らかでなく,また,カキ取り板39によって掻き取られた鉄粉が大きくなった状態のまま,混濁液の流れに沿ってマグネットドラム25からマグネットドラム27へ誘導されるものであるかが不明である点」

　相違点3'「本件補正発明では,第1の回転ドラムと底部材との間にクーラント液の流路を形成するのに対し,引用発明は,上記のような流路を形成しているか否かが不明な点」

　特に,相違点3は存在しないとする被告の主張に対しては,特許請求の範囲の記載,及び本件明細書の記載に基づいて,「第2の回転ドラムから第1の回転ドラムに向かうクーラント液は,第1の回転ドラム下部に第1の回転ドラムと底部材との間に形成された流路を流れるものであって,スクレパーによって

掻き取られた磁性体を第1の回転ドラムに誘導するものであると解される。」と
したうえで、「本件補正発明の特許請求の範囲の「流路を形成する」とは、第2
の回転ドラムから第1の回転ドラムに向かうクーラント液の流路を形成するも
のと解すべきである。」と判示した。

（2）相違点2及び3'に係る判断について
　裁判所は、「引用文献1の第3図には、……が記載されていることからすると、
排出口15からタンク17内に混濁液が投入され、仕切板19で仕切られた右側の区
域において、鉄粉等を含有したダーティオイルから鉄粉等が除かれ、除かれた
クリーンオイルは、仕切板19の上端と液面との間の間隙を越流して、左側の区
域に移り、同区域にあるクリーンオイルはポンプによって吸い上げられてタン
ク17の外の工作機械に送られることが認められ、このような混濁液の流れに伴
い、タンク17内に混濁液の流れが生じることが認められる。しかし、排出口15
からタンク17内に投入された混濁液の流れの具体的な方向や大きさについて
は、投入される混濁液や排出されるクリーンオイルの量や勢い、タンク17内の
各部材の具体的な位置関係等によって変わるものと考えられるから、引用文献
1の記載のみから、タンク17内の特定の範囲における特定の流れの方向や大き
さを読み取ることは困難である。」と判示した。

　加えて、引用文献1の記載からすると、「排出口15からタンク17内に投入さ
れた混濁液の流れの勢いは比較的緩やかなものであると考えられ、したがって、
排出口15からタンク17内に投入された混濁液の流れがマグネットドラム27とカ
キ取り板39の間隙にまで流れ込み、カキ取り板39に沿って不純物をマグネット
ドラム27に誘導するかどうかは明らかではないというべきである。」、「上記の
不純物がマグネットドラム25からマグネットドラム27に移動するのは、カキ取
り板39の表面に沿って送り出されることによるものであり、混濁液の流れに誘
導されるものとは必ずしも認められない。」と判示した。

4．実務上の指針
（1）請求項に係る発明における用語の解釈について
　審決では、引用発明は、「第1の回転ドラム下部の流路を形成する底部材」に
ついての構成を具備すると判断し、請求項に係る発明との相違点と認定しな
かったのに対して、裁判所では、上記構成における「流路を形成する」とは、第
2の回転ドラムから第1の回転ドラムに向かうクーラント液の流路を形成する
ものと解すべきである、としたうえで、引用文献1には、そのような混濁液の
流れが生じていることは記載されていないから、相違点3'は存在する、と判
断した。

　これは、裁判所が、「流路を形成する」という用語の解釈にあたり、その「流路」

の技術的意義について，特許請求の範囲の記載及び明細書の記載を参酌したうえで，どのような流路かまで限定的に解釈したためと考えられる。これに対して，審決は，「第1の回転ドラム下部の流路を形成する底部材」を，文言どおりに解釈し，「流路を形成する」こと以外，何ら特定されていない，との立場に立って解釈したものと考えられる。

　請求項に係る発明の認定は，新規性・進歩性の判断において基礎となるステップであり（特許・実用新案審査基準第Ⅲ部第2章第3節），当然のことながら，その後の引用発明との一致点・相違点の認定に大きく影響する。本件のように，一旦は引用発明との一致点と認定された要素であっても，請求項に記載されている用語の技術的意義を明細書等の記載を参酌して限定的に解釈し，引用発明との対比において新たな相違点を認定するという裁判所の手法は，実務上の参考になる。一方で，審査段階で過度な反論をしてしまうことで，権利範囲を限定させることにもなり得る。そのため，請求項の記載を過不足ない記載にするとともに不用意な限定解釈の反論には留意することが重要である。

（2）引用発明の認定について

　本件では，裁判所は，相違点2及び3'の判断に際して，引用文献1の図3の記載からして，タンク17内に混濁液の流れが生じるということは認めつつも，「引用文献1の記載のみから，タンク17内の特定の範囲における特定の流れの方向や大きさを読み取ることは困難である。」と判断し，特定の方向に混濁液の緩やかな流れが形成されている蓋然性が高い，とした審決とは異なる判断をした。引用文献1の図3を見ると，審決のように，特定の方向に懸濁液の緩やかな流れが形成されるとも考えられるが，混濁液の流れの具体的な方向や大きさは，投入される混濁液の量や勢い，各部材の具体的な位置関係等によって変わるものであるから，上記の流れを読み取ることは困難と判断された。

　実務上では，審査等において，請求項に係る発明の一部の構成が，引用文献に具体的に記載されていなくても，引用文献の図面等の記載から推測等されることによって，当該構成を満たす蓋然性が高いと判断されるケースもある。このようなケースにおいては，本件のように，様々な要因によって当該構成の充足性が影響を受ける旨を主張することが一案となり得る。

　また，裁判所は，個々のマグネットドラムの回転方向を認定することで，特定の方向に混濁液の流れが生じているとは必ずしも認められない，とも判断している。引用発明の認定に対して反論等する際には，引用発明における各構成の作用や細部等を十分に検討したうえで，当該構成の充足性を否定するような主張も併せて行うことが効果的であると考えられる。

（寺本　諭史）

炎症性疾患治療用組成物事件

判 決 の ポ イ ン ト	IL-2改変体を有効成分とする医薬用組成物の発明において，同じIL-2改変体を有効成分とする医薬用組成物に係る引用発明に対し，作用の差が実質的な差であるとして新規性，進歩性有りと判断された。
事件の表示	R 2.12.14　知財高裁　令和元年（行ケ）10076
参照条文	特29①三　特29②
Key Word	新規性，進歩性，内在していた効果

1. 事実関係

（1）手続の経緯

　被告は，発明の名称を「炎症性疾患および自己免疫疾患の処置の組成物および方法」とする発明について，平成22年1月20日に，パリ条約による優先権主張（優先日は平成21年1月21日　米国）を伴って特許出願をし，特許権（特許第5766124号）が平成27年6月26日に設定登録された。被告は，本件特許に対してなされた異議申立て（異議2016-700139）において，平成28年7月26日付けで本件特許の請求項1〜19について訂正請求をし，認められた。原告は，本件特許に対して，平成29年12月20日，無効審判（無効2017-800154）を請求したが，平成31年1月22日，請求不成立審決がなされた。本件は，この審決の取消しを求めるものである。

（2）発明の内容

　訂正後の本件特許の請求項1に係る発明（以下，本件発明）は，以下のとおりである。

【請求項1】

　被験体において炎症性疾患，障害または状態を処置する方法において使用するための組成物であって，該組成物は，IL-2改変体を含み，該IL-2改変体は，

　（a）配列番号1に少なくとも90%同一のアミノ酸の配列を含み，

　（b）FOXP3陽性調節性T細胞においてSTAT5リン酸化を刺激し，

　（c）配列番号1として記載されるポリペプチドと比較して，FOXP3陰性T細胞においてSTAT5のリン酸化を誘発する能力が低下しており，および

　（d）（i）配列番号1として記載されるポリペプチドよりも低下した，IL-2Rβ親和性を有するか，（ii）配列番号1として記載されるポリペプチドよりも高い，IL-2Rα親和性を有し，かつ，配列番号1として記載されるポリペプチドよりも低下した，IL-2Rβ親和性を有するか，（iii）配列番号1として記載される

ポリペプチドよりも低下した，IL-2RβおよびIL-2Rγ親和性を有するか，または，
(iv)配列番号1として記載されるポリペプチドよりも高い，IL-2Rα親和性を有
し，かつ，配列番号1として記載されるポリペプチドよりも低下した，IL-2R
βおよびIL-2Rγ親和性を有し，

　該炎症性疾患，障害または状態は，自己免疫疾患，器官移植片拒絶，または，
移植片対宿主病である，組成物。

（3）審決の概要

　主な無効理由は，本件特許の優先権主張の利益が享受できないとしたうえで，
甲1（WO2009/135615）に基づく新規性・進歩性欠如，仮に優先権の利益が享
受できるとした場合の甲1に基づく拡大先願違反が挙げられた。審決では，本
件特許は優先権主張の利益を享受できると判断され，甲1に基づく拡大先願違
反は理由がないと判断された。

▌2．争点

　本件特許が優先権主張の利益を享受できるかどうか，及び，本件特許が，甲
1明細書に記載の発明に対して特許性（新規性・進歩性・拡大先願）を有してい
るかどうか、が争われた。

▌3．裁判所の判断

（1）優先権主張の利益を享受できるか

　裁判所は，審決と同様に，本件発明のIL-2改変体は，「野生型と比較して
FOXP3陰性T細胞においてSTAT5のリン酸化を誘発する能力が低下してい
る」ものであり，(d)(ⅰ)-(ⅳ)のいずれかを満たすものであると認定し，本件
基礎出願の改変体は「FOXP3陽性調節性T細胞において，STAT5リン酸化を
刺激し，かつ，野生型と比較して，AKTリン酸化を誘発するための能力が低
下している」ものである，と認定した。そのうえで，本件基礎出願明細書には，
「本明細書に記載のIL-2改変体は，Treg細胞の成長／生存を促進するが，非調
節性細胞(FOXP3-IL-2Rα+CD4+)の成長／生存を促進するための能力が野生型
IL-2と比較して低下している」との記載はあるが，それが「STAT5のリン酸化
を誘発するための能力」の低下によることの記載はないこと，及び，本件基礎
出願明細書に記載されている，FOXP3陽性調節性T細胞のSTAT5リン酸化を
刺激し，AKTリン酸化を誘発する能力が低下しているIL-2改変体（2-4）が，
本件明細書の実施例には記載されていないことから，「本件基礎出願明細書に
は，FOXP3陽性調節性T細胞におけるAKTリン酸化を誘発する能力の低下等
を発明特定事項とした，本件発明1とは異なる作用メカニズムに基づいた別の
発明が記載されているのみであり，本件発明1の発明特定事項を満たすIL-2改

変体の発明が，本件基礎出願明細書に記載されている又は記載されているに等しいものとは認められない。そして，このことは，本件優先日当時の技術常識を考慮したとしても左右されるものではない。」と判示し，本件特許は優先権主張の利益を享受できないとされた。

（2）甲1に記載の先願発明2に対する新規性・進歩性

裁判所は，審決と同様に，甲1明細書に記載されている先願発明2として，「被験体において自己免疫疾患を治療する方法において使用するための組成物であって，該組成物はIL-2改変体を含み，該IL-2改変体は，hIL-2-N88Rであり，$CD4^+CD25^+FOXP3^+$及び$CD4^+CD25FOXP3^+$などの制御性T細胞の形成を誘導し，CD8陽性細胞傷害性T細胞の増殖に対してほとんど又は全く影響を及ぼさない，組成物。」を認定し，両者の相違点として，「本件発明1は，IL-2改変体は，配列番号1として記載されるポリペプチドと比較して，FOXP3陰性T細胞においてSTAT5のリン酸化を誘発する能力が低下しているものであるのに対し，先願発明2は，CD8陽性細胞傷害性T細胞の増殖に対してほとんど又は全く影響を及ぼさないものである点。」（相違点5）を認定した。そのうえで，「CD8とFOXP3は，異なる観点でT細胞を分類するマーカーであり，構造上も異なるものといえるから，$CD8^+$T細胞の中で$FOXP3^+$が出現することは典型的に非常にまれであるとしても，「CD8陽性の細胞傷害性T細胞」が，必ずしも「FOXP3陰性T細胞」に相当するとはいえない。」として，相違点5は実質的な相違点であり，かつ甲1等から当業者が容易想到ではないとして，本件特許の新規性及び進歩性を認めた。

原告は，本件出願後に発行された刊行物であるものの，hIL-2-N88RがCD4陽性FOXP3陰性T細胞においてもSTAT5のリン酸化を誘発する能力が低下していることが確認できることから，$CD4^+$細胞での効果は先願発明2に内在していた効果にすぎず，それによって新たな用途が見いだされたわけではないとして，本件発明は用途発明であり，新規性及び進歩性はないと主張した。これに対して裁判所は，本件特許の出願日より前に，hIL-2-N88RがCD4陽性FOXP3陰性T細胞についてもSTAT5のリン酸化を誘発する能力を低下させる作用を有することが知られていたことについての証拠はないこと，本件発明は新規な組成物の発明であり，用途発明ではない，として原告の主張を退けた。

4．実務上の指針

（1）優先権主張出願における基礎出願明細書からの変更について

パリ条約上の優先権とは，パリ条約の同盟国（本件では，米国）においてなされた特許出願（基礎出願）の明細書に記載された内容について，他のパリ条約の同盟国（本件では，日本）に特許出願する場合に，新規性，進歩性等の判断に関

し，基礎出願の日（優先日）に出願されたのと同様の取扱いを受ける権利である。つまり，基礎明細書に開示されていない内容については，優先権の利益は受けられず，現実の出願日が特許性判断日となる。このため，一般的には，優先権の利益を十分に享受できるよう，基礎明細書に開示された内容については，余さず明細書にそのまま記載することが望ましい。特に，「やってみないとわからない」といわれる化学分野においては，実施例に開示された実験データは，発明の効果を示す客観的な証拠となる重要な記載であり，実施例に開示された実験データで発明の効果が確認されている範囲内とその周辺のみが，実施可能要件やサポート要件を充足すると判断される場合も多い。つまり，実施例の差替えは，発明自体の差替えに相当すると判断されやすい。このため，実施例の記載の変更は，優先権が認められるか否かに強い影響を与えるものであり，十分な留意が必要である。実際に，本件では，基礎明細書に開示されている全実験データ（実施例1及び2）がいずれも本件明細書に記載されておらず，これらの実験に使用されたIL-2改変体（2-4）は，本件明細書に一切記載されていない。つまり，本件明細書に開示されている実施例は，全て基礎明細書に開示されておらず，本件明細書で初めて開示されたものである。この点から，本件発明が基礎明細書には開示されていないとした裁判所の判断は，至極真っ当であるといえる。

（2）物の発明の新規性と内在していた効果について

近年の技術革新は目覚ましく，タンパク質の改変が容易になり，アミノ酸変異等の改変体を作製すること自体は周知技術の適用にすぎず，当業者の通常行う設計事項として，進歩性が認められない場合も多い。しかし，本件において，裁判所は，本件発明と先願発明2は，いずれも「hIL-2-N88Rを有効成分とし，炎症性疾患等の治療用組成物」であると判断したうえで，本件発明と先願発明2の相違点である上記相違点5，すなわちIL-2改変体が備える作用についての相違点を実体的な差であるとして，本件発明の新規性と進歩性を認めている。単なるIL-2改変体では進歩性が難しい場合でも，本件発明のように，作用対象の細胞種を細かく分類し，その作用効果を先行技術文献に記載されていない評価基準で評価することにより，進歩性が認められる場合があることが判示されている点で，本判決は，医薬品やバイオテクノロジー分野の発明の特許取得の一助となり得る。

（大槻　真紀子）

含硫化合物と微量金属元素を含む輸液製剤事件

判　決　の ポ イ ン ト	先願の明細書には，本件発明の基礎となる技術思想について何ら記載や示唆がないとして，先願の明細書に記載された発明と本願発明には実質的な相違点があるとされた。
事件の表示	R 2.8.26　知財高裁　令和元年(行ケ)10155
参 照 条 文	特29の2
Key Word	拡大先願，実質的な相違点，発明の基礎となる技術思想

1．事実関係
（1）手続の経緯
　原告は，発明の名称を「含硫化合物と微量金属元素を含む輸液製剤」とする発明に係る特許権(以下「本件特許」)に対し，無効審判請求をした。被告は，本件特許の特許請求の範囲についての訂正請求(以下「本件訂正」)を行ったところ，特許庁は，本件訂正を認めたうえ，「本件審判の請求は，成り立たない。」との審決をした。本件は，この審判不成立審決の取消訴訟である。
（2）本件特許発明の要旨
　本件特許の訂正後の請求項1に記載された発明(以下「本件発明1」)は次のとおりである(「／」は改行箇所である)。
【請求項1】
　外部からの押圧によって連通可能な隔壁手段で区画されている複数の室を有する輸液容器において，その一室に含硫アミノ酸および亜硫酸塩からなる群より選ばれる少なくとも1種を含有する溶液が充填され，他の室に鉄，マンガンおよび銅からなる群より選ばれる少なくとも1種の微量金属元素を含む液が収容された微量金属元素収容容器が収納されており，微量金属元素収容容器は熱可塑性樹脂フィルム製の袋であることを特徴とする輸液製剤であって，／前記溶液は，アセチルシステインを含むアミノ酸輸液であり，／前記輸液容器は，ガスバリヤー性外袋に収納されており，／前記外袋内の酸素を取り除いた，／輸液製剤。

2．争点
　争点は，特許法29条の2違反についての認定の誤りの有無である。

▍3．裁判所の判断

（1）本件発明と，引用発明（甲1発明）は，混合状態で保存した場合に保存安定性が低下する複数の輸液を安定的に保存するための輸液容器の発明である。

裁判所は，審決の認定した一致点及び相違点の誤りを一部認めたが，審決は結論において相当であるとして，原告の主張を退けた。詳細は概略以下のとおりである。

（参考図）

甲1発明（構造5の容器）　　　　　　　　　　　　　　　本件発明1

【図5】　　　　　　　　【図6】　　　　　　【図1】

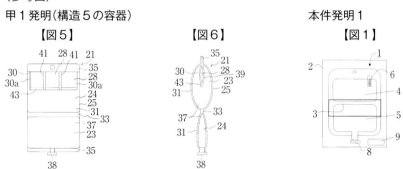

（2）審決は，甲1発明について，①区画室28の材質及び形態は不明であり，②鉄，銅，亜鉛，マンガン，ヨウ素などの微量元素が糖含有液及びアミノ酸含有液に含有されるものである，としたが，裁判所はこの審決の認定を誤りであると判断した。①について，甲1には，容器本体の材質として，合成樹脂であること，その例示の記載があるものの，これら樹脂が熱可塑性であることの記載はなかったが，裁判所は，構造5の容器（甲1の図5，6に示された容器）の一部が熱溶着されていること，熱溶着される部位とそうでない部位とで異なる材質が用いられることを明示又は示唆する記載はないことより，当業者は，収容容器30及び区画室28の「壁材39」は，全体として熱可塑性樹脂により構成されているものと認識すると導き出した。形態についてはいずれも袋といって差し支えないと判断した。②については，甲1の構造1の容器（甲1の図1に示された容器）について，確かに各収容室に収容される微量元素が糖含有液及びアミノ酸含有液に微量元素を含有させることが記載されてはいるが，構造1の区画室に微量元素を収容可能であることが記載されており，これらの記載に接した当業者は，甲1発明においては，微量元素を収容する場合，その収容場所は特定されていないと理解するから，微量元素が糖含有液及びアミノ酸含有液に含有されるとの審決の認定は相当ではない，と指摘した。

（3）このうえで，裁判所は，甲1発明と本件発明1の一致点として，外部か

らの押圧によって連通可能な隔壁手段で区画されている複数の室を有し，その一室にアミノ酸を含有する溶液が充填され，他の室に熱可塑性樹脂の袋からなる収容容器が収納されており，輸液容器内には，微量金属元素を含む液が収容され得る点を認定した。また，両発明の3つの相違点も認定した。このうち，a）本件発明1においては，微量金属元素が，含硫アミノ酸及び亜硫酸塩からなる群より選ばれる少なくとも1種を含有する溶液が充填されている室とは他の室に収納された微量金属元素収容容器に収容されているのに対して，甲1発明では，微量金属元素の収容場所は特定されていない点，b）複数の室に存在させる成分に関して，本件発明1は，その一室に含まれる溶液がアセチルシステインを含むアミノ酸輸液であり，他の室に鉄，マンガン及び銅からなる群より選ばれる少なくとも1種の微量金属元素を含む液が収容された微量金属元素収容容器が収納されているのに対して，甲1発明では，アミノ酸又はアミノ酸及び電解質含有液が一方の収容室に収容され，他の室に収納された複数の区画室(収容容器)には，少なくとも2種以上のビタミンが，別々に収容され，他のビタミンの一部がさらに収容室に収容されていてもよいことが特定されている点，との2つの相違点に関して，次のとおり，実質的な相違点である，と判断した。裁判所は，本件発明の課題と甲1発明の課題の相違を指摘し，甲1には，「一室に硫黄原子を含む化合物を含有する溶液が収容され，微量金属元素収容容器は他の室に収納することにより，微量金属元素を含む溶液が安定する」という本件発明の基礎となる技術思想について何ら記載や示唆がないから，当業者は，甲1から，収容室23にシステイン，又はその塩，エステル若しくはN-アシル体を収容し，区画室28に微量金属元素を収容するという構成を認識することができず，上記相違点a）及びb）は実質的な相違である，とした。

▌4．実務上の指針

（1）特許法29条の2のいわゆる拡大先願の規定は，先願の明細書等に記載されている発明と同一の発明に係る後願の発明は，新たな技術を公開するものではなく，特許が付与されることは特許制度の趣旨に反するため，補正により特許請求の範囲を増減変更することができる範囲の最大限である先願の出願当初明細書等に記載された発明と同一の発明に係る後願を拒絶するものである。

　本件の甲1発明は複数の区画室を有する輸液バッグの各区画室に，ビタミンを別々に収容し，使用時に内容液を押し出すことによって隔壁のシールを解除して混合するもので，構造1の容器において微量元素を収容する場合の収容場所は特定されていない。収容場所が特定されないとすれば，甲1の開示は，ある区画室に微量元素を収容し，他の室に含硫アミノ酸を収容する態様を含むとも考えられる。この点裁判所は，甲1に記載された発明を甲1発明の「輸液と

複数のビタミンとの混合操作が容易であり，複数のビタミンを製造時及び保存時に安定的に維持するとともに，生体に必須の薬剤以外の不要成分をできるだけ少なくすること」という解決課題を参酌して認定し，甲１は，ある区画室に微量元素を収容し，他の室に含硫アミノ酸を収容する態様を開示していないと判断した。

（２）ところで，上記拡大先願の趣旨によれば，「先願の明細書等に記載された発明」は，いわゆる新規事項の追加（特17条の２①）に該当しない範囲まで拡張できると思われる。新規事項の追加に係る審査基準は，請求項の発明特定事項を，明細書に明示的に記載された事項又はその記載から自明な事項までは下位概念化していない補正は，新たな技術上の意義が追加されないことが明らかな場合であれば許される，としている（特許・実用新案審査基準第Ⅳ部第２章「新規事項を追加する補正」3.3.1（２）参照。）。甲１発明において，微量元素の収容場所を，「硫黄原子を含む化合物を含有する溶液が収容されるのとは別の室」に限定する補正は，当該構成の技術的意義が見いだされていない場合（例えば本件発明がなされる以前）であれば，新たな技術上の意義が追加されないとみる余地もある。特に，「硫黄原子を含む化合物を含有する溶液を収容室に，微量元素の収容場所を区画室」に限定すれば，当該限定は，収容場所の特定されていない各溶液の収容場所を任意に特定した設計事項にすぎず，新たな技術上の意義が追加されないから，新規事項の追加に当たらないと判断される可能性が高くなりそうである。

（３）このことは，解決課題の記載によって，明細書の記載から認定される発明の範囲や，明細書の記載から自明な事項の範囲が変わり得ることを示唆している。拡大先願以外の場面においても，例えば，新規性欠如を指摘された際などの引用発明の認定の場面では，その解決課題を軸に明細書に記載された事項を理解することで，引用発明として開示されている範囲を狭める戦略が有効であると考えられる。これに対し，新規性欠如を主張する側や補正の範囲を広げる，後願排除の範囲を広げる観点では，出願に係る発明の解決課題の記載や解釈を当該技術分野で周知の事項にとどめるほうが，明細書に明示的に記載されていない周知事項を明細書の記載から自明な事項として主張しても，新たな技術上の意義を追加すると判断されにくいと思われる。なお，出願に係る発明の解決課題が引用発明と異なる場合，そのことが引用発明から出願に係る発明を想到するための動機付けを否定する方向に働くことが多いので，この点にも留意しつつ，発明の解決課題の記載や解釈を行う必要があると考える。

（玉腰　紀子）

デッキ型対戦ゲーム事件

判　決　の ポイント	ゲーム上の取決めにすぎないと審決が判断した相違点について，他の公知技術等を用いた論理付けを示さないまま容易想到と判断することは相当でないとして，拒絶審決が取り消された。
事件の表示	R2.6.4　知財高裁　令和元年（行ケ）10085
参照条文	特29②
Key Word	ゲーム上の取決め，容易想到性

1．事実関係

（1）事件の概要

　本事件は，本願が拒絶理由通知を受け，手続補正書が提出された後に拒絶査定（特29②）がなされ，その後，拒絶査定不服審判にて拒絶審決（特29②）がなされたため，審決の取消しを求めて本件訴えが提起されたものである。

（2）本願発明の内容

【請求項1】

B：……複数のキャラクタカードを……
　　第1フィールドに表示する第1制
　　御手段と，

C：前記第1フィールドに表示された
　　複数のキャラクタカード……をプ
　　レイヤの操作によって選択可能に
　　表示する第2制御手段と，

D：選択されたキャラクタカードを前
　　記第1フィールドから除去して，対応するキャラクタを前記第1フィール
　　ドとは異なる第2フィールドに配置する第3制御手段と，

E：プレイヤの操作によって選択されたキャラクタカードに設定されたポイン
　　トを前記ポイント総量から減算された新たなポイント総量として表示する
　　第4制御手段と，として機能させ，

F：前記第2フィールドへのキャラクタカードの配置に伴い，前記第1フィー
　　ルドとは異なる第3フィールドに配置されていた追加のキャラクタカード
　　が，前記第1フィールドに補充されるように表示され，

G：前記選択されたキャラクタカードに対応するキャラクタは，……，前記第
　　2フィールドにおいて敵キャラクタを攻撃し，……

図1：本願発明の説明図

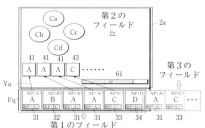

Ｉ：対戦ゲーム制御プログラム。（下線は筆者による。）

（3）本願発明の技術的意義（構成要件Fに対応する部分のみ）

本願発明は，プレイヤによって選択された第1フィールドのカード（手持ちのカード）が第1フィールドから除去されて第2フィールド（バトルフィールド）に移動すると（構成要件Ｃ，Ｄ），これに伴い，第1フィールドには，第3フィールドから，追加のカードが補充される（構成要件Ｆ）。これにより，対戦イベントにおいてプレイヤが選択するカードの組を，プレイヤの選択意思によって逐次かつ所望どおりに変化させることができる，という目的が達成される。

（4）引用発明の内容

審決で引用された引用発明は，オンラインゲーム「CARTE」の紹介ムービー（以下「CARTE」という。）に開示され，以下の構成を有する。

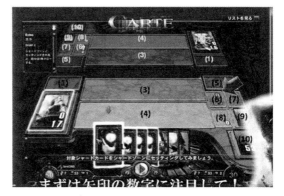

図2：引用発明の説明図

Ｂ'：複数のカードを「第11領域」（図2の符号（1）～(11)。以下同様。）に表示し，

Ｃ'：「第11領域」に表示された複数のカードをプレイヤの操作によって選択可能に表示し，

Ｄ'：選択されたカードを「第11領域」から除去して，対応するCREATUREを「第11領域」とは異なる「第3領域」または「第4領域」に配置し，

Ｅ'：プレイヤの操作によって選択されたカードに設定された「レベル」の値を「第6領域」の「マナ」の数字から減算された新たな「マナ」の数字として表示し，

Ｆ'：<u>「第11領域」から「第7領域」へのカードの配置に伴い，「第11領域」とは異なる「第10領域」に配置されていたカードが，「第11領域」に補充されるように表示され，</u>

Ｇ'：選択されたカードに対応するCREATUREは，「第3領域」において敵ヒーローを攻撃し，……

Ｉ'：オンライン対戦ゲーム。

▍2．争点

本書では，本事件の争点のうち，相違点6の「第3フィールドに配置されていた追加のキャラクタカードが，第1フィールドに補充されるように表示する

ことに関して，本願発明においては「第２フィールドへのキャラクタカードの配置」に伴うものであるのに対して，引用発明においては「第11領域から，第7領域へのカードの配置」に伴うものである点」に関する争点を取り上げる。

▎3．裁判所の判断

　審決は，「手持ちのカード」が他のフィールド又は領域への移動に伴いその数を減じたときに「手持ちのカード」を補充するという構成を採用するに当たって，どのフィールド又は領域への移動を補充の契機とするかはゲーム上の取決めにすぎないとしたうえで，第7領域への移動をカードの補充の契機とする引用発明の構成を，第３領域（敵ヒーローへの攻撃を行うための領域）への移動を補充の契機とする本願発明の構成に変更することは，ゲーム上の取決めを変更することにすぎないものであるから，引用発明の構成を本願発明における構成とすることも，ゲーム上の取決めの変更にすぎず，当業者が容易に想到し得た，と判断した。

　しかしながら，審決は，引用発明の認定に当たって「カード」の種類に言及していないが，「CARTE」によれば，第10領域から第11領域へのカードの補充の契機となるのは，「シャードカード」の第11領域から第7領域への移動……である。そして，「シャードカード」は，専ら「マナ」（カードのセッティングやスキルの発動に必要不可欠なエネルギー）を増やすために用いられるカードであり，その移動先は第7領域……に限られ，敵との直接の攻防のための第３領域又は第４領域に移動させられることはない。このように，引用発明におけるカードの補充は，本願発明におけるそれとの対比において，補充の契機となるカードの移動先の点において異なるほか，移動されるカードの種類や機能においても異なっており，相違点6は小さな相違ではない。そして，かかる相違点6の存在によって，引用発明と本願発明とではゲームの性格が相当程度に異なってくるといえる。したがって，相違点6に係る構成が「ゲーム上の取決めにすぎない」として，他の公知技術等を用いた論理付けを示さないまま容易想到と判断することは，相当でないとともに，相違点6は，ゲームの性格に関わる重要な相違点であって，単にルール上の取決めにすぎないとの理由で容易想到性を肯定することはできない。

▎4．実務上の指針

　本判決では，対戦ゲーム制御プログラムに係る本願発明の進歩性判断において，相違点6に係る引用発明の構成を本願発明の構成のものに変更することが「ゲーム上の取決めを変更することにすぎない」という理由で容易想到であると結論づけた審決の論理構成が誤りであることを明確にしている。

　特許法の保護対象である発明は，「自然法則を利用した技術的思想の創作」である必要があり（特2①），人為的な取り決めである「ゲームのルールそれ自体」すなわち「ゲーム上の取決めそれ自体」は，自然法則を利用していないものとして，発明該当性違反（特29①柱書）により特許されない。これは，創作の結果物そのものに課される要件（発明該当性）であって，創作過程（先行技術に基づいて当業者が本願発明を容易に想到できたものであるかどうか）に関わる進歩性に課せられる要件ではない。それにもかかわらず，本願発明に係る対戦ゲーム制御プログラムのようなゲーム関連発明では，この発明該当性の要件に引きずられて，「ゲーム上の取決め」に関わる発明特定事項を，保護対象から外れる部分であるとして軽視し，当該発明特定事項についての容易想到性を安易に肯定するという考え方が，本件の審決がそうであるように，従来より散見される。

　しかしながら，ゲーム関連発明において，「ゲーム上の取決め」に関わる発明特定事項と，自然法則を利用している発明特定事項とで，容易想到性の判断を区別してよいとする根拠は存在しない。「ゲーム上の取決め」に関わる発明特定事項についても，本判決で明示しているように「他の公知技術等を用いた論理付け」を示す必要があるのは当然である。そもそも，「ゲーム上の取決め」＝「当業者が容易に想到し得る」という論理構成自体が成り立たないのであるから，ゲーム上の取決めであるという理由だけで，他の公知技術等を用いた論理付けを示さないまま容易想到性を肯定するという判断は許されない。

　また，容易想到性の判断では，いわゆる「有利な効果」が参酌されるが，ゲーム関連発明の「有利な効果」については，「ゲーム上の取決め」に関わる発明特定事項によって生じる効果も軽視される傾向が強いように感じる。しかしながら，「有利な効果」が自然法則を利用している発明特定事項によって生じる効果に限定されるとか，「ゲーム上の取決め」に関わる発明特定事項によって生じる効果が容易想到性の判断に与える影響が少ないなど，「ゲーム上の取決め」に関わる発明特定事項によって生じる効果が軽視されるべき根拠は存在しない。本判決でも，他の公知技術等を用いた論理付けの必要性を説示するなかで，「かかる相違点6の存在によって，引用発明と本願発明とではゲームの性格が相当程度に異なってくる」という効果を参酌している。

　ゲーム関連発明の多くは，「ゲーム上の取決め」に関わる発明特定事項を含み，しかも，そのような発明特定事項が相違点となって容易想到性の判断がなされることが多い。したがって，本判決が審決の論理構成を否定した本判決の判示事項は，ゲーム関連発明に関わる実務家にとって重要なものであり，今後の実務に役立ててほしい。

（奥川　勝利）

ウエハ検査装置事件

判 決 の ポ イ ン ト	裁判所は，引用文献には相違点に係る構成が記載されていないと認定し，さらに被告主張の周知技術の存在や動機付けを否定し，本件発明は容易に想到できないと判断した。
事件の表示	R 2.8.4　知財高裁　令和元年(行ケ)10124
参 照 条 文	特29②
Key Word	容易想到性，動機付け

1．事実関係

（1）手続の経緯

　訴外企業が，発明の名称を「ウエハ検査装置」とする特許第6283760号(以下「本件特許」という。)について特許異議の申立て(異議2018-700690)をし，原告が特許請求の範囲について訂正請求(以下「本件訂正」という。)をしたところ，特許庁は，本件訂正を認めたうえ，「特許第6283760号の請求項1，2に係る特許を取り消す。」との決定(以下「本件決定」という。)をした。本件訴訟は，原告が本件決定の取消しを求めたものである。請求項1と請求項2の間に実質的な差異はないから，本稿では請求項1についてのみ論ずる。

（2）本件訂正後の特許請求の範囲の請求項1の記載

　本件訂正後の特許請求の範囲の請求項1の記載は，以下のとおりである。

【請求項1】

　ローダと整備空間との間に配置された複数の検査室であって，半導体デバイスが形成されたウエハの検査の際に用いられる被整備テストヘッドと，前記被整備テストヘッドを前記整備空間側に引き出すスライドレールと，を備えた複数の検査室と，

　ウエハを搬送先の検査室内に搬送する前記ローダと，を備え，

　前記被整備テストヘッドを引き出す整備空間側と前記ウエハを搬送するローダ側とが前記複数の検査室が配置されたセルタワーの反対側であることを特徴とするウエハ検査装置。

　以下，各請求項に係る発明を「本件発明1」などといい，これらを併せて「本件発明」という。また，本件訂正後の明細書を，図面を含めて，「本件明細書」という。

（3）本件訂正の内容

　特許請求の範囲の請求項1に記載の「ガイドレール」が，「スライドレール」と

訂正された。

（4）本件発明1と引用発明との相違点

　本件発明1は，「複数の検査室」が，「前記被整備テストヘッドを前記整備空間側に引き出すスライドレール」を備え，「被整備テストヘッド」を引き出すものであるのに対し，引用発明は，「複数の収容室172のそれぞれには，」「メンテナンスカバー192が設けられ，当該メンテナンスカバー192の外側には，前記プローブカード300を引き出した場合に当該プローブカード300を支持するガイドレール193が設けられ」，「プローブカード300」を引き出しているものの，「テストヘッド200」を引き出すものではなく，「テストヘッド200」を「整備空間側に引き出すスライドレール」も備えていない点が，相違点と認定された（以下「相違点1」という。）。また，本件発明1は，「複数の検査室が配置されたセルタワー」を備えているのに対し，引用発明は，そのような構成を備えているか定かではないと認定された。

▌2．争点

　相違点1に係る構成の容易想到性について争われた。

▌3．裁判所の判断

　裁判所は，「甲2文献及び乙1～3には，相違点1に係る構成（検査室が整備空間側にテストヘッドを引き出すスライドレールを備え，テストヘッドを引き出す構成）の記載はなく，本件証拠上，他に上記構成が記載された文献はない。そうすると，引用発明に甲2文献及び乙1～3に記載された事項を組み合わせても，本件発明の構成には到らない。したがって，当業者において，引用発明に甲2文献及び乙1～3に記載された事項を組み合わせて，相違点1に係る本件発明1の構成を容易に想到することができたということはできない。」と判示した。

　特許庁は，「甲2文献や乙1～3の記載によれば，メンテナンスの対象物を引き出してメンテナンスをすること，また，その際に，スライドレールにより引き出す構成とすることは周知技術である」と主張した。これに対して，裁判所は，「引用例及び甲2文献には，プローブ装置において，メンテナンスの際に検査室からプローブカードを引き出すこと及びその際ガイドレールに沿って引き出す構成とすることの記載がある。しかし，本件原出願の当時，テストヘッドの重量は25kgから300kgを超えるものが知られ（本件明細書【0022】，甲5【0003】・【0043】，甲6【0014】，甲7，乙3【0005】），テストヘッドとプローブカードとは重量や大きさにおいて相違することは明らかである。したがって，プローブカードに関する上記記載から，テストヘッドを含むメンテナンスの対象物一

般について，メンテナンスの対象物を引き出してメンテナンスをすること，また，その際に，スライドレールにより引き出す構成とすることが周知技術であったということはできない。また，乙1〜3には，検査室に収容されたテストヘッドの構成は開示されておらず，テストヘッドを引き出すものではないから，被告の主張する周知技術を裏付けるものではない。」と判示し，特許庁の主張を否定した。

　また，特許庁は，「乙3（【0024】）にも記載があるとおり，テストヘッドを引き出した方が作業性に優れることは自明であるから，メンテナンスの対象物をスライドレールにより引き出してメンテナンスを行う方が，作業が容易であることを動機付けとして，引用発明において，相違点1に係る構成を想到することは容易である」と主張した。これに対して，裁判所は，「乙3はテストヘッドが検査室に収容されたプローブ装置を開示するものではなく，同段落の「超重量級のテストヘッドであってもテストヘッド4を安全且つ円滑に反転させ，前後，上下に移動させることができ，テストヘッド4をメンテナンス等の作業性に優れた位置へ移動させることができる。」との記載から，テストヘッドを引き出した方が作業性に優れていることを読み取ることはできない。」と判示し，さらに，「引用発明においては，テストヘッドのメンテナンスは背面扉を開けて行うものとされ，背面扉はメンテナンスを行うのに容易な位置に配置されているのであるから，検査室が整備空間側にテストヘッドを引き出すスライドレールを備え，テストヘッドを引き出す構成を採用することの動機付けは見いだせない。」と判示し，特許庁の主張を否定した。

■ 4．実務上の指針

　特許庁と裁判所との判断が分かれた第1のポイントは，メンテナンスの対象物として，テストヘッドとプローブカードを同一視するか否かである。特許庁は，テストヘッドよりもはるかに軽いプローブカードに関する記載を，テストヘッドを含むメンテナンスの対象物一般についてまで拡張して周知技術と主張したが，裁判所は，テストヘッドとプローブカードの重量や大きさの違いを指摘し，両者を同一視せず，特許庁の主張を否定した。本件発明1の目的は，テストヘッドを容易に引き出すことであるから，メンテナンスの対象物の重量や大きさの違いに着目した裁判所の判断に違和感はない。

　従って，明細書を作成する場合においては，重量，大きさ，素材など，図面だけでは分からない情報について，可能な限り具体的に明細書に記載しておくのが好ましいと思われる。これらの情報は，従来技術との差異を明確にするために有利な材料になる場合があるからである。なお，本件明細書にも，テストヘッドの重量が約70kgfという具体的な記載があり，裁判所の判断において引

用されている。

　特許庁と裁判所との判断が分かれた第2のポイントは，相違点1に係る構成を採用することの動機付けの認定である。裁判所は，特許庁が主張する動機付けが文献から読み取れないことと，引用発明においては別の構成が記載されていることを指摘し，特許庁が主張する動機付けに基づく容易想到性を否定した。特許庁は，「テストヘッドを引き出した方が作業性に優れることは自明」と主張したが，裁判所はこれを認めなかった。従って，同様の拒絶理由が通知された場合には，本当に自明なのか否かを十分に検討すべきであると思われる。また，特許性を否定するために意見を述べる場合には，自明としか表現できない論理構成は避けるべきであると思われる。

　ところで，本件の主な引用文献は5件あるが，このうちの4件は，原告が有する特許権の特許文献である。特許庁による本件決定では，自らの特許文献によって進歩性が否定されていたことになる。このような事態は，同一製品に対して継続的に出願が行われている場合に十分起こり得る。実務上，具体的な設計や開発を行っていない段階のアイデアでも，明細書に概要を記載することがある。これは，他者の権利化を防ぐというメリットがあるものの，自らの将来の権利化を妨げるというデメリットもある。従って，明細書の作成を行う代理人としては，これらのメリットとデメリットを出願人に説明するとともに，可能な限り出願人の将来の開発の方向性をヒアリングし，出願人が将来権利化する可能性があるアイデアについては極力記載しないように留意すべきである。ただし，上位概念で権利化した後，下位概念の改良発明を権利化することは可能であるから，特許請求の範囲を記載する場合，必要に応じ，出願人が将来権利化する可能性があるアイデアを包含するような上位概念の発明を記載することも有効であると思われる。

（齋藤　昭彦）

医薬品相互作用チェックシステム事件

判　決　の　ポイント	特段の事情の有無を検討することなく，技術常識を参酌することによって請求項の記載を限定して要旨認定した。
事件の表示	R 2.10.7　知財高裁　令和元年（行ケ）10148
参 照 条 文	特29②
Key Word	発明の要旨認定，技術常識，リパーゼ判決

▌1．事実関係

（1）事案の概要

　原告は，医薬品の相互作用をチェックするシステムに関する特許(特許第5253605号：以下「本件特許」という。)の請求項に記載された発明について無効審判(以下「本件審判」という。)を請求した。特許庁は，同請求を無効2018-800118として審理して「本件審判の請求は，成り立たない。」との審決(以下「本件審決」という。)をした。原告は，本件審決の取消しを求める本件訴えを提起した。被告は，本件特許の特許権者である。

（2）本件特許の内容

　本件特許の請求項1に記載された発明(以下「本件発明1」という。)の構成は以下のとおりである。

　「ネットワーク接続されたいずれかの機器に，

　一の医薬品から見た他の一の医薬品の場合と，前記他の一の医薬品から見た前記一の医薬品の場合の2通りの主従関係で，相互作用が発生する組み合わせを個別に格納する相互作用マスタを記憶する記憶手段と，

　入力された新規処方データの各医薬品を自己医薬品及び相手医薬品とし，自己医薬品と相手医薬品の組み合わせが，前記相互作用マスタに登録した医薬品の組み合わせと合致するか否かを判断することにより，相互作用チェック処理を実行する制御手段と，

　対象となる自己医薬品の名称と，相互作用チェック処理の対象となる相手医薬品の名称とをマトリックス形式の行又は列にそれぞれ表示し，……自己医薬品と相手医薬品の間の相互作用チェック処理の結果を，前記マトリックス形式の該当する各セルに表示する表示手段と，

　を備えたことを特徴とする医薬品相互作用チェックシステム。」

（3）審決の概要

　本件特許の複数の請求項について争われたが，本稿ではそのなかでも本件発

明1に関する争いについて取り上げる。本件審決は，本件発明1と甲1発明との一致点及び相違点を認定したうえで，本件発明1の進歩性の存在を認めた。

▍2．争点

　本件発明1の容易想到性の判断の誤りについて争われた。具体的には，本件特許の請求項1では単に「一の医薬品」，「他の一の医薬品」としか定義されていないにもかかわらず，本件審決では本件発明1の要旨認定において「「一の医薬品」及び「他の一の医薬品」は，薬効分類などの上位レベルの概念でないことが，明らかである。」と認定されており，このような認定が特にリパーゼ判決に照らしたときに妥当であるかが争われた。

▍3．裁判所の判断

　まず，裁判所は本件発明1において「一の医薬品」及び「他の一の医薬品」を用いて行われる"相互作用チェック処理"に関して以下のように認定した。「本件発明1において，「相互作用チェック処理」は，入力された新規処方データの各医薬品を自己医薬品及び相手医薬品とし，自己医薬品と相手医薬品の組み合わせが，前記相互作用マスタに登録した医薬品の組み合わせと合致するか否かを判断するものであるから，入力された新規処方データの「各医薬品」に当たる医薬品は「自己医薬品」にも「相手医薬品」にもなり，その組み合わせが「相互作用マスタに登録した医薬品」の組み合わせと合致するかが判断されることになる。」

　そのうえで，裁判所は「一の医薬品」及び「他の一の医薬品」について以下のように本件審決に沿って認定した。「「一の医薬品」と「他の一の医薬品」は，相互作用の有無を判定しうるものとして登録されるものであると解される。」，「本件発明1においては，「相互マスタ」には，「一の医薬品」及び「他の一の医薬品」として，「降圧剤」などといった単なる薬効を入力するだけでは足りず，販売名（商品名）又は一般名を記載するか，薬価基準収載用薬品コードであれば薬効，投与経路・有効成分（7桁のコード）以下の下位の番号によって特定されるものなど，具体的に当該医薬品の薬効，投与経路及び有効成分が特定できるレベルのものを登録する必要があると解される。」。

　そして，裁判所は，リパーゼ判決に関しては「特許請求の範囲から発明を認定するにあたり，特許請求の範囲に記載された発明特定事項の意味内容や技術的意義を明らかにする必要がある場合に，技術常識を斟酌することは妨げられないというべきであり，リパーゼ事件判決もこのことを禁じるものであるとは解されない。」と認定し，本件審決における相違点1及び相違点2が妥当であると認定して本件審決を維持した。

▍4．実務上の指針

　本判決では，リパーゼ判決（Ｈ３.３.８最高裁第二小法廷昭和62年（行ツ）３）について言及されている。リパーゼ判決は，特段の事情のない限り「要旨認定は，……特許請求の範囲の記載に基づいてされるべきである。」と説いている。一方で特段の事情がある場合には，「明細書の発明の詳細な説明の記載を参酌することが許される」とも説いている。

　本判決では，特許請求の範囲の記載よりもかなり限定された形で発明の要旨認定が行われた一方で，その要旨認定は明細書の発明の詳細な説明の記載を参酌したわけではなく技術常識を参酌して行われたことから，これまで争われてきたリパーゼ判決に関連する判決とは異なる趣旨のものとなる。すなわち，これまでリパーゼ判決に関しては，①特許請求の範囲の記載そのままに要旨認定するか，②特許請求の範囲の記載そのままではなく明細書の発明の詳細な説明の記載を参酌して要旨認定するか，の二択で争われていた。しかし，本判決ではそのどちらにも該当せず，③特許請求の範囲の記載そのままではなく技術常識を参酌して要旨認定する，という手法がとられている。そのうえで，審決における相違点認定の妥当性を認め，進歩性を肯定した。

　また，リパーゼ判決では，明細書の発明の詳細な説明の記載を参酌するにあたって特段の事情の存在が要求される。この点について原告は「「医薬品」との文言は，そのまま「医薬品」の意であるものと一義的に明確に理解することができるのであるから，「医薬品」との文言解釈につきリパーゼ事件判決でいうところの「特段の事情」は認められず，本件明細書の参酌は許されない。」と主張していた。しかし，本判決は「特許請求の範囲から発明を認定するに当たり，特許請求の範囲に記載された発明特定事項の意味内容や技術的意義を明らかにする必要がある場合に，技術常識を斟酌することは妨げられないというべきであり，リパーゼ事件判決もこのことを禁じるものであるとは解されない。」と説き，技術常識の参酌には必ずしも特段の事情は必要ない，ともとれるような立場をとった。

　このような判断は，特許要件に関する主張を行う場面で参考にすることができる。特許請求の範囲の記載を限定する補正を行わずに特許要件を満たしていることを主張できる可能性があるためである。その際には，上述のとおり特段の事情が必要ないことについても合わせて主張しておくことが大切である。

　では，本判決ではどのようなプロセスを経て，技術常識を参酌して要旨認定が行われたのだろうか。まず，裁判所は「医薬品」という文言について本件出願日当時にどのような技術常識が存在していたかを認定している。次に，本件発明１が何をしたい発明であるのかを検討するようなプロセスを経て，「「一の医薬品」と「他の一の医薬品」は，相互作用の有無を判定し得るものとして登録さ

れるものであると解される。」と認定した。そして，このような相互作用の有無
を判定するために必要となる条件に基づき，争いになっている「医薬品」という
文言について，「少なくとも，薬効，投与経路及び有効成分が特定される（薬価
基準収載用薬品コードの左から7桁のコード）ものが登録される必要があると
解される。」のように「医薬品」という文言を限定して認定した。その結果，本判
決では特許が維持されたのである。

　では，このように技術常識を参酌して要旨認定するにあたって，参酌される
技術常識に係る構成は明細書に記載されている必要はあるのだろうか。本件で
は，参酌された技術常識で医薬品を限定することについては，本件明細書中に
記載も示唆もない。ただし，上述したコードの具体例等が多少記載されており，
技術常識を参酌した要旨認定と本件明細書の内容との間で矛盾はない。この点
について裁判所も「本件明細書の記載と矛盾するものではない。」といった程度
の認定にとどめている。

　以上のことから，最大限に権利者側に都合良く本判決を解釈すれば，たとえ
明細書に明示されていない事項であっても，それが出願当時の技術常識であっ
て，明細書の記載との間で矛盾さえしなければ，リパーゼ判決が示すような特
段の事情がなかったとしても，その技術常識を参酌して要旨認定することがで
きる，と考えることができる。当然ながら個別具体的な事情もあるため，常に
このように都合良く要旨認定が認められるわけではないだろう。例えば，平成
17年2月17日の東京高裁判決（平成16年（行ケ）83）では，「記録紙」という文言に
ついて技術常識を参酌して限定して要旨認定することについて争われたが，裁
判所は「リパーゼ事件最高裁判決のいう特段の事情は認められない。」と認定し，
技術常識を参酌した限定的な要旨認定を認めなかった。こちらの判決では，そ
もそも被告（権利者）が主張した技術常識の存在が認められなかったため，本判
決とは逆の結論に至っている。そうすると，技術常識を参酌が認められるか否
かの重要なポイントの一つは，いかにして妥当な技術常識を定めるかにかかっ
てくるといえる。このことは，リパーゼ判決における「当業者の一般的な技術
常識になっているとはいえないから，……特許請求の範囲に記載されたリパー
ゼをRaリパーゼと限定して解することはできない」との認定にも沿うものであ
る。今後は，権利者にとって困ったときの対応策の一つとして技術常識の参酌
を考えることができるのではないだろうか。

（及川　周）

遊技機事件

判　決　の ポ イ ン ト	原審決は，本願発明と引用発明の一致点の認定を誤り，相違点を看過し，各相違点の容易想到性に誤りがあるとして，原審決が取り消された。
事 件 の 表 示	R 3.3.29　知財高裁　令和2年(行ケ)10035
参 照 条 文	特29②
Key Word	進歩性，動機付け

1．事実関係

（1）手続の経緯

　原告は，名称を「遊技機」とする発明について特許出願(特願2016-133838)をしたところ，拒絶査定を受けたので，これに対する拒絶査定不服審判(不服2018-16974)を請求した。原告は，審判請求と同時に，特許請求の範囲を補正する手続補正を行った(以下「本件補正」という。)。特許庁は，拒絶査定時の引用文献とは異なる先行文献を引用して拒絶理由を通知し，その後，「本件審判の請求は，成り立たない。」との審決(以下「本件審決」という。)をした。本件は，原告が本件審決の取消しを求めた事案である。

（2）本願発明の内容

　本件補正後の本願の請求項1に記載の発明は以下のとおりである。なお，下線は，筆者によるものであり本件補正により補正された箇所を示す。

【請求項1】

　当否判定結果を示すための複数の識別図柄を含む識別図柄群が変動表示される表示装置と，

　単位演出が一または複数回連続的に発生する演出であって，当該単位演出の発生回数により当否判定結果が当たりとなる蓋然性を示唆する連続演出を実行する連続演出実行手段と，

　ある前記単位演出の発生後に前記表示装置において変動表示される前記識別図柄群に含まれる複数の識別図柄のうちのいずれかは，当該ある単位演出の発生前に前記表示装置において変動表示されていた前記識別図柄群には含まれていなかった<u>新規の識別図柄</u>となるように設定された図柄群変化演出を実行する図柄群変化演出実行手段と，

　を備え，<u></u>

　<u>前記複数の識別図柄のそれぞれは，基本的態様を示す基本要素部と，第一属</u>

性および第二属性のいずれが設定されているかを示す属性要素部と、を含み、
　前記第一属性が設定された識別図柄によって当否判定結果が当たりとなった
ことが示された場合における遊技者が享受する利益の期待値は、前記第二属性
が設定された識別図柄によって当否判定結果が当たりとなったことが示された
場合における遊技者が享受する利益の期待値よりも大きく設定されており、
　前記新規の識別図柄は、前記単位演出の発生前には前記第二属性であった識
別図柄が、前記基本要素部を維持させつつ前記属性要素部を変化させてなる前
記第一属性の識別図柄であることを特徴とする遊技機。

（3）審決の概要
　引用文献1（特開2016-116872号公報）に記載の発明（引用発明）は、遊技機に
おいて、大当たり時に遊技者が得られる利益の期待値が大きい「確変図柄」と、
確変図柄より大当たり時の利益の期待値の少ない「非確変図柄」が変動表示（デ
ジタルの数字が回転）される際に、単位演出（回転が一旦仮停止する）が一又は
複数回発生する演出で、仮停止の際のチャンス目の種別及び発生回数により大
当たりとなる蓋然性が高まるようにされている。また、引用文献2（特開2003-
10449号公報）では、変動表示される一連の識別図柄に含まれる確変図柄の割合
を複数段階に変化させることで、遊技者が確変図柄による大当たりの期待が高
まるようにしている。また、識別図柄のうち非確変図柄を確変図柄に変更する
ことにより確変図柄の割合を変化させること、並びに、各識別図柄が、基本的
態様（例えばデジタルの数字）を示す基本要素部と属性（確変図柄か非確変図柄
か）を示す属性要素部（例えば数字の色等）を含み、基本要素部を維持させつつ
属性要素部を変化させること、は周知であった。引用発明と引用文献2に記載
の技術は、同じ遊技機の技術分野に属するものであり、課題・作用・機能も共
通しており、引用文献2の確変図柄の割合を、1回の変動表示中における仮停
止のタイミングで変化させることは当業者が容易になし得たものであり、本件
補正発明は、引用文献及び周知技術に基づいて当業者が容易に発明をすること
ができたものである。

2．争点
　引用文献及び周知技術に基づく進歩性判断について争われた。

3．裁判所の判断
（1）本願発明と引用発明との一致点及び相違点について
　裁判所は、引用発明では、飾り図柄に「確変図柄」と「非確変図柄」とがあるも
のの、確変図柄か非確変図柄かは、図柄番号が偶数か奇数かによって分類され
ており、本願発明における、「基本的態様を示す基本要素部（それぞれの数字の

部分が相当）」と「第一属性（確変図柄を表す）及び第二属性（非確変図柄を表す）のいずれが設定されているかを示す属性要素部（それぞれの色彩の部分が相当）」の二つの要素部を有する「識別図柄」であるとはいえない，と判断し，本件審決には一致点の認定の誤り及び相違点の看過があるものと認めた。

（2）本願発明と引用発明との相違点の容易想到性について

　裁判所は，引用発明では，遊技の興趣の向上のために，仮停止時の数字の組み合わせからなるチャンス目の種別及び疑似連予告（仮停止）の回数と背景画像の変化に着目して，大当り信頼度が段階的にアップしていくのに対し，引用文献2では，遊技図柄が停止状態となるまでの間に，変動表示される「一連の遊技図柄」に含まれる確変図柄の割合の大きさに着目し，大当り信頼度が段階的にアップしていくというものであると認定した。しかるに，これらの引用文献では，遊技の興趣の向上のために着目する観点が相違しており，また，引用発明では飾り図柄ごとに，属性（確変図柄か非確変図柄か）は設定されているが，「第一属性および第二属性のいずれが設定されているかを示す属性要素部」を有しないため，引用発明の確変図柄は本願の「第一属性が設定された識別図柄」に相当せず，また，引用発明の非確変図柄は本願の「第二属性が設定された識別図柄」にも相当しないことから，引用発明に引用文献2の技術を適用する動機付けがあるものと認めることはできない，とした。

　以上から本件審決には，一致点及び相違点の判断の誤りと，相違点に関する容易想到性の判断の誤りがあり，本件審決は取り消されるべきであるとした。

▋ 4．実務上の指針

　本件審決では，引用発明と引用文献2に記載の技術は，「1回の変動中に複数段階に演出態様を変化させるという点で作用・機能も共通する。」と認定していた。しかし，本件判決では，引用発明においては，数字の組合せからなるチャンス目の種別及び疑似連予告演出の回数と背景画像の変化，という観点に着目しており，また，引用文献2においては，「一連の遊技図柄」に含まれる「確変図柄の割合」の大きさに着目している，と認定している。本件判決では，引用発明において，各疑似連予告演出（仮停止）の際の出目がチャンス目のパターン（組合せ）であるかどうかに着目しているところ，これに代えて，仮停止の際に，確変図柄の割合を変化させる，という引用文献2を適用することについての動機付けがなく，当業者にとって容易であるとはいえない，と認定している。

　特許・実用新案審査基準第Ⅲ部第2章第2節進歩性3.3（1）では，「請求項に係る発明の知識を得たうえで，進歩性の判断をするために，以下の（ⅰ）又は（ⅱ）のような後知恵に陥ることがないように，審査官は留意しなければならない。」とされている。

　本件の場合も，審査・審判段階で，本願発明を確認した後に引用発明からの容易想到性を検討するにあたり，当業者が請求項に係る発明に容易に想到できたように見えてしまった，という部分があった可能性もあるように思われる。この点，本件審決の「7　判断」の項目では，相違点1から相違点3をまとめて検討することとして判断を行っているが，出願人側としては，個々の相違点をより慎重に検討し，審査・審判における認定が，真に妥当であるか，また，上記のような後知恵になっていないかを確認することが望ましいと考えられる。

　また，本願発明の構成のうち，仮停止の際に確変図柄の割合を変化させる（増加させる）構成として，第二属性が設定された識別図柄（＝非確変図柄）を，属性要素部を第一属性に変化させて，第一属性が設定された識別図柄（＝確変図柄）とする点について，被告は，引用文献2のなお書きに相当する部分の記載を引用して，「前記一連の遊技図柄に含まれる確変図柄の割合を変更させることが可能であれば如何なる方法であっても良い。」との記載から，この部分を他の周知技術に置換することが許容されている，と主張した。しかし，本件判決では，引用文献2の，被告が引用したなお書きの箇所のすぐ後の部分の記載を引用し，変動表示される一連の遊技図柄に含まれる確変図柄の割合を変更させる方法として引用文献2で示されている他の具体例として，本件発明の方法とは異なる方法を例示している点を指摘して，「如何なる方法であっても良い」といっても，本件周知技術を直ちに想起するものと認められず，当業者にとって本件発明を容易に想到する動機付けになるとはいえない，と判示している。

　このような「如何なる方法であっても良い」といった記載は，明細書においてもしばしば用いられる表現であり，審査においても引用されるケースもあると思われるが，その記載に続けて引用文献で例示されている例が，本件発明とは異なるものであった場合には，上記のような反論の余地もあると考えられ，その点でも，興味深い判決であると考えられる。

（角田　昌大）

審決取消訴訟（特許・実用新案）

船舶事件

判 決 の ポ イ ン ト	明細書における発明の目的に照らして，発明における用語の意義が判断された。
事件の表示	R 2.7.2　知財高裁　令和元年(行ケ)10079
参 照 条 文	特29②　特123①二
Key Word	発明認定，用語の解釈，発明の開示

1．事実関係

（1）手続の経緯

　被告は，平成25年4月30日，発明の名称を「船舶」とする分割出願を行い，平成26年5月9日，特許権の設定の登録を受けた(特許第5536254号(以下「本件特許」という。))。

　原告は，平成29年7月4日，本件特許について特許無効審判を請求した(無効2017-800086)。

　特許庁は，平成31年4月23日に，審判請求は成り立たない旨の審決をした(以下「本件審決」という。)

　原告は，令和元年6月5日，本件審決の取消しを求めて，本件訴訟を提起した。

（2）発明の内容

　被告は，特許請求の範囲を訂正審判により2度訂正し(本件訂正1，2)，特許無効審判係属中に訂正請求を行った(本件訂正3)。本件訂正3後の請求項1の発明(以下「本件発明」という)は，以下のとおりである。

　「【請求項1】船外に面する左右の側壁を有する船体と，該船体の内部であって隔壁により推進方向の前後に区画される複数の部屋と，前記側壁及び前記隔壁に接する少なくとも1つの浸水防止部屋と，を備え，前記浸水防止部屋は，端部が前記側壁及び前記隔壁に接合される仕切板により形成され，前記仕切板の全面が前記部屋に面すると共に，前記浸水防止部屋は，ショアランプが設けられる甲板に面してその下方に設けられ，前記部屋の高さ方向にわたって形成され，前記浸水防止部屋の少なくとも1つは，機関区域の前記部屋に設けられ，前記機関区域の前記部屋の前記側壁と前記隔壁との連結部を覆った空間であり前記空間に面する前記側壁が損傷した場合浸水し，前記浸水防止部屋で前記連結部が覆われた前記隔壁は，前記機関区域の2つの前記部屋を推進方向の前後に区画し，前記隔壁によって推進方向の前後に区画された前記機関区域の2つの前記部屋は，いずれも縦通隔壁で区画されていないことを特徴とする船舶。」

（3）審決の概要

審決において，本件発明の最も重要な構成要件である「浸水防止部屋」については，「浸水防止部屋は，側壁が損傷した場合に浸水することで，該浸水防止部屋が設けられた部屋への浸水が防止されるという機能を有するものであるから，それ相応の容量が必要と考えられるところ，本件明細書等の全体を通してみても，該「浸水防止部屋」がタンク（燃料タンク，バラストタンク等）であることは記載されていないことに基づけば，本件発明の「浸水防止部屋」は，損傷を受けた場合に浸水する「空間」であり，専ら「浸水防止」を企図した「空間」であると解すべきである。そして，この解釈に基づけば，タンク（燃料タンク，バラストタンク等）は，専ら「浸水防止」を企図した「空間」であるとはいえないから，本件発明の「浸水防止部屋」には，該当しないものといえる。」と判断されている。

このため，特許無効審判において提出された甲第4号証に記載されたアンチローリングタンクは本件発明の「浸水防止部屋」に相当しないと判断された。

▌2．争点

特許無効審判で提出された甲第4号証に記載されたアンチローリングタンクが本件発明の「浸水防止部屋」に該当するか否かについて争われた。

▌3．裁判所の判断

（1）裁判所は，本件発明の「浸水防止部屋」の意義を，次のように判断した。

「特許請求の範囲の記載によれば，本件訂正3発明1の「浸水防止部屋」は，側壁及び隔壁に接すること，仕切板により形成されること，部屋の高さ方向にわたって形成されること，機関区域の部屋に設けられること，側壁と隔壁との連結部を覆った空間であり空間に面する側壁が損傷した場合浸水することなどが特定されているものの，「専ら」あるいは「主に」浸水防止を企図した空間であるべきかは明らかでない。なお，当業者の技術常識として，「空間」とは，「空所」や「ボイド」とは異なり，必ずしも物体が存在しない場所には限定されないと認められ，このことは「下層空間13の船尾側に推進用エンジン14が配置されている」（段落【0026】）などの本件明細書の記載とも整合する。したがって，「空間」であることから，直ちに「専ら」あるいは「主に」浸水防止を企図していることは導けない。また，SOLAS条約によれば，浸水率の計算において，タンクは，0または0.95のいずれかよりリスクが高くなるケースを用いて計算すべきとされており，タンクであってもそれに面する側壁が損傷した場合浸水する場合があることとなるから，「空間に面する側壁が損傷した場合浸水すること」が，必ずしもタンクを排除するものとはいえない。」

（2）また，裁判所は，本件特許の明細書の記載からも，「浸水防止部屋」がタ

ンクを排除しないという判断をした。

「次に，本件発明の課題及び解決手段は，前記のとおり，浸水防止部屋を設けて，側壁における隔壁の近傍が損傷を受けても，浸水防止部屋が浸水するだけで，浸水防止部屋を設けた部屋が浸水することがないようにすることで，浸水区画が過大となることを防止し，設計の自由度を拡大することを目的とするものである。そうだとすれば，「浸水防止部屋」は，それに面する側壁が損傷し浸水しても，それが設けられた「部屋」に浸水しないような水密構造となっていれば，浸水区画が過大となることを防止するという本件発明の目的にかなうのであって，タンク等の他の機能を兼ねることが，当該目的を阻害すると認めるに足りる証拠はない（被告は，タンクが浸水すると，タンク本来の機能を果たせなくなったり，環境汚染につながったりするから，タンクと「浸水防止部屋」は両立しえないと主張するが，本件発明は，「浸水防止部屋」を意図的に浸水（損傷）しやすくするわけではないから，上記認定は左右されない。）。」

（3）そのうえで，裁判所は，甲第4号証に記載されたアンチローリングタンクが本件発明の「浸水防止部屋」に相当すると判断した。

「アンチローリングタンクについて甲4発明のアンチローリングタンクは，タンクであって液体を貯留するものであるから，それが設けられた部屋に液体が浸水しないような水密の構造となっている可能性がある。しかるに，本件審決は，アンチローリングタンクが，専ら浸水防止を企図した空間ではないとの理由のみから，これが浸水防止部屋に該当せず，無効理由2－2は成立しないと判断したものであるから，本件審決に誤りがあることは明らかであり，その誤りは審決の結論に影響を及ぼすものである。」

▎4．実務上の指針

（1）特許出願に係る発明の特徴点（先行技術と相違する構成）は，当該発明が目的とした課題を解決するためのものである。本件発明においては，「浸水防止部屋」が発明の特徴点であり，本件発明が目的とした課題（船損傷時における複数の部屋への浸水を防止するとともに設計の自由度を拡大可能とすること）を解決するためのものである。

（2）本件特許の明細書においては，本件発明の「浸水防止部屋」について，「船体11は，上部の空間（部屋22a，22b）にて，端部が左右の側壁20a，20b及び隔壁25（25a）に接合される仕切板26a，26bが設けられることで，左右の側壁20a，20b及び隔壁25（25a）に接する左右の浸水防止部屋27a，27bが形成されている。」と記載されている（段落番号【0031】等）。明細書においては，このような構成により，側壁に損傷を受けた場合に，浸水防止部屋27a，27bに浸水することで，船体の浸水防止部屋以外の部屋への浸水を防止できる効果が記載されている

（段落番号【0035】等）。なお，明細書において，浸水防止部屋27a，27bの他の特徴については，寸法的な記載のみである（段落番号【0033】等）。

（3）特許発明は，従来技術と異なる新規な構成により（A），各構成要件が有機的に結合して特有の作用を奏し（B），特有の効果をもたらすことにより（C），権利が与えられる。しかしながら，本件特許の明細書においては，上述したように，（A），（C）について記載されているものの，（B）については記載されていない。

（4）裁判所は，「「浸水防止部屋」は，それに面する側壁が損傷し浸水しても，それが設けられた「部屋」に浸水しないような水密構造となっていれば，浸水区画が過大となることを防止するという本件発明の目的にかなうのであって，」と判断している。この判断においては，本件発明の「浸水防止部屋」と，甲第4号証のアンチローリングタンクにおける水密構造（構成（A））及び本件発明の目的（効果（C））と，を照合して構成要件を対応させている。

（5）すなわち，明細書における「浸水防止部屋」の記載の粒度と，甲第4号証における「アンチローリングタンク」の記載の粒度がそろっているために，「浸水防止部屋」に「アンチローリングタンク」が相当すると判断され，進歩性が否定されたと考えることができる。

（6）本件の結果を考慮すると，明細書の記載において，従来技術と異なる新規な構成（A），特有の効果（C）に加えて，各構成要件が有機的に結合して特有の作用を奏すること（B）についての記載を十分にしておく必要があると考える。本件についていえば，本件発明の主要部の構成である「浸水防止部屋」について，他の部屋や部材との位置関係のみならず，側壁における隔壁の近傍が損傷を受けた際に浸水がどのように進み，それを他の部屋や部材との関係でどのようにして防止するかなどの記載があれば，被告における反論の余地がもう少しあったのではないかと思われる。

（7）このように，明細書における発明の開示について，「各構成要件が有機的に結合して特有の作用を奏する」ことについて記載することが実務上重要であると考える。

（青木　宏義）

鋼矢板圧入引抜機事件

判 決 の ポ イ ン ト	証拠から認定された技術常識及び周知事項に基づいて，甲1発明に正規状態での施工を可能とする400mm用のチャック装置を適用するように当業者は動機付けられるといえるから，本件発明1と甲1発明との相違点に係る構成に当業者は容易に想到し得たとして，審決が取り消された。
事件の表示	R 2.10.22　知財高裁　令和元年(行ケ)10126
参 照 条 文	特29②
Key Word	進歩性，相違点の容易想到性，技術常識，周知事項

1．事実関係

（1）手続の経緯

被告は特許第5763225号(請求項の数9。以下「本件特許」という。)の特許権者である。原告は本件特許につき3度目の無効審判請求をし，特許庁は審判請求が成り立たない旨の審決をした。原告は当該審決の取消しを求めて本件訴訟を提起した。

（2）本件発明の内容

本件特許の請求項1に係る発明は次のとおりである(以下「本件発明1」という。)。なお，下線は強調のために筆者が付したものである。

「下方にクランプ装置を配設した台座と，台座上にスライド自在に配備されたスライドベースの上方にあって縦軸を中心として回動自在に立設されたガイドフレームと，該ガイドフレームに昇降自在に装着されて鋼矢板圧入引抜シリンダが取り付けられた昇降体と，昇降体の下方に形成されたチャックフレームと，チャックフレーム内に旋回自在に装備されるとともにU型の鋼矢板を挿通してチャック可能なチャック装置とを具備してなる鋼矢板圧入引抜機において，

前記クランプ装置は，台座の下面に形成した複数のクランプガイドに，相互に継手を噛合させて圧入した既設のU型の鋼矢板の上端部に跨ってクランプする複数のクランプ部材を組み替え可能に装備するとともに，複数のクランプガイドのピッチ及び複数のクランプ部材の形状を異ならしめてなり，

前記既設のU型の鋼矢板の継手ピッチに応じて，クランプガイドとクランプ部材を組み替えてクランプピッチを変更することによって，<u>前記既設のU型の鋼矢板の継手ピッチが400mm，500mm，600mmのいずれであっても前記既設のU型の鋼矢板の先頭からクランプ可能とした</u>ことを特徴とする鋼矢板圧入引

抜機。」

（3）審決の概要

本件出願日前に公然実施された鋼矢板圧入引抜機から認定される引用発明（以下「甲1発明」という。）と本件発明1とを対比すると，既設のU型の鋼矢板の先頭からクランプ（以下「正規状態で（の）施工」ということがある。これに対し，先頭ではなく2枚目をクランプすることを「2枚目クランプ状態で（の）施工」ということがある。）可能とした構成について，本件発明1では，継手ピッチ400mm，500mm，600mmのいずれであっても正規状態で施工できるのに対して，甲1発明では，継手ピッチ500mm，600mmのみ可能であって，継手ピッチ400mmのものは，正規状態で施工できず2枚目クランプ状態で施工する点で相違する。

甲1発明においては，400mmの場合には2枚目クランプ状態で施工することを前提としていたものと認められる。証拠には，400mm・500mm・600mmのいずれの場合も正規状態で施工可能とすることは記載も示唆もされていない。400mmの場合は2枚目クランプ状態で施工することを前提としていた甲1発明において，一体型チャックフレームの交換によって，400mm・500mm・600mmのいずれの場合であっても正規状態で施工可能とすることを当業者が容易に想到し得たとはいえない。

▌2．争点

本件発明1と甲1発明の相違点の容易想到性について争われた。

▌3．裁判所の判断

裁判所は証拠（甲1-1，6-1，10-1，12）に基づいて，本件原出願時の技術常識を次のように認定した。

「（2）技術常識について……

ア　鋼矢板圧入引抜機は，通常，正規状態で施工するものであり，正規状態での施工には，既設のU型の鋼矢板から強力な反力が得られ，共上がりや共下がりが発生しないという利点がある。

イ　2枚目クランプ状態での施工には，過負荷がかかるため圧入機が不安定化し，圧入引抜力が制限されるという問題点がある。

ウ　チャック装置が大きすぎる場合には，チャック装置が本体側に近づくと干渉問題が発生するために，正規状態での施工が不能になることがある。」

また裁判所は後掲各証拠に基づいて，本件原出願時の周知事項を次のように認定した。

「（3）周知事項について……

　ア　鋼矢板圧入引抜機には，圧入施工する対象(U型の鋼矢板，ハット形の鋼矢板，鋼管矢板等)に合わせてチャック装置の交換が可能な構成が採用されている。具体的には，チャック装置の交換は，一体型チャックフレームの交換や着脱式チャック装置の交換という公知又は周知の手段によって実現される(甲2-2・2-3，3-2・3-3，4-2・4-3，5-1・5-2，10-1，11，18〜25)。

　イ　継手ピッチ400mmのU型鋼矢板用のチャック装置には，幅が大きな鋼矢板(例えば，φ600〜φ1,000mmの鋼管矢板，有効幅900mmのハット形鋼矢板)に用いられるチャック装置と比べて，幅が小さいものが使用される(甲2-2・2-3，13-2，14-1〜14-3)。」

そして裁判所は，相違点の容易想到性について以下のように判断して，審決を取り消した。

「正規状態での施工の利点(上記(2)ア)及び2枚目クランプ状態での施工の問題点(同イ)にかんがみると，甲1発明において，400mmの場合に2枚目クランプ状態で施工すると，地盤が硬い場合や鋼矢板が長い場合には施工不能となるおそれがあるから，正規状態での施工が可能になるように構成することを当業者は動機付けられるといえる。

ここで，600mm用のチャック装置のままで400mmの鋼矢板を正規状態で施工すると，チャック装置が大きすぎるために干渉問題が生じる(上記(2)ウ)。この干渉問題を解決するために，上記(3)の周知事項を適用して，必要に応じて圧入機に仕様変更を加えつつ，600mm用のチャック装置よりも小型であり干渉問題の解消が可能な400mm用のチャック装置を備える一体型チャックフレームに交換することにより，あるいは，600mm用の着脱式チャック装置よりも小型であり干渉問題の解消が可能な400mm用の着脱式チャック装置に交換することにより，400mmの場合でも正規状態での施工が可能になるように構成することは，当業者が容易に想到し得たことといえる。」

4．実務上の指針

本事件において新たに提出された証拠は，前審との対比から甲15以降の証拠と見受けられる。よって，裁判所が技術常識及び周知事項の認定の基礎とした証拠のほとんどは前審において既に提出された証拠であり，特許庁と裁判所で判断が相違した事件といえる。ただし，本事件において被告は口頭弁論期日に出頭せず，答弁書その他の準備書面も提出していない。審決の違法性を争う行政訴訟である審決取消訴訟において，実務的には弁論主義が採用されているとの意見もあり(参考文献1)，被告の対応は結論に少なからず影響していると感

じられる。このような事情もあるが，本稿では技術常識及び周知事項の認定と，進歩性の判断について考察する。

裁判所が認定した技術常識ア，イに関しては，前審においても証拠に開示があることは認められていた。一方，裁判所が認定した技術常識ウに関しては，前審では判断されていなかった。また，裁判所が認定した周知事項ア，イに関しては，前審では証拠にはチャックを交換することについて開示はあるものの，400mm・500mm・600mmのいずれの場合も正規状態で施工可能とするという技術思想の開示はないとして，相違点について容易に想到し得たとはいえないと判断していた。

本事件において裁判所は，甲1発明に正規状態での施工を可能とする400mm用のチャック装置を適用することの動機付けを，技術常識を認定して説示した。具体的な技術思想を直接開示する証拠が存在しない場合には，出願時点における一定の課題を立証し，主引用発明においてその課題を解決しようとする動機付けがあることを示し，その解決手段を提示することが，進歩性の欠如を主張する流れとして有効であると考えられる。

また，証拠には400mm・500mm・600mmのいずれの場合も正規状態で施工可能とするという技術思想の開示がなかったが，裁判所は，チャック装置の交換は一体型チャックフレームの交換や着脱式チャック装置の交換という公知又は周知の手段によって実現され，400mmのU型鋼矢板用のチャック装置には幅が小さいものが使用されるという周知事項に基づいて，甲1発明に正規状態での施工を可能とする400mm用のチャック装置を適用することは当業者が容易に想到し得たと判断した。被告の本事件における対応がどの程度影響しているか定かではないが，具体的な構成を直接示す証拠が存在しない場合でも，周知事項を立証し，その周知事項に基づいて相違点に係る構成を導出することは有効であると考えられる。

なお，本事件は本件特許についての3度目の審決取消訴訟であり，2度目の事件と主引用発明は異なるものの，2度目の事件と同一の一致点及び相違点がある主引用発明に基づいて進歩性が争われた。2度目の事件では，本事件において認定された出願時の技術常識イ，ウについて判断されておらず，主引用発明に相違点に係る構成を採用する動機付けが否定されていた。周知技術に基づく進歩性の欠如を主張する場合においても，動機付けの詳細な説明が重要であることがうかがえる。

【参考文献】
1．「パテント」日本弁理士会，Vol.72 No.6（2019）p3-p6

（根岸　勇太）

２軸ヒンジ事件

判 決 の ポイント	本件発明１と甲１発明との相違点が実質的な相違点ではないとして，本件発明１の進歩性が否定された。
事件の表示	Ｒ３.１.14　知財高裁　令和２年(行ケ)10066
参 照 条 文	特29②
Key Word	進歩性

1．事実関係

（1）原告は，発明の名称を「２軸ヒンジ並びにこの２軸ヒンジを用いた端末機器」とする特許第5892573号（以下「本件特許」という。）の特許権者である。被告は，平成30年１月12日，本件特許について無効審判請求（無効2018-800003）をしたところ，原告は請求項１～３に対して訂正請求（以下「本件訂正」という。）をした。特許庁は，令和２年４月15日，本件訂正を認めたうえで，特許を無効とする旨の審決（以下「本件審決」という。）をした。本件は，原告が本件審決の取消しを求めた事案である。

（2）本特許権の本件訂正後の請求項１に係る発明（以下「本件発明１」という。その他の請求項に係る発明についても同様とする。）は，ノートパソコン等の端末機器に用いる２軸ヒンジに関する発明である。

（3）審決は，本件発明１～３は甲１（中華民国実用新案M428641U1）に記載された発明（以下「甲１発明」という。）等に記載された発明等に基づいて当業者が容易に発明することができたとして，進歩性を否定した。

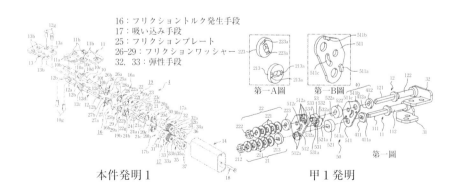

本件発明１　　　　　　　　　　　甲１発明

▌2．争点

　進歩性の判断の誤りの有無について争われた。本稿では，甲1を主引例とする本件発明1の進歩性判断についてのみ以下に取り上げる。

▌3．裁判所の判断

　裁判所は，本件発明1は，甲1発明に基づいて当業者が容易に発明することができたというべきであり，本件発明1に関する本件訴えには理由がないとした。

（1）相違点1'について

　本件発明1は，「前記第1ヒンジシャフト及び又は前記第2ヒンジシャフトの回転時にフリクショントルクを発生させるフリクショントルク発生手段」を設け，同フリクション発生手段が「前記第1ヒンジシャフト及び前記第2ヒンジシャフトの各フランジ側と前記選択的回転規制手段の一方の側に設けたところの前記第1ヒンジシャフトと前記第2ヒンジシャフトを回転可能に挿通させた第1軸受孔と第2軸受孔を有するフリクションプレートと，前記フリクションプレートの隣に前記第1ヒンジシャフトに対し軸方向にスライド可能であるが回転を拘束させて取り付けたフリクションワッシャーと，前記フリクションプレートの隣に前記第2ヒンジシャフトに対し軸方向へスライド可能であるが，回転を拘束させて取り付けたフリクションワッシャーを有するもの」であり，また，本件発明1の「弾性手段」は，「吸い込み手段」と「フリクショントルク発生手段」の「両方に作用する」ものである。これに対し，甲1発明は，「前記第1軸部111上に設置されて回転トルクを提供する第1トルク装置21と，前記第2軸部121上に設置されて回転トルクを提供する第2トルク装置22と」が，「支持片512の外側面に接触する」前記第1自動閉合輪213及び前記第2自動閉合輪223に接して設けられており，また，「前記第1自動閉合輪213及び前記第2自動閉合輪223を圧迫」するものとされている。

　本件発明1は，フリクションプレートと各フリクションワッシャーとの間の接触面においてフリクショントルクを発生させるものとしている。吸い込み手段の構成は，摩擦を発生させる構成に関しては，フリクショントルク発生手段と同一の構成となっている。フリクショントルクは，少なくとも吸い込み手段からも発生しているというべきである。

　したがって，本件発明1の「フリクショントルク」とは，任意の開閉角度で自由に停止保持させることを可能とするフリクショントルクを意味するが，同フリクショントルクを「フリクショントルク発生手段」のみによって発生する必要はない。ヒンジが上記のフリクショントルクを発生させており，同ヒンジにおいて，フリクショントルクのほとんどを発生させているなど，同ヒンジのフリクショントルク発生機能を担っていると明確に認識できる部材がない場合は，

同フリクショントルクを発生させる部材であって，本件特許の請求項１に記載された構成を有する部材であれば，本件発明１の「フリクショントルクを発生させるフリクショントルク発生手段」に当たると解するのが相当である。

甲１発明のヒンジはノート型パソコンにも使用されるものであること及び甲１には筐体を中間開閉角度で支える部材は記載されていないことを考慮すると，支持片511と第１ストッパ輪411・第２ストッパ輪412の間，支持片511と第１位置制限カム521・第２位置制限カム522の間，第１位置制限カム521・第２位置制限カム522と支持片512の間等に摩擦が生じており，これらの摩擦が合わさることにより任意の開閉角度で自由に停止保持させることを可能とするフリクショントルクが発生しているものと認められる。また，それらの間に生じる摩擦の程度については，いずれも同程度の面積の接触面から発生しているから，それらに顕著な差があるとは認められず，いずれかが，フリクショントルクのほとんどを発生させているなど，ヒンジのフリクショントルク発生手段を担っていると明確に認識できる部材であるということはできない。

したがって，甲１発明の支持片511及び第１ストッパ輪411・第２ストッパ輪412は，本件発明１の「フリクショントルクを発生させるフリクショントルク発生手段」に当たるというべきである。

第１トルク装置21及び第２トルク装置22は，本件発明１の「弾性手段」に当たり，また，ストッパ機構40及び支持片512は，第１トルク発生装置・第２トルク発生装置によって圧迫されているから，甲１発明においては，「弾性手段」は，「吸い込み手段」と「フリクショントルク発生手段」の双方に作用するといえる。

以上より，相違点１'は，実質的な相違点ということはできない。

（２）相違点２について

「切換片53」を単一の部材として構成するか，複数の部材を組み立てたものとして構成するかは，当業者が適宜選択し得るものである。本件発明１の「ロック部材」が，「前記第１ロックカム部材及び前記第２ロックカム部材の間にスライド可能に設けられ」ているのに対し，甲１発明の「切換片53」は，「前記切換片53は揺動可能な輪部533を有するとともに，前記輪部533に前記第１位置制限カム521と第２位置制限カム522との間に介在する第１位置制限ブロック531及び第２位置制限ブロック532が外向きに突設され」ている点は，実質的な相違点ということはできない。

4．実務上の指針

本件特許の出願時に，折り畳み式の電子機器に使用されるヒンジに，任意の角度で自由に停止保持可能なフリクショントルクを発生させる機能を持たせること，弾性手段等により圧接したプレート状部材とワッシャー状部材との接触

面においてフリクショントルクを発生させること等は，周知技術であった。そのため，支持片511及び第1ストッパ輪411・第2ストッパ輪412が「フリクショントルクを発生させる」旨の記載が甲1になくとも，それらがフリクショントルク発生手段に該当しないわけではないと判断された。

ところで，本判決では「同ヒンジのフリクショントルク発生機能を担っていると明確に認識できる部材がない場合は」という留保が設けられている。甲1発明のヒンジにおいて，フリクショントルクの大部分を発生させていると認められる部材が別にあったなら，甲1発明の支持片511及び第1ストッパ輪411・第2ストッパ輪412は，本件発明1のフリクショントルク発生手段に当たらないと認定された可能性があるといえる。

したがって，同様の事案で出願人や特許権者として発明の進歩性を肯定する立場であれば，引用発明のある部材Aが同様の構成を有しており当該機能Bを発揮し得るとしても，当該機能を担っていると明確に認識できる部材Cが別にあることを理由に，部材Aは当該発明の当該機能を発揮する部材には当たらないと主張することが考えられる。一方，情報提供や異議申立て，無効審判等を行う立場からは，引用文献には部材Aが機能Bを発揮することが明記されていなくとも，引用発明が機能Bを発揮しており，その他に機能Bのほとんどを発生させているなど，機能Bを担っていると明確に認識できる部材がないことを理由に，請求項記載の構成を備える部材Aが請求項に記載された発明の当該機能Bを発揮する部材に当たると主張することが考えられる。

なお，本件において原告は，本件発明1は専用のフリクションプレートと4枚のフリクションワッシャーを用いており，甲1発明とは明らかにその構成と作用効果を異にすると主張した。これに対して裁判所は，甲1発明においては，支持片511等は，ストッパ機能も有しているが，ストッパ機能とフリクショントルクを発生させる機能は両立するというべきであり，支持片511等がストッパ機能を有することによりフリクショントルクを発生させる機能に支障が生じるとはいえず，本件発明1と甲1発明とでは，フリクショントルクを発生させるための構成や作用効果に違いはないと判断した。

出願人や特許権者側の立場としては，構成が異なると主張するのであれば，4枚のフリクションプレートを用いている点を請求の範囲の記載に反映させることが少なくとも必要であろう。一方，進歩性を否定する立場としては，部材Aの構成が同一であれば，ストッパ機能等別の機能を有しているとしても機能Bを発生させる機能に支障はないとして，構成や作用効果に違いはないと主張することが考えられる。

（牧内　和美）

ヒト結膜肥満細胞安定化剤事件

判　決　の ポ　イ　ン　ト	発明の効果の有無が争点となり，最高裁から知財高裁に差し戻され，本件発明の効果は本件発明の構成から当業者が予測することができた範囲の効果を超える顕著なものであると判断された。
事件の表示	R 2.6.17　知財高裁　令和元年（行ケ）10118 （原審　R 1.8.27　最高裁第三小法廷　平成30年（行ヒ）69）
参　照　条　文	特29②　特181①　特181②
Key Word	予測できない顕著な効果，確定した取消判決の拘束力

1．事実関係

（1）手続の経緯

　被告らは，発明の名称を「アレルギー性眼疾患を処置するためのドキセピン誘導体を含有する局所的眼科用処方物」とする本件特許（特許第3068858号）を所有している。原告は，本件特許に対し平成23年2月に本件無効審判（無効2011-800018）を請求した。本件特許を無効とする旨の1次審決がなされた後，審決取消訴訟及び審判審理の再開が繰り返された。

　2回目の審決取消訴訟（H26.7.30知財高裁平成25年（行ケ）10058）の判決（前訴判決）が確定（平成28年1月）したため，その後の審理において確定した前訴判決の効力が及ぶこととなった。

　3回目の審決取消訴訟（本件訴訟：H29.11.21知財高裁平成29年（行ケ）10003）において，知財高裁は，本件発明の構成は引用発明から容易に想到できることを前提として，本件化合物とは化学構造が異なるが高いヒスタミン遊離抑制率を示す他の化合物が複数存在することが知られていたという理由により，本件発明の効果は予測し難い顕著なものであるということはできないと判断し，本件審決を取り消す旨の判決をした。しかし最高裁は，当該判決は，本件発明の構成から当業者が予測することができた範囲の効果を超える顕著なものであるか否かという観点から十分に検討されていないと判断し，当該判決を破棄し，知財高裁に差し戻す旨の判決（R 1.8.27最高裁第三小法廷平成30年（行ヒ）69）をしたため，本件に至った。

（2）本件訂正後の本件発明

　本件発明は，本件発明1及び2（請求項1，5）を含むが，本件発明1のみ以下に示す。本件訂正において本件発明1は変更されていない。

【請求項1】

　ヒトにおけるアレルギー性眼疾患を処置するための局所投与可能な，点眼剤として調製された眼科用ヒト結膜肥満細胞安定化剤であって，治療的有効量の11-(3-ジメチルアミノプロピリデン)-6，11-ジヒドロジベンズ［b，e］オキセピン-2-酢酸またはその薬学的に受容可能な塩を含有する，ヒト結膜肥満細胞安定化剤。

▌2．争点

　主な争点は，主引例である甲1と副引例である甲4からの進歩性（取消事由1），及び，主引例である甲3と副引例である甲1並びに甲4からの進歩性（取消事由2）である。特に，取消事由1では，本件発明が当業者において予測できない顕著な効果を有するか否かが争われた。

▌3．裁判所の判断

（1）顕著な効果を有するか否かについて判断すべき理由，及び，その判断には確定した前訴判決の拘束力が及ばない理由

　「前訴判決は，本件各発明について，その発明の構成に至る動機付けがあると判断しているところ，発明の構成に至る動機付けがある場合であっても，優先日当時，当該発明の効果が，当該発明の構成が奏するものとして当業者が予測することができた範囲の効果を超える顕著なものである場合には，当該発明は，当業者が容易に発明をすることができたとは認められないから，前訴判決は，このような予測できない顕著な効果があるかどうかまで判断したものではなく，この点には，前訴判決の拘束力（行政事件訴訟法33条1項）は及ばないものと解される。そこで，本件各発明がこのような予測できない顕著な効果を有するかどうかについて判断する。」（下線は筆者による。）

（2）本件発明の効果について

　「本件発明1における本件化合物の効果として，ヒト結膜肥満細胞からのヒスタミン放出阻害率は，30μm〜2,000μmの間で濃度依存的に上昇し，最大値92.6％となっており，この濃度の間では，クロモリンナトリウムやネドクロミルナトリウムと異なり，阻害率が最大値に達した用量（濃度）より高用量（濃度）にすると，阻害率がかえって低下するという現象が生じていない。」

（3）取消事由1

①原告の主張

　原告は，本件発明1の効果は，本件優先日当時知られていたケトチフェンによるヒト結膜肥満細胞安定化の効果から類推できる旨を主張した。

②取消事由1に対する裁判所の判断

裁判所は，原告の主張を否定し，以下の理由（ⅰ）〜（ⅲ）（いずれも判決文の要約）を述べた。

（ⅰ）ケトチフェンは，甲32の実験から，ヒトの場合においては，モルモットの実験結果（甲1）とは異なり，ヒト結膜肥満細胞安定化剤としての用途を備えていることが認められる。もっとも，本件優先日当時，ケトチフェンがヒト結膜肥満細胞からのヒスタミン遊離抑制率について30μm〜2,000mの間で濃度依存的な効果を有するのか否かが明らかであったと認めることができる証拠はない。

（ⅱ）本件化合物やケトチフェンと同様に三環式骨格を有する抗アレルギー剤であるアンレキサノクス及びネドクロミルナトリウムの実験結果（甲1のAmelexanox，本件明細書の表1）によれば，三環式化合物という程度の共通性では，ヒト結膜肥満細胞に対する安定化効果につき，当業者が同種同程度の薬効を期待する根拠とはならない。

（ⅲ）ケトチフェンと本件化合物の環構造や置換基は異なるから，当業者が，ケトチフェンのヒスタミン遊離抑制効果に基づいて，本件化合物がケトチフェンと同種同程度のヒスタミン遊離抑制効果を有するであろうことを期待するとはいえない。

（4）取消事由2

①原告の主張

原告は，本件発明1と甲3発明との相違点5について容易想到性の判断に誤りがあると主張した。

②取消事由2に対する裁判所の判断

裁判所は，原告の主張を否定し，以下の理由（ⅰ）〜（ⅲ）（いずれも判決文の要約）を述べた。

（ⅰ）甲3には，本件化合物は明記されていないし，式（Ⅰ）で示される上位概念の化合物のなかで本件化合物を選択することを示唆する記載も存在しない。甲3には，ヒト結膜肥満細胞を安定化したことを裏付ける実験結果は示されていない。

（ⅱ）甲4では，抗アレルギー作用を試験するためにラットを用いたPCA試験が行われているが，ヒトの結膜肥満細胞とは動物種，組織が異なるラットの皮膚肥満細胞に関する記載である。しかも，ラットの皮膚肥満細胞からヒスタミンなどの遊離を抑制できることも推測にすぎない。

（ⅲ）そうすると，甲3に記載された上位概念の化合物から，甲4の化合物20を導き出すと同時に，この化合物を，甲3及び甲4に明示のない「ヒト結膜肥満細胞安定化剤」として用いることを，本件優先日の当業者が動機付けられた

とは認められない。このことは，甲1の記載を考慮しても変わるものではない。

▌4．実務上の指針

（1）本件における顕著な効果の意義

本件において顕著な効果とは，発明の効果のうち，当該発明の構成が奏するものとして当業者が予測することができた範囲の効果を超えるものを意味すると考えられる（上記3．（1）参照）。

ある発明の構成が奏するものとして当業者が予測することができた範囲の効果がどの程度のものなのかについては，具体的案件ごとに，当該案件の明細書等出願書類の記載に基づき，出願又は優先日当時の公知文献，周知技術などを総合した技術水準を考慮して決定されるべきものであろう。

（2）顕著な効果の有無を判断するために本件において行われた手法

本件判決においては，本件発明の構成が奏するものとして当業者が予測することができた範囲がいかなるものであるのかについて明確に述べられていない。また，ある発明が顕著な効果を有するか否かについて判断する場合，当該発明の構成が奏するものとして当業者が予測することができた範囲を，最初から明確に判定することは大抵難しいと思われる。

本件において本件発明が顕著な効果を有するか否かを判断した手法は，まず，本件発明が奏する効果を本件明細書の記載に基づいて認定し，認定された効果を暫定的に本件発明の構成が奏するものとして当業者が予測することができた範囲の効果であるとみなし，次に，証拠上対比すべき具体的な化合物の効果から本件発明の効果を予測することができたどうかについて，付随する諸条件（例えば三環式化合物という程度の共通性では十分な根拠とはならないという化学構造の類似性など）を考慮して判断するというものであった。これは，現実的に実施可能な手法であろう。

（3）発明の顕著な効果の参酌に関する法的位置付け

本件において裁判所は，進歩性の判断基準として独立要件説を採用したと考えられる（上記3．（1）参照）。本件は，発明の効果についてさらに審理を尽くすべきである旨を判示した最高裁判決の拘束を受ける差戻し審であったため，独立要件説を採用しやすい環境が整っていた。独立要件説を前提として進歩性を認めた判例は希少であるから，二次的考慮説に基づいて発明の顕著な効果があることを十分に論理構成できる場合には，二次的考慮説に基づいて主張する方が安全であると考えられる。

（岸本　達人）

リチウムイオン二次電池用正極および
リチウムイオン二次電池事件

判　決　の ポ イ ン ト	記載されている限りにおいて同一の製造条件に基づいて製造されているからといって，その物性値が同一となるとは限らない。
事件の表示	R 2.7.2　知財高裁　平成31年（行ケ）10040
参照条文	特29②
Key Word	進歩性，一致点・相違点の認定の誤り，副引用例発明の認定の誤り，容易想到性

1．事実関係

（1）原告は，平成25年4月10日，発明の名称を「リチウムイオン二次電池用正極およびリチウムイオン二次電池」とする特許出願（特願2013-81957；以下「本願」）をし，拒絶査定を受けた。原告は，特許庁（以下「被告」）に対し，平成30年1月22日付けで拒絶査定不服審判を請求した。被告は，当該審判請求に対し，請求不成立とする審決をした（平成31年2月12日）。原告は，当該審決に対し本件訴訟を提起した（平成31年3月28日）。

（2）審決では，本願発明は特開2012-221672（以下「甲1」）に記載された発明（以下「引用発明」）と，特許第4621896号（以下「甲2」）及び特開2013-8485（以下「甲3」）に記載された事項に基づいて当業者が容易に発明をすることができたものであると判断された。殊に審決においては，甲2の実施例から得られるカーボンナノチューブ（以下「甲2CNT」）の製造方法と，本願明細書の実施例に記載のカーボンナノチューブ（以下「本願CNT」）の製造条件とが記載されている限度において全く同じであるため，得られるカーボンナノチューブ（以下「CNT」）についても各種物性値が同じ値となるものと認定されていた。

2．争点

本件特許の請求項においては，「正極」であって，導電助剤として含まれるCNTが「高純度」であること，及び，「平均直径（Av）と直径分布（3σ）とが0.60＞（3σ／Av）＞0.50」であること等が規定されていた。本事件では，取消事由1ないし4のうち，前述の請求項中の記載に関する，一致点・相違点の認定の誤り及び相違点の看過（取消事由1），相違点1の構成の容易想到性についての判断の誤り（取消事由2）についてのみ判断が示された。

▌3．裁判所の判断

（1）**裁判所は，取消事由2につき審決の理由中の認定に誤りがあると判断し，審決を取り消した。**

（2）**取消事由1（一致点・相違点の認定の誤り及び相違点の看過）**

　裁判所は，本願出願時における技術常識等を理由に甲1中の単相CNTの炭素純度が99.9％との記載は誤記であるとする原告の主張は失当であり，審決での認定には問題がないとして，取消事由1は理由がないと判断した。

（3）**取消事由2（相違点1の構成の容易想到性についての判断の誤り）**

　審決では，甲2の実施例の記載を採用することにより，引用発明において相違点1（引用発明では平均直径（Av），直径分布（3σ）等が不明である点）に係る事項を備えるようにすることは当業者が容易になし得たものであるとし，その根拠として下記（ⅰ）及び（ⅱ）が主張されていた。裁判所はこれらの点の妥当性について検討し，審決の理由中の認定に誤りがあるとした。

　（ⅰ）甲2CNTが本願発明の要件を満たすCNTであるか否か

　審決は，甲2CNTの製造方法と本願CNTの製造条件とは記載されている限度において全く同じであるから，甲2CNTは，本願発明の平均直径（Av）と直径分布（3σ）とが0.60＞（3σ／Av）＞0.50等であるカーボンナノチューブに相当すると認定していた。

　これに対し，裁判所は，甲2のいずれの箇所にも「3σ／Av」の値，ましてや「0.60＞（3σ／Av）＞0.50」であることについては何ら記載も示唆もされておらず，さらに，甲2の図9には単層CNTのサイズ分布評価の一例が示されているが「3σ／Av」は0.91であることを理由に，これが3σ／Av値の同一性を疑わせる方向に働く証拠であると認定した。

　この点に関し，被告は甲2CNTと同じ条件で製造されたCNTの各物性が記載されている証拠（乙7，乙8：以下「乙7等」）に基づき甲2CNTの「3σ／Av」も0.58となることを主張していた。しかし，裁判所は，甲2と乙7等との関係につき，甲2CNTの「3σ／Av」について，CNTを実際に製造するにあたって，その製造条件は，甲2，乙7等に記載されたもののみではないと解するのが自然であるところ，これらの記載されていない条件が甲2と乙7等とで一致するという根拠はないと認定した。また，乙7等にはスパッタ蒸着により触媒を配置したことが記載されていなかった。このため，裁判所は，甲2CNTと乙7等のCNTとが全く同一の製造方法で製造されたものとはいえず，さらに，甲2と乙7等との間で製造方法が記載された限りにおいて一致しさえすれば得られるCNTの物性は同一になることを示す証拠もないから，甲2CNTが，乙7等と同じ物性値を示すとはいえないと認定した。また，裁判所は同様の理由により，甲2CNTと本願CNTとの物性値（3σ／Avが0.60＞（3σ／Av）＞0.50

であること）が同一であるとする被告の主張についても採用することはできないと認定した。

　また，被告は触媒パターン法の違いにより甲２CNTと本願CNTとは異なった物性値を有しているとの原告の主張は，本願明細書の記載に基づかないものであるから採用されるべきではないと主張していた。しかし，裁判所は，記載された製造条件が製造条件のすべてであるとはいえず，記載された製造条件さえ同一であれば記載されていない製造条件が違っていても得られた物質の物性値が同一になるとはいえないことは，技術常識として当然に想定し得る事柄なのであるから，これを明細書の記載に基づかないものであるということはできないと認定した。

　裁判所はこれら認定に基づき，甲２CNTは，本願発明のCNTに相当するものではないと判断した。

　（ⅱ）容易想到性について

　裁判所は，引用発明の導電助剤のCNTとして甲２CNTを適用することの"容易想到性"を，主引用発明又は副引用発明の内容中の示唆，技術分野の関連性，課題や作用・機能の共通性等を総合的に考慮して，主引用発明に副引用発明を適用して本願発明に至る動機付けがあるかどうかを判断する手法に従って検討した。

　裁判所は，まず，引用文献中の示唆に関し，単層CNTの直径や長さは製品によって様々であり，引用発明における導電剤としての単層CNTの直径や長さはごく一般的であったと認められるため，甲２CNTが引用発明の単層CNTの純度，直径，長さの規定を満たすことが開示されているからといって，そのことが，多数存在する単層CNTから甲２CNTを選択し，引用発明のCNTとして使用することを示唆するものとはいえないとした。さらに，裁判所は，甲２には正極の導電助剤として用いること等の記載又は示唆はないとし，甲１及び２のいずれにも，引用発明の導電助剤の単層CNTとして甲２CNTを使用することの示唆はないと認定した。

　続いて，裁判所は"技術分野の関連性"について，甲１及び２に記載の両発明は，導電体，電極材料又は電池という限りにおいて関連する技術分野に属するといえるにとどまること，両発明に"課題の共通性"はないこと，また，両発明の"作用・機能"も共通しているものではないこと，を認定した。

　以上の認定に基づき，裁判所は，引用発明において甲２CNTを適用することを動機付ける記載又は示唆を見出すことができないと判断した。さらに，裁判所は，主引用発明に副引用発明を適用して本願発明に想到することを動機付ける記載又は示唆を見出せない以上，かかる想到を阻害する事由の有無や，本願発明の効果の顕著性・格別性について検討するまでもなく，その想到が容易

であるとした審決の判断には誤りがあると判断した。

4．実務上の指針

　本事件では，本願実施例に記載されたCNTと，甲2の実施例に記載されたCMTとの同一性が争われた。甲2には，「3σ／Av」の値等が記載されていなかったが，乙7等には「3σ／Av」の値等が記載されていた。乙7等は本件出願人の国際公開公報であるとともに，本件明細書及び乙7等の実施例には，甲2（特許4621896号）に記載の方法で得たCNTを用いた旨が明記されていた。よって，一見すると審決での判断のように，甲2の実施例1に記載のCNTは本願に規定される物性を満たすと判断するのが妥当であるようにも思われる。しかし，本事件においては甲2中に同一性を疑わせる方向に働く証拠（図9）が示されており，この点が裁判所の判断に大いに影響を与えたと推測される。具体的には，3σ／Av値の同一性を疑わせることができたために，触媒のスパッタ蒸着の点で違いがあるなど細かな点に着目させることができたとものと推測できる。以上を踏まえると，仮に，上記証拠を覆す証拠等が提出されていた場合や図9についての主張がされていなかった場合，CNTの同一性についてはその判断が逆転していた余地もあるものと思量する。このため，拒絶理由や無効理由を検討する際には，指摘された以外の箇所において反論の根拠とできる説明はないか技術的な見地からも入念に検討することが望まれる。

　一方，本事件では，CNTの同一性に対する認定に加えて，甲1及び2に対する容易想到性も否定されている。この点，被告は"動機付け"に関し，甲1等において単層CNTの導電性が高い方が好ましいことは自明の事項であるとして，甲1等中の示唆及び技術的課題及び作用・機能も共通するものであると主張している。これら自明な事項（導電性）に基づく被告の主張は甲1及び甲2等に実際に記載されている事項（甲1等には正極・負極用等において異なる点がある）から多少離れている印象を受ける。これに対し，裁判所は甲1及び2中の記載に基づき，甲1等のいずれにも，引用発明の導電助剤の単層CNTとして甲2CNTを使用することの示唆はなく，また，両発明についても技術的課題及び作用・機能は共通しないと認定している。上述の本願CNTと甲2CMTとの同一性に対する結論が容易想到性の判断に影響を与えたか否かを推し量ることは難しいが，主引用発明等の内容中の示唆等の認定につき，甲1等の実際の記載に基づく裁判所の判断は妥当であると思料する。よって，"動機付け"等に関する主張は，各引例に実際に記載されている事項を正確に把握し，当該記載の真意から極力乖離しない主張とすることが肝要である。

（都野　真哉）

スパッタリングターゲット事件

判決の ポイント	主引例の認定に取消判決の拘束力も考慮されて本願発明の進歩性が 肯定された。
事件の表示	R 2.10.22　知財高裁　令和元年（行ケ）10130
参照条文	特29②　行訴33①
Key Word	進歩性，取消判決の拘束力

1．事実関係

（1）手続の経緯

　被告は，発明の名称を「非磁性材粒子分散型強磁性材スパッタリングターゲット」とする特許第4975647号の特許権者である。原告は，平成26年9月12日に，特許庁に対して無効審判（無効2014-800157）を請求したところ，被告は請求項1などに訂正請求をした。特許庁は，平成29年3月29日に，この訂正を認めたうえで，「本件審判の請求は成り立たない。」との第1次審決をした。原告は，平成29年5月1日に，審決取消訴訟（平成29年（行ケ）10096）を提起し，知財高裁は，平成30年5月15日に，「審決を取り消す。」との判決（以下「前訴判決」という）をした。その後，平成30年10月23日に特許庁にて審理が再開され，被告は請求項1などに訂正請求（以下「本件訂正」という。）をした。特許庁は，令和元年8月29日に，本件訂正を認めたうえで，「本件審判の請求は成り立たない。」との第2次審決をした。その審決の取消しを求めて提訴したのが本件訴訟である。

（2）本件発明の内容

　本特許権の本件訂正後の請求項1記載の発明（以下「本件訂正発明」という。）は，以下のとおりである。下線は筆者によるものであり，本件訂正の訂正箇所を示す。なお，前訴判決時には，請求項1は形状1と形状2のいずれかを含むとされていたが,本件訂正により本件訂正発明は形状2を必ず含むことになった。

【請求項1】

　Co若しくはFe又は双方を主成分とする材料の強磁性材の中に酸化物，窒化物，炭化物，珪化物から選択した1成分以上の材料からなる非磁性材の粒子が分散した材料からなる焼結体スパッタリングターゲットであって，前記非磁性材は6mol％以上含有され，前記材料の研磨面で観察される組織の非磁性材の全粒子は，非磁性材料粒子内の任意の点を中心に形成した半径2μmの全ての仮想円よりも小さいか，又は非磁性材料粒子内の任意の点を中心に形成した半径2μmの全ての仮想円と，強磁性材と非磁性材の界面との間で，少なくとも

２点以上の接点又は交点を有する形状及び寸法の粒子であって，非磁性材料粒子内の任意の点を中心に形成した半径２μmの全ての仮想円と，強磁性材と非磁性材の界面との間で，少なくとも２点以上の接点又は交点を有する形状及び寸法の粒子を含み，研磨面で観察される非磁性材の粒子が存在しない領域の最大径が40μm以下であり，直径10μm以上40μm以下の非磁性材の粒子が存在しない領域の個数が1,000個／mm^{2}以下であることを特徴とする焼結体からなる非磁性材粒子分散型強磁性材スパッタリングターゲット。

（３）第２次審決の概要

特許庁は，甲１（特願平８-268023）の明細書に記載された発明（以下「甲１発明」という）と本件訂正発明との間に，本件訂正発明においては，材料の研磨面で観察される組織の非磁性材の全粒子は，「形状２」の粒子を含むのに対し，甲１発明においては，「形状２」の粒子を含むのか否かが一見して明らかでないという相違点を認定し，本件訂正発明が含む「形状２」の粒子は，紐状又はヒトデ状若しくは網目状組織に対応し，脱粒を起こすことが少なく，パーティクル低減に効果があるという点で，引用発明に対する本件訂正発明の進歩性を肯定した。

なお，非磁性材の全粒子について，非磁性材料粒子内の任意の点を中心に形成した半径２μmのすべての仮想円よりも小さいことを「形状１」，非磁性材料粒子内の任意の点を中心に形成した半径２μmのすべての仮想円と，強磁性材と非磁性材の界面との間で，少なくとも２点以上の接点又は交点を有する形状及び寸法であることを「形状２」という。

2．争点

本件訂正発明が，引用発明から進歩性を有するかについて争われた。

3．裁判所の判断

裁判所は，以下のように認定して，原告の請求を棄却した。以下は判決文の要約である。

（１）前訴の拘束力について

前訴判決は，第１次審決を取り消す前提として，甲１発明の図１のすべての粒子は形状１であると認定しており，この点について拘束力が生じているものと認められ，この点からしても，本件訂正発明が必ず形状２を含むのに対し，甲１発明においては，形状２の粒子を含むのか否かが一見して明らかではないということができる。

（２）新規性について

甲１発明に形状２の粒子が存在するかを具体的に検討する。甲１発明には，「メカニカルアロイング条件は，ボールと試料の重量比を40：11とし，アルゴ

ン雰囲気中で96時間行った。」（実施例１）との記載はあるものも，ボールミルの
ボールの材質や大きさ，ボールミルの回転速度等のメカニカルアロイング条件
についての記載はなく，再現実験の結果をもってしても，甲１発明のスパッタ
リングターゲットが形状２の粒子を含むとはいえない。よって，本件訂正発明
は，甲１発明に対して新規性を有する。

（３）進歩性について

当業者は，甲１発明のスパッタリングターゲットを製造する際に，メカニカ
ルアロイングを途中の段階で終了することによりSiO$_2$粒子の形状を形状２の粒
子を含むようにすることを動機付けられることはなかったというべきである。
よって，本件訂正発明は，甲１発明に対して進歩性を有する。

▌４．実務上の指針

（１）拘束力とは

行政事件訴訟法33条１項には，「処分又は裁決を取り消す判決は，その事件
について，処分又は裁決をした行政庁その他の関係行政庁を拘束する。」との規
定がある。そのため，審決取消訴訟の取消判決は，特許庁に対して拘束力を有
する。その結果，特許庁は，同一の理由で同一の内容の処分を行うことが禁止
される。

（２）無効審判の特許有効審決が判決にて取り消された特許権者がとるべ
き対応について

例えば，取消判決にて引例Ａに基づいて進歩性が否定された場合，審理が再
開された無効審判において，特許庁は引例Ａから進歩性を肯定する審決を行う
ことができない（高速旋回式バレル研磨法事件（Ｈ４.４.28最高裁第三小法廷昭
和63年（行ツ）10）参照）。そのため，特許権者は，引例Ａに対して進歩性が肯定
されるという特許庁が採用できない主張を行うことは無意味であるから，特許
権者は無効審判中で訂正請求を行うことが好ましい。訂正請求により変更され
た特許請求の範囲については，拘束力の影響を受けなくなるため，訂正後の発
明は引例Ａから進歩性が肯定されるという主張を行うことができる。ただし，
訂正前の特許請求の範囲に記載された部分については拘束力が残る（ガラス板
面取り加工方法事件（Ｈ４.７.17最高裁第二小法廷平成２年（行ツ）181））ため，
訂正請求を行う場合は，拘束力を受けたくない箇所について訂正を行う必要が
ある。

（３）無効審判の特許無効審決が判決にて取り消された審判請求人がとる
べき対応について

例えば，取消判決にて引例Ｃに基づいて進歩性が肯定された場合，審理が再
開された無効審判において，審判請求人は，引例Ｃに基づいて進歩性を否定す

るという特許庁が採用できない主張を行うことは無意味である。そのため，取消判決の拘束力の範囲外となるように，審判請求人は，引例Cとは異なる新しい引例Dを探して進歩性を否定する主張を行うか，記載要件違反など別の無効理由を探す必要がある。

　なお，取消判決にて引例Cに基づいて進歩性が肯定された場合でも，進歩性を否定する根拠の文献として引例Cをいかなる方法でも使用できないというわけではない。取消判決にて引例Cを主引例として進歩性が肯定された判決であった場合，新たな引例Dを主引例として，引例Cを副引例として組み合わせることで進歩性を否定する審決が，拘束力の範囲外であるとして認められた例がある（H16.6.24東京高裁平成15年（行ケ）163）。つまり，取消判決の拘束力は，同一事情での同一処分の繰り返しを防ぐためであり，前訴で具体的に議論されていない事項，例えば，前訴とは異なる引例を加えた主張については，拘束力の範囲外であると判断される場合がある。

　本判決においても，甲1発明に形状2の粒子が存在するかどうかを，前訴判決の拘束力だけでなく，あらためて明細書の記載や出願当時の技術常識に沿って具体的に検討しており，知財高裁は拘束力の範囲は前訴の議論の範囲に基づいて柔軟に認定する意向であると思われる。本判決の前訴判決においても，請求項1に記載の発明が「形状1」を発明特定事項とする発明について検討したものであって，「形状2」のみが存在する場合や，「形状1」と「形状2」がいずれも存在する場合についても判断したものではないとのただし書があり，前訴判決の拘束力を過度に広く解釈されることを嫌ったと思われる。

【参考文献】
１．中山信弘ほか編「特許判例百選」(有斐閣，第4版，2012年)p110-p113
２．小泉直樹ほか編「特許判例百選」(有斐閣，第5版，2019年)p174-p177
３．「パテント」日本弁理士会，Vol.62 No.5（2009）p73-p95

（剣持　勇一）

（メタ）アクリル酸エステル共重合体事件

判 決 の ポ イ ン ト	特許異議の申立てがされ，進歩性に欠くとして特許を取り消した決定の判断に誤りがあるとして，この特許取消決定が取り消された。
事件の表示	Ｒ３.２.８　知財高裁　令和２年(行ケ)10001
参 照 条 文	特29②
Key Word	進歩性，動機付け

1．事実関係

（1）手続の経緯

　原告は，名称を「（メタ）アクリル酸エステル共重合体」とする特許出願(特願2017-2700)をし，設定登録を受けた(特許6419863号，以下「本件特許」)が，本件特許のうち請求項1について特許異議の申立て(異議2019-700313)がされた。

　特許庁は，本件特許のうち請求項1に係る特許を取り消すとの決定(以下「本件決定」)をし，原告は，本件決定の取消しを求めて訴訟を提起した。

（2）本件発明の内容

　本件特許の請求項1の発明(以下「本件発明」)の内容は，次のとおりである。

【請求項1】

　（メタ）アクリル酸エステル共重合体であって，

　（A-a）（メタ）アクリル酸エステル，

　（A-b）カルボキシル基および炭素-炭素二重結合を有する重合性化合物，

　（A-c）グリシジル基および炭素-炭素二重結合を有する重合性化合物，及び

　（A-d）水酸基含有（メタ）アクリル酸エステル

を構成モノマーとして含み，

　（メタ）アクリル酸エステル共重合体(A)を構成するモノマーの全量を100質量％としたとき，上記(A-b)の配合量b（質量％）と上記(A-c)の配合量c（質量％）とが，下記式：

　$10 \leqq b + 40c \leqq 26$(但し，$4 \leqq b \leqq 14$，$0.05 \leqq c \leqq 0.45$)を満たし，

　化粧シートの粘着剤層に用いる粘着剤組成物用であることを特徴とする，（メタ）アクリル酸エステル共重合体。

　（以下，上記(A-a)ないし(A-d)の各構成モノマーを，順に「a成分」ないし「d成分」ということがある。）

（3）決定の要旨

　本件決定では，本件発明は，引用例1(特公昭58-21940)，引用例2(特開平

8-88206）及び引用例3（特開2005-327789）に記載された各発明（以下，順に「引用例1発明」，「引用例2発明」及び「引用例3発明」という。）に基づいて，当業者が容易に発明することができたものであるから，進歩性に欠くとして，本件特許のうち請求項1に係る特許を取り消した。

なお，本件発明と引用例1発明との相違点が以下のとおり認定された。また，本件発明と引用例2発明及び引用例3発明との相違点については，本件発明と引用例1発明との相違点とほぼ同様であるので省略する。

相違点1：本件発明は，共重合体が「（A-d）水酸基含有（メタ）アクリル酸エステル」を構成モノマーとして含むのに対し，引用例1発明の共重合体は当該モノマーを含まない点

相違点2：本件発明は，「（メタ）アクリル酸エステル共重合体（A）を構成するモノマーの全量を100質量％としたとき，上記（A-b）の配合量b（質量％）と上記（A-c）の配合量c（質量％）とが，下記式：$10 \leq b + 40c \leq 26$（但し$0.05 \leq c \leq 0.45$）」であるのに対し，引用例1発明の共重合体は当該cが0.5（$3.5 ／ (399 + 105 + 140 + 47.5 + 3.5) \times 100$），$b + 40c$が$26.8$である点

相違点3：本件発明の共重合体は「化粧シートの粘着剤層に用いる粘着剤組成物用である」のに対し，引用例1発明の共重合体は当該用途に用いることが記載されていない点

2．争点

本件発明の進歩性に係る判断として，相違点の容易想到性の判断について争われた。

3．裁判所の判断

（1）引用例1発明に対する進歩性

裁判所は，相違点1及び2について，以下のような理由から，出願時における当業者が容易に想到し得たということはできないと判示した。そして，原告主張の取消事由は理由があると判示した。なお，甲7文献は引用例1のことである。

「本件発明と引用例1発明とでは技術分野や発明が解決しようとする課題が必ずしも一致するものではないから，もともと引用例1発明に本件発明の課題を解決するための改良を加える動機付けが乏しいことに加え，甲7文献の記載内容からすると当業者が複数の組合せの中から敢えてエポキシ基を有するモノマー及び水酸基を有するモノマーの2種を選択する理由に乏しいことからすれば，甲7文献に接した当業者において，相違点1に係る本件発明の構成に至る動機付けがあったということはできない。」

「本件発明と引用例1発明とでは技術分野や発明が解決しようとする課題が必ずしも一致するものではないこと，各モノマーは粘着力や凝集力の点で等価ではなく，当業者が各モノマーを置き換えたり配合量を維持したりすることは自然又は容易なことではないこと，当業者がグリシジルメタクリレートの配合量を第3成分の配合量の下限値未満に減少させる技術的理由は見いだされないことからすれば，甲7文献に接した当業者において，相違点2に係る本件発明の構成に至る動機付けがあったということはできない。

したがって，引用例1発明におけるb成分の配合量b及びc成分の配合量cの値を変更し，本件発明における数値範囲内に調整することを，本件出願時における当業者が容易に想到し得たということはできない。」

（2）引用例2発明及び引用例3発明に対する進歩性

本件発明と引用例2発明及び引用例3発明との相違点については，本件発明と引用例1発明との相違点2とほぼ同様である。そして，裁判所は，かかる相違点は，上記の相違点2についての理由とほぼ同様の理由から，出願時における当業者が容易に想到し得たということはできないと判示した。

4．実務上の指針

（1）本件では，相違点2に係る構成「(メタ)アクリル酸エステル共重合体(A)を構成するモノマーの全量を100質量%としたとき，上記(A-b)の配合量b(質量%)と上記(A-c)の配合量c(質量%)とが，下記式：$10 \leq b + 40c \leq 26$(但し$0.05 \leq c \leq 0.45$)」を満たす実施例が記載された引用例がなかった。特許庁では，共重合体の配合量などを変更することは容易想到といえると判断されたが，裁判所では，かかる構成の数値範囲内に調整する動機付けとなるような記載がなかったことから，本件発明の進歩性が認められたものと思われる。

（2）本件のような裁判所の判断は，最近の判例の流れに沿っているように思われる。すなわち，特許・実用新案審査基準第Ⅲ部第2章第2節「進歩性」には，進歩性の具体的な判断手法の一つとして，請求項に係る発明と引用発明との間の相違点に関し，進歩性が否定される方向に働く要素に係る諸事情に基づき，論理付けができるか否かを判断することが記載されているが，かかる論理付けに課題などが考慮されたものと思われる。本件で，裁判所は，本件発明と引用例発明との技術分野や発明が解決しようとする課題が一致していないことも考慮して，相違点2に係る本件発明の構成に至る動機付けがないと判断している。本件判決は，「請求項に係る発明とは技術分野又は課題が大きく異なる主引用発明を選択した場合には，論理付けが困難になりやすい」(特許・実用新案審査基準第Ⅲ部第2章第2節3.3(2))という記載の一例となり得ると思われる。

（3）上記のように，最近の判例では，動機付けがあるか否かを判断する際に，

課題の関連性，作用や機能の共通性についても重視されるようになっていると思われる。そこで，意見書等での反論の際には，これらの観点について相違点がないか，十分に検討することが有効と考える。特に，本件発明のような（メタ）アクリル酸エステル共重合体（粘着剤）は様々な用途に用いられるので，その課題も多岐にわたる。そのため，明細書中において，課題の関連性，作用や機能の共通性を十分に検討すべきと考える。また，本件明細書には，「b＋40c」の値の臨界的意義を示すような実施例及び比較例が十分に記載されていた。当たり前のことではあるが，明細書作成にあたっては，発明の詳細な説明の記載に，請求項に記載する構成の作用・効果を丁寧に記載しておくことが，進歩性を認定されるために有効であると考える。

（4）なお，本件決定は，特許異議の申立てがされ，進歩性に欠くとして特許を取り消した特許取消決定である。平成27年4月〜平成31年12月末までの審理結果によると，特許取消決定がされたものは，特許異議の申立てがされた4977件のうちの509件と少ない。そして，特許取消決定が取り消された判決も数少ないことから，かかる判決の一つとして，本件判決があったことを記憶しておくのもよいかも知れない。

（權正　英樹）

包装体及び包装体の製造方法事件

判　決　の ポ　イ　ン　ト	主引用発明と副引用発明は，課題においてもその解決手段において も共通性が乏しいから，両者を組み合わせる動機付けは認められな いとして，進歩性を否定した取消決定が取り消された。
事件の表示	Ｒ3.3.11　知財高裁　令和2年（行ケ）10075
参　照　条　文	特29②
Key Word	進歩性，動機付け，課題の共通性，解決手段の共通性

1．事実関係

（1）発明の名称を「包装体及び包装体の製造方法」とする発明に係る特許権について，特許異議の申立てがなされた。原告は，審理の過程で，請求項1を削除し，請求項2～6を減縮する訂正請求をした。特許庁は訂正を認め，請求項2～6に係る特許を取り消す旨の異議の決定（本件決定）をした。

（2）訂正後の請求項2に係る発明（本件発明2）は，包装体に関する発明であり「上面開口部を有する容器本体と上記上面開口部を閉塞する蓋体とを備えた蓋付容器を，非熱収縮性フィルムと熱収縮性ポリエステル系フィルムとからなる環状フィルムで包装した包装体であって，上記非熱収縮性フィルムは，ポリエステル系フィルムにヒートシール層を積層したものであり，厚さが8μm以上30μm以下であり，150℃の熱風中で30分間熱収縮させたときの長手方向の収縮率が5％以下，幅方向の収縮率が4％以下であり，上記非熱収縮性フィルムは，上記蓋付容器の上面に対応する位置に設けられており，……上記熱収縮性ポリエステル系フィルムは，上記蓋付容器の下面に対応する位置に設けられており，上記熱収縮性ポリエステル系フィルムの両端部と上記非熱収縮性フィルムの両端部とが蓋付容器の両側面で接続されて上記環状フィルムとなっている……」ことを発明特定事項とし，さらに「熱収縮性ポリエステル系フィルム」の組成及び特性（収縮率）を定めたものである。

2．争点

争点は，本件発明2の容易想到性の判断に誤りがあるかである。

3．裁判所の判断

裁判所は，甲1発明及び甲3記載事項に基づいて，本件発明2の構成とすることは，当業者が容易に想到し得たことであるとはいえない，と判断した。理

由は次のとおりである。

（1）異議の決定が認定した相違点2は，上記「熱収縮性ポリエステル系フィルム」の組成及び特性（収縮率）に関する発明特定事項であり，「本件発明2は，「熱収縮性ポリエステル系フィルム」であって，「ポリエステルの全構成ユニットを100モル％として，エチレンテレフタレートユニットを50モル％以上含み，エチレングリコール以外の多価アルコール由来のユニットとテレフタル酸以外の多価カルボン酸由来のユニットとの合計が10モル％以上であり，非晶質成分となりうるモノマーとして，ネオペンチルグリコール及び／又は1,4-シクロヘキサンジメタノールが含まれたポリエステル系樹脂からなり，90℃の温水中で10秒間熱収縮させたときの長手方向の熱収縮率が10％以上60％以下であり，幅方向の収縮率が30％未満であ」るのに対して，甲1発明は，熱収縮率は50％（at.90℃熱水×10秒）ではあるものの，そのように具体的に特定されていない点」である。裁判所は，相違点2に係る原告らの主張を退け，異議の決定による相違点2の認定判断を維持した。

（2）裁判所は，本件発明2の進歩性を否定した取消決定の判断を，甲3記載事項を甲1発明に適用することが動機付けられているとは認められないとして，誤りであると判断した。その理由として，裁判所は，次のとおり，甲1発明と甲3発明の課題の相違及びこれに基づく解決手段の相違を挙げ，甲1発明と甲3に記載された発明は，課題においてもその解決手段においても共通性は乏しいことを指摘した。

「甲1発明は，熱収縮性チューブを使用した弁当包装体について，煩雑な加熱収縮の制御を実行することなく，包装時の容器の変形やチューブの歪みを防ぎ，また，店頭で，電子レンジによる再加熱をした際にも弁当容器の変形が生じることを防ぐことを課題とするものである……のに対し，甲3に記載された発明は，ラベルを構成する熱収縮性フィルムについて，主収縮方向である長手方向への収縮性が良好で，主収縮方向と直交する幅方向における機械的強度が高いのみならず，フィルムロールから直接ボトルの周囲に胴巻きした後に熱収縮させた際の収縮仕上がり性が良好で，後加工時の作業性の良好なものとするとともに，引き裂き具合をよくすることを課題とするもの……である。」「上記課題を解決するために，甲1発明は，非熱収縮性フィルム（21）と熱収縮性フィルム（22）とでチューブ（20）を形成し，熱収縮性フィルム（22）の周方向幅はチューブ全周長の1／2以下である筒状体であり，熱収縮性フィルム（22）の熱収縮により，弁当容器の外周長さにほぼ等しいチューブ周長に収縮して弁当容器に締着されてなるものとしたのに対し，甲3に記載された発明の熱収縮性フィルムは，甲3の特許請求の範囲記載のとおり，各数値を特定したものである。」

（3）被告が，甲1発明と甲3記載事項は，熱収縮という作用，機能が共通す

る旨主張したことに対しては，裁判所は，「熱収縮は，通常，弁当包装体が持つ基本的な作用，機能の一つにすぎないことを考慮すると，被告の上記主張は，実質的に技術分野の共通性のみを根拠として動機付けがあるとしているに等しく，動機付けの根拠としては不十分である」とし，被告が，甲1発明と甲3記載事項とでは，ポリエステルフィルムを用いている点が共通する旨主張したことに対しては，「包装体用の熱収縮性フィルムを，ポリエステルとすることは，本件特許の出願前の周知技術……であると認められ，ポリエステルは極めて多くの種類があること（乙5）からすると，材料としてポリエステルという共通性があるというだけでは，甲1発明において，熱収縮性フィルムとして，甲3記載事項で示される熱収縮性フィルムを適用することに動機付けがあるということはできない」とし，いずれも退けた。

▌4．実務上の指針

（1）特許・実用新案審査基準第Ⅲ部第2章第2節3「進歩性の具体的な判断」では，技術分野の関連性，課題の共通性，作用，機能の共通性及び引用発明の内容中の示唆を，主引用発明に副引用発明を適用する動機付けの存在が否定される方向に働く要素として挙げている。

本件では，取消決定においては，甲1発明のポリエステルとして，甲3発明の実施例に記載された組成のポリエステル（甲3記載事項）を採用することの困難性は低いと判断されたが，裁判所は，熱収縮という作用，機能の共通性，ポリエステルフィルムを用いている点の共通性のみでは，甲1発明と甲3発明を組み合わせる動機付けとはならず，本件発明2は，当業者が容易に想到できたものではない，と判断した。取消決定のように，作用，機能など，引用発明同士の共通性を比較する項目の範囲を広く，上位概念化すると動機付けの存在は認められやすくなる。これに対して，両者の共通生を比較する項目をより狭く，あるいは下位概念化していくと，共通点が少なくなるため，動機付けの存在は認められにくく，進歩性が肯定されやすくなると考えられる。

（2）それでは，動機付けの不存在を主張するにあたり，何を手掛かりに，主引用発明と副引用発明を比較するとよいのか。本件を題材に検討する。

本件において，甲1発明と甲3発明はいずれも，弁当等の容器包装用の管状フィルムに関する発明である。甲1発明は，長尺状の非熱収縮性フィルムと熱収縮性フィルムを長尺方向で両フィルムの両端縁同士をつなぎ合わせた筒状体であり，材料となるプラスチックフィルムについては，好ましい収縮率の記載があるものの，材質について，非熱収縮性フィルムについてポリエステル，ポリプロピレン，ポリアミド，熱収縮性フィルムについて，ポリエステル，ポリプロピレン，ポリスチレン，ポリ塩化ビニル等の包括的な記載しかない。これ

に対し，甲3発明は，全周が熱収縮性フィルムからなる筒状の包装体であり，甲3には，その課題を解決するための種々の特性(引張破壊強さ，屈折率等)の記載と，本件発明2の組成範囲に含まれる組成のプラスチックフィルムの実施例の記載がある。両発明には，技術分野や材料の種類・特性などの多くの点で共通性も見られるが，両発明の実施形態の記載を参照すると，その共通性は低いといえる。例えば，本件訴訟において原告が主張したように，甲1では，熱収縮性フィルムを1／2以下にしたうえで，その収縮も温度100℃で8秒もかけて行っているが，甲3は，甲1発明よりも低い80℃で熱収縮させているにもかかわらず，収縮時間はわずか2.5秒であることなど，両発明の課題が相違するために，解決手段である熱収縮性ポリエステル系フィルムの組成や特性が異なり，収縮条件なども異なってくる。実施形態や解決手段には，解決課題を反映した条件や性質が表わされていることも多い。引用発明として組み合わせる発明同士の課題の相違を反映した実施形態の相違を指摘し，これによって，引用発明同士の相違点を見つけ出しやすく，両発明の解決課題とその手段における共通性の低さを主張することができる。その結果，動機付けの不存在を主張しやすく，進歩性が肯定される方向へ働くと考えられる。

（3）「発明の実質的価値は，従来技術では達成し得なかった技術的課題の解決を実現するための，従来技術に見られない特有の技術的思想に基づく解決手段を，具体的な構成をもって社会に開示した点にある」とマキサカルシトール製法事件大合議判決(H28.3.25知財高裁平成27年(ネ)10014)が述べる通り，発明の実質的価値は解決すべき課題とこれを解決する技術的思想の創作にある。本件のような，技術開発が進んだ分野では，先行技術に構成要素や解決手段において類似する発明が多く，技術分野，機能，作用の相違が見つかりにくいものも多い。この場合，解決課題の相違により実施形態に表れた相違点を手掛かりに，引用発明同士を具体的，あるいは下位概念化して比較することで，動機付けの不存在を主張しやすくなると考える。出願明細書の作成時にも，解決課題を意識しつつ，好ましい実施形態とその理由を記載すると，進歩性が肯定されるために有益であると考える。

（玉腰　紀子）

止痒剤事件

判　決　の ポ　イ　ン　ト	医薬用途発明において，引用文献に記載された仮説が，裏付けが乏しく研究の余地が残されているものだった場合，その仮説は動機付けを基礎付けるものとはならず，進歩性は否定されない。
事件の表示	R 3.3.25　知財高裁　令和2年（行ケ）10041
参　照　条　文	特29②
Key Word	医薬用途発明，進歩性

┃1．事実関係

（1）手続の経緯

　被告は，発明の名称を「止痒剤」とする特許第3531170号の特許権者である。本件発明はオピオイドκ受容体作動薬であるナルフラフィン（一般名）等の止痒剤としての医薬用途発明である。なお，被告はナルフラフィンの塩酸塩をそう痒症治療薬として製造販売している。

　原告は，平成31年4月26日，本件特許権に対して無効審判を請求した（無効2019-800038）ところ，特許庁は，令和2年3月17日付で，「本件審判請求は成り立たない。」との審決をし，3月27日にその謄本が送達された。それに対して，原告は，審決の取消しを求めて，本訴訟を提起した。

（2）審決の概要

　特許第3531170号はマーカッシュ形式で表記されており多数の化合物を包含するが，その請求項1を簡略化すると，「一般式（I）」で表されるオピオイドκ受容体作動性化合物を有効成分とする止痒剤，と表すことができる。「一般式（I）」にはナルフラフィンが含まれる。

　一方，甲1（特許第2525552号公報）にナルフラフィンがオピオイドκ受容体作動薬であることが記載され，その鎮痛・鎮静作用が記載されているが，止痒作用は記載されていない。また，その他甲号証には，他のオピオイドκ受容体作動薬が動物の「ボンベシン誘発グルーミング・引っ掻き行動」を抑制することが記載されている。

　審決では，①鎮痛・鎮静作用があると止痒作用があるという技術常識がない，②オピオイドκ受容体作動薬が必ずしも止痒作用を発揮するとは限らない，③すべてのオピオイドκ受容体作動薬が「ボンベシン誘発グルーミング・引っ掻き行動」を抑制するとは限らない，④「ボンベシン誘発グルーミング・引っ掻き行動」の抑制があると必ず止痒作用があるとはいえない，と認定し，本件特許

を維持する審決をした。

2．争点

（1）鎮痛・鎮静作用から，止痒剤の発明に至る動機付けがあるか，及び，（2）オピオイドκ受容体作動薬であることから，止痒剤の発明に至る動機付けがあるか，である。

3．裁判所の判断

以下，判決文を引用して，裁判所の判断を説明する。なお，以下の引用における「化合物A」とはナルフラフィンのことである。

（1）鎮痛・鎮静作用から止痒剤の発明に至る動機付けがあるか

裁判所は以下のように，動機付けを否定した。

「鎮痛……と止痒との間に原告が主張するような強い技術的関連性や課題・作用効果の共通性といったものがあるとは認められない……鎮静と止痒の関係について検討するに，一般的に鎮静剤であると止痒作用を有することが多いなどの知見について記載した文献が，本件優先日当時に存在したとは，本件における証拠上認められない。また，……同じ鎮静剤といっても，バルビツール酸系，ベンゾジアゼピン系，非ベンゾジアゼピン系など，化学構造，作用部位，作用機序がそれぞれ異なっていて，そのことは，本件優先日当時の当業者に広く知られていたものと認められる。そうすると，仮にある鎮静剤について，止痒作用を有することが明らかになったとしても，それと異なる系統の鎮静剤に止痒作用があると当業者が考えるとは認められないから，そこからして，鎮静と止痒の間に，原告の主張するような一般的な技術的関連性があるとか，課題・作用効果の共通性があると，本件優先日当時の当業者が認識していたとは認められない。……以上からすると，甲1の「鎮痛剤」・「鎮静剤」の用途から，当業者が，……甲1の化合物Aを止痒剤として用いることが動機付けられるとは認められない。」

（2）オピオイドκ作動薬であることから止痒剤の発明に至る動機付けがあるか

裁判所は「……本件優先日当時，Cowanらが，ボンベシン誘発グルーミング・引っ掻き行動と痒みには関連性があることを実験等により実証していたとは認められないし，また，その作用機序等も説明していない。……本件優先日当時，ボンベシン誘発グルーミング・引っ掻き行動と痒みの間に関連性があるということは，技術的な裏付けがない，Cowanらの提唱する一つの仮説にすぎないものであったと認められる。」と認定したうえで，「本件優先日当時までに，ベンゾモルファン，エチルケタゾシン，チフルアドム，U-50488，エナドリンといっ

たオピオイドκ受容体作動性化合物が，ボンベシン誘発グルーミング・引っ掻き行動を減弱すること……が，Cowanらによって明らかにされていたといえる。……上記のボンベシン誘発グルーミング・引っ掻き行動を減弱するオピオイドκ受容体作動性化合物の基本構造は，それぞれ異なっており……甲1発明の化合物Aとはそれぞれ化学構造（骨格）を異にするものであった。そして，……化学構造の僅かな違いは，薬理学的特性に重大な影響を及ぼし得るものである」ことから，「本件優先日当時，オピオイドκ受容体作動性化合物が，ボンベシン誘発グルーミング・引っ掻き行動を抑制する可能性が，Cowanらによって提唱されていたものの，甲1の化合物Aがボンベシン誘発グルーミング・引っ掻き行動を減弱するかどうかについては，実験によって明らかにしてみないと分からない状態であったと認められる上，……ボンベシンが誘発するグルーミング・引っ掻き行動の作用機序が不明であったことも踏まえると，なお研究の余地が大いに残されている状況であったと認められる。」と判断した。そして，「本件優先日当時，当業者が，Cowanらの研究に基づいて，オピオイドκ受容体作動性化合物が止痒剤として使用できる可能性があることから，甲1発明の化合物Aを止痒剤として用いることを動機付けられると認めることはできないというべきである。」と判示し，動機付けを否定した。

　また原告は「技術常識が存在しないことから直ちに動機付けを否定してしまっており，公知文献から認められる仮説や推論からの動機付けについて検討しておらず，裁判例に照らしても誤りである」と主張したが，裁判所は「仮説や推論であっても，それらが動機付けを基礎付けるものとなる場合があるといえるが，本件においては，Cowanらの研究に基づいて，甲1発明の化合物Aを止痒剤として用いることが動機付けられるとは認められないことは，前記……認定判断したとおりであり……原告の……主張は採用することができない。」と退けた。

▌4．実務上の指針
（1）医薬用途発明の進歩性判断
　医薬用途発明とは，ある化合物等を医薬用途に用いることを主たる特徴とした発明である。化合物等自体が新規性・進歩性を有している場合，その医薬用途発明も新規性・進歩性を有する。一方，化合物等自体は既に新規性を失っており，医薬用途の部分のみが先行技術との差異となる場合も多い。化合物等の物質特許を既に出願しており，その際には当初の主たる医薬用途を記載していたが，開発試験等を進めていく間に異なる医薬用途にたどり着き，あらためて特許出願する場合も多いからである。その場合には，化合物等やその基本的な薬理作用などは公知となっており，医薬用途発明の進歩性が問題となることが

多い。また，その場合，優先日当時にその医薬用途発明を示唆する研究成果が学術雑誌等に発表されていることも少なくない。本件もそのような事例に該当する。ナルフラフィンに関して，その構造及び基本的な薬理作用(オピオイド受容体作動薬・鎮痛鎮静作用)が知られているなかで，後から見出した医薬用途である止痒剤の発明が進歩性を有するかということが争点となった。

本件裁判中で原告も指摘しているが，医薬用途発明を示唆する研究成果が報告されている場合，その医薬用途発明に至る動機付けがあったと認定され，その発明の構成は容易想到と認定された事例が複数存在する。本件においては，原告が主張していた優先日当時の研究内容は，技術常識として確立されたものではなく，また，ある一部の研究グループの仮説であり，更なる研究の余地が残されていたと認定され，動機付けは否定された。本判示内容は，医薬用途発明の進歩性を主張していくうえで参考になるものである。

(2) 進歩性否定のために仮説を引用することの是非について

上記のとおり，原告が提出した証拠は，動機付けを基礎付けるものではないとし，進歩性否定のための引例としては不適切との判断がなされた。本件においては，仮説が引例としては不適切と判断されたが，裁判所は「仮説や推論であっても，それらが動機付けを基礎付けるものとなる場合があるといえる」とも指摘しており，必ずしもすべての仮説が引例として不適切なわけではない。医薬用途発明は，動物の疾患モデルを用いた試験で効果を確認することが多いが，疾患モデルはヒトにおける疾患を正確に再現したものではなく，その結果をヒトに外挿した仮説で完成されることが多い。ヒトへの外挿性がある程度認識できる場合には，作用機序を同じくする医薬が，動物モデルでの効果が知られていたのならば，それをもって進歩性が否定される場合もあり得るであろう。重要な点は，優先日当時の技術常識として，どの程度受け入れられた仮説であったかということだろう。それを立証する，あるいは，否定するために，どれだけの証拠を収集できたかが判断の分かれ目になると思われる。

(3) 本件判決の適用範囲について

本件は医薬用途発明であったが，本件判決は試験をしなければ効果が確認できない技術分野，例えば化学分野の発明などにも適用できる考え方ではないかと思われる。

(澤田　孝之)

作業機事件

判 決 の ポ イ ン ト	本件特許発明の構成要件に関する理論的説明の具体的内容を，無効 審判にて，技術常識等に基づき被告が提示し，原告はそれに基づい て当該構成要件が実現できることを具体的に示した。このような経 緯から，当該構成要件について当業者が認識でき，実施可能である ものと認められた。
事件の表示	R 3.2.24　知財高裁　令和2年(行ケ)10049
参 照 条 文	特36④一
Key Word	実施可能要件

1．事実関係

（1）手続の経緯

　原告は，特許第5976246号(発明の名称：作業機)の特許権者である。被告から本件特許の請求項1に係る発明について無効審判が請求された。これに対し，実施可能要件が満たされないため本件発明に係る特許は無効とすべきものであるとの審決がなされた。

　原告はこれを不服とし，その取消しを求めた。

（2）本件発明

　本件発明の対象は，耕うん作業機である。より具体的に，本件発明は，下降及び跳ね上げ回動可能なエプロンとアシスト機構とを具備し，アシスト機構によって，所定の場合にエプロンを跳ね上げるのに要する力を減少させることの可能な作業機に関する。請求項1の記載は以下のとおりであり，判決の検討にあたり重要な箇所に下線を加えた。

A　走行機体の後部に装着され，耕うんロータを回転させながら前記走行機体の前進走行に伴って進行して圃場を耕うんする作業機において，

B　前記作業機は前記走行機体と接続されるフレームと，

C　前記フレームの後方に設けられ，前記フレームに固定された第1の支点を中心にして下降及び跳ね上げ回動可能であり，その重心が前記第1の支点よりも後方にあるエプロンと，

D　前記フレームに固定された第2の支点と前記エプロンに固定された第3の支点との間に設けられ，前記第2の支点と前記第3の支点との距離を変化させる力を作用させることによって<u>前記エプロンを跳ね上げる方向に力を作用させる，ガススプリングを含むアシスト機構</u>とを具備し，

E　前記アシスト機構は，さらに，前記ガススプリングがその中に位置する同
　　一軸上で移動可能な第1の筒状部材と第2の筒状部材とを有し，
F　前記第1の筒状部材には前記第2の支点と前記ガススプリングの一端とが
　　接続され，前記第2の筒状部材には前記ガススプリングの他端が接続され，
G　前記第2の筒状部材に設けられた第1の突部が前記第3の支点を回動中心
　　とする第2の突部に接触して前記第3の支点と前記第2の支点との距離を縮
　　める方向に変化することにより，前記エプロンを跳ね上げるのに要する力は，
　　エプロン角度が増加する所定角度範囲内において徐々に減少し，
H　前記ガススプリングは，前記エプロンが下降した地点において収縮するよ
　　うに構成される
I　ことを特徴とする作業機。
　本件明細書においては，「エプロンはそれなりの重量があり，（中略）作業者
にとってエプロンを跳ね上げる作業は重労働である」ものの，「本発明の作業機
によれば，安定したアシスト動作が可能」であること等が記載されている（段落
【0003】，【0013】等）。
　（3）審決の概要
　請求項1に係る本件発明における，「エプロンを跳ね上げるのに要する力は，
エプロン角度が増加する所定角度範囲内において徐々に減少」する構成が，本
件明細書の記載から実施可能であるとはいえず，本件特許は無効とすべきと判
断された。

2．争点
　本件特許の請求項1に記載の「エプロンを跳ね上げるのに要する力は，エプ
ロン角度が増加する所定角度範囲内において徐々に減少」するという構成が，
実施可能であるかについて争われた。

3．裁判所の判断
　裁判所は，以下のように判断し，実施可能要件違反を理由に特許を無効とし
た審決を取り消した。
　「「エプロンを跳ね上げるのに要する力」(Fs)は，前記(ウ)の式で表すことが
でき，エプロンが持ち上げられるにつれて，エプロン角度θが増加するから（角
度θaもエプロンが持ち上げられるにつれて増加するが，その増加割合はエプ
ロン角度θとは異なる。），構成要件Gの「エプロンを跳ね上げるのに要する力
は，エプロン角度が増加する所定角度範囲内において徐々に減少」するという
構成は，前記(ウ)の式において，Fsが，θが増加する所定角度範囲内におい
て徐々に減少するような構成であると認められる。」

　「もっとも，「エプロンを跳ね上げるのに要する力」(Fs)が前記イ(ウ)の式で表すことができることや，構成要件Gの「エプロンを跳ね上げるのに要する力は，エプロン角度が増加する所定角度範囲内において徐々に減少」するという構成が，前記イ(ウ)の式において，Fsが，θが増加する所定角度範囲内において徐々に減少するような構成であることは，本件特許の請求項1や本件明細書には直接には記載されていない。

　しかし，被告は，本件無効審判において，平成30年9月25日付け口頭審理陳述要領書(甲71)の26頁で別紙図3を示し，平成31年2月7日付け口頭審理陳述要領書(2)(甲76)の42〜49頁で，力学的検証を行い，48頁6行目で，上向きのモーメントと下向きのモーメントが等しいときに次の式(「式⑫」)が成り立つことを示した。

　R・Fs・sinβ＝Rw・W・sinα－Ra・Fg・sin A(式⑫)」。

　「そして，被告は，平成31年3月1日付け口頭審理陳述要領書(4)(甲82)の11頁で，上記の式(「式⑫」)を変形すると，次の式となることを示した。

　Fs＝(Rw・W・sinα－Ra・Fg・sin A)／(R・sinβ)」

　「原告は，原告従業員作成の平成31年3月22日付け陳述書である甲60(審判乙14)の6頁で，構成要件Gにおける「エプロンを跳ね上げるのに要する力」(Fs)の計算方法として被告が提示した上記の式を採用することを示し，「エプロンを跳ね上げるのに要する力」(Fs)と，エプロン角度θとの関係をシミュレーションした。」

　「このように，構成要件Gの「エプロンを跳ね上げるのに要する力は，エプロン角度が増加する所定角度範囲内において徐々に減少」するという構成の理論的説明の具体的内容は，本件無効審判においては，本件発明に係る作業機の構造と力学に関する技術常識に基づいて被告が提示し，原告は，それに基づいて，構成要件Gを実現する具体例をシミュレーションし，後記5〔本判決47頁〕のとおり構成要件Gが実現できることを具体的に示した。

　そうすると，構成要件Gの「エプロンを跳ね上げるのに要する力は，エプロン角度が増加する所定角度範囲内において徐々に減少」するという構成の理論的説明は，力学に関する技術常識を勘案し，本件訂正後の請求項1及び本件明細書の記載により把握される本件発明に係る作業機の構造を参照するならば，当業者であれば認識できるものであったと認められる。」

▌4．実務上の指針

　上述の経過から，「アシスト機構」によって調整される「エプロンを跳ね上げるのに要する力」に関する数式等についても本件の当初明細書に開示されていれば，結果的に，実施可能要件が充足するものとのより容易に認められていた可

能性が高いといえる。

　本件特許の明細書には，従来のアシスト機構（補助機構）の問題点について，発明が解決しようとする課題の欄に記載されており（段落【0006】，【0007】），本件特許発明の効果として，「本発明の作業機によれば，安定したアシスト動作が可能」であると記載されていること等から（段落【0013】），「アシスト機構」が本件特許発明において重要な技術的特徴であることは明らかであるといえる。一般に，早期出願の必要性などの様々な制約により出願準備に万全を期すことは容易でないものの，例えば本件におけるアシスト機構など，特に重要と考えられる技術的特徴に関しては，たとえ技術常識に該当し得る事項についてであっても，記載内容を充実させておくことの重要性はいうまでもないと考えられる。具体的には，弁理士は，明細書の作成にあたり，発明者から与えられた資料の内容を理解して分かりやすく開示するよう努めるのみならず，課題を解決するために特に重要と考えられる技術的な原理については，必要に応じて記載を追加しつつ正確に整理し，まとめておくように心掛けるべきであるといえる。

　また，上述のように，「エプロンを跳ね上げるのに要する力」の計算方法の数式が本件の被告たる無効審判の請求人によって提示され，その後，原告たる特許権者によって同様の考え方に基づくシミュレーションが行われて，「エプロンを跳ね上げるのに要する力」に関する構成要件Ｇが実現できることが示された。このような経緯を経て，構成要件Ｇの理論的説明が当業者に認識できたものと認定され，実施可能要件が充足するとの判断がなされたことを考えれば，無効審判における被告側の主張事項が，原告側の反論にて活用されたともいえる。従って，無効理由の主張にあたっては，仮に技術常識と考えられ得る事項であってもあえて提示せずに，特許権者側の説明を必要とさせるように導くことで，出願当初の明細書等の開示不足を印象付ける手法が望ましいものと考えられる。

　なお詳細は省略するが，審決では，原告（無効審判の被請求人）の主張事項に関して，「説明が二転三転していることからみても，本件特許の出願時に，当業者がどのようにすれば上記事項を備えるように，本件発明が実施可能であったということはできない」と判断されている。本判決では，「原告の説明が矛盾したり二転三転したものではな」い，として審決における上述の判断も否定されたものの，包袋禁反言の観点から，審査段階から訴訟に至るまで矛盾のない一貫した主張の展開に心掛けるべきといえる。

（潮　太朗）

発光装置事件

判決の ポイント	特許請求の範囲の記載がサポート要件に適合するか否かは，発明の詳細な説明の記載及び出願時の技術常識に照らし，当該発明の課題を解決できると認識できる範囲のものであるか否かを検討して判断すべきとされた。
事件の表示	Ｒ2.6.3　知財高裁　令和元年(行ケ)10087
参照条文	特36⑥一
Key Word	サポート要件

1．事実関係

　本件は，特許無効審判請求に対する不成立審決の取消訴訟である。

　原告が特許第5177317号(以下「本件特許」という。)の無効審判(無効2018-800084)を請求したのに対し，被告は，請求項2を訂正することを含む訂正請求(以下，訂正後の本件特許に係る明細書及び図面を「本件明細書」という。)をした。特許庁は，この訂正を認めたうえで，「本件審判の請求は，成り立たない。」との審決をした。

　特許請求の範囲の請求項1の記載は，次のとおりである。なお，下線は筆者が付加した。

【請求項1】

　<u>白色系</u>を発光する発光ダイオードであって，

　該発光ダイオードは，発光層が窒化ガリウム系化合物半導体であり，前記発光層の発光スペクトルのピークが420〜490nmの範囲にあるLEDチップと，該LEDチップによって発光された光の一部を吸収して，吸収した光の波長よりも長波長の光を発光する，<u>Y及びGdからなる群から選ばれた少なくとも1つの元素</u>と，<u>Al及びGaからなる群から選ばれる少なくとも1つの元素</u>とを含んでなるセリウムで付活されたガーネット系蛍光体とを含む，

　ことを特徴とする発光ダイオード。

2．争点

　請求項1に係る発明(以下，「本件発明」という。)に関するサポート要件違反についての認定判断の誤りと，本件発明の進歩性欠如についての認定判断の誤りが争われた。なお，本稿では，サポート要件の問題のみを取り上げ，進歩性判断の問題については割愛する。

▎3．裁判所の判断

（1）本件発明の課題について

　裁判所は，「本件明細書に従来技術の課題として記載されているのは，光，熱，水分，直流電界（イオン性の有機染料の場合）による蛍光体の劣化のみであり，課題を解決するための手段や本件発明の効果も，上記課題に対応したものが記載されているから，本件発明における「課題」は，上記の光，熱，水分，直流電界による蛍光体の劣化である」と認定した。そして，本件明細書には，本件発明の実施例として，Yを100％Gdで置換した本件一般式蛍光体を用いた発光ダイオードが開示され，輝度は低いが優れた耐候性を有することが記載されていることを指摘して，「本件発明の発光装置の輝度がそれ自体として高輝度であることが本件発明の「前提」となっていると認めることはできない。」とした。

（2）取消事由1について

　特許請求の範囲の記載が「Yを含まない（Gdのみを含む）ガーネット系蛍光体」や「Alを含まない（Gaのみを含む）ガーネット系蛍光体」を文言上包含するところ，原告は，「本件明細書の段落【0010】によると，本件発明の目的は，「より高輝度で，長時間の使用環境下においても発光光度及び発光光率の低下や色ずれの極めて少ない発光装置を提供すること」であり，……本件発明においては，提供される発光装置が「高輝度」なものであることが前提となっているところ，本件一般式蛍光体のうち，YとAlのいずれか一方でも含まないものは，ほとんど発光せず，本件発明の目的である高輝度を実現できず，そのような発光ダイオードまでもが特許請求の範囲に包含されていることになるから，本件発明はサポート要件に違反すると主張した（取消事由1）。

　これに対して裁判所は，「特許請求の範囲の記載が，明細書のサポート要件に適合するか否かは，特許請求の範囲の記載と発明の詳細な説明の記載とを対比し，特許請求の範囲に記載された発明が，発明の詳細な説明に記載された発明で，発明の詳細な説明の記載により当業者が当該発明の課題を解決できると認識できる範囲のものであるか否か，また，その記載や示唆がなくとも当業者が出願時の技術常識に照らし当該発明の課題を解決できると認識できる範囲のものであるか否かを検討して判断すべきものである。」と判示し，取消事由1については，「発光装置が「高輝度」であることが本件発明の前提や課題となっているとはいえず，本件発明の課題は，光，熱，水分及び直流電界による蛍光体の劣化である。」としたうえで，「当業者は，本件明細書における上記課題を解決するための手段や効果の記載……，さらには，実施の形態や実施例・比較例についての記載……などから，特許請求の範囲にある構成を採用することで，上記課題が解決できると認識することができるものと認められる。」と認定し，「YとAlのいずれか一方でも含まれない本件一般式蛍光体を用いた場合に，原

告が主張するとおり輝度が低くなることがあるとしても，そのことによりサポート要件違反になるというものではない。」として原告の主張を退けた。

（3）取消事由2について

原告は，本件明細書の段落【0069】に「色度図中央部の広範な白色領域（【図16】中斜線を付した部分）」との記載があることを根拠に，本件発明にいう「白色系」に「電球色」が含まれないことを前提として，YとAlのいずれか一方でも含有しない単なる本件一般式蛍光体は「白色系」を発光しないから，サポート要件違反であると主張した（取消事由2）。

これに対して裁判所は，原告が「白色系」に「電球色」が含まれないと主張する根拠とした本件明細書の段落【0069】の記載について検討し，【図16】中斜線を付した部分は，「本件発明の「白色系」の範囲を画するものとはいえない」と認定し，原告の主張はその前提を欠いている，と述べるとともに，本件明細書に本件発明の発光ダイオードが照明としても使用できることが記載されていることから，「照明分野では，「白色光」には広範な色温度（相関色温度）のものが含まれるとされているから，本件発明の「白色系」の中にも広範な色温度のものが含まれると解される。」と述べて，「「電球色」のうちの一部が【図16】の斜線部分の範囲内に含まれないから，本件発明がサポート要件に反する」との原告の主張を退けた。

▮ 4．実務上の指針

いわゆる「サポート要件」を定めた特許法36条6項1号は，特許請求の範囲の記載に際し，発明の詳細な説明に記載した発明の範囲を超えて記載してはならない旨を規定したものであり，発明の詳細な説明により公開されていない発明に特許権を付与することを防止する規定である。

サポート要件の判断手法について，「偏光フィルム事件」（H17.11.11知財高裁平成17年（行ケ）10042）大合議判決は，「特許請求の範囲の記載が，明細書のサポート要件に適合するか否かは，特許請求の範囲の記載と発明の詳細な説明の記載とを対比し，特許請求の範囲に記載された発明が，発明の詳細な説明に記載された発明で，発明の詳細な説明の記載により当業者が当該発明の課題を解決できると認識できる範囲のものであるか否か，また，その記載や示唆がなくとも当業者が出願時の技術常識に照らし当該発明の課題を解決できると認識できる範囲のものであるか否かを検討して判断すべきもの」であると判示するが，本件においてもこの考え方が踏襲されている。

すなわち，審決において認定された本件発明の解決課題の妥当性が争われた取消事由1については，裁判所は，本件明細書の【発明が解決しようとする課題】の欄の記載に拘泥せずに，発明の詳細な説明に記載された従来技術の課題，解

決手段，本件発明の効果及び実施例を踏まえて，本件発明の解決課題を認定した。また，特許請求の範囲に記載された「白色系」の範囲が争われた取消事由2についても，白色系発光ダイオードの発光色について言及した本件明細書の段落【0069】及び【図16】の記載のみならず，本件明細書の発明の詳細な説明の記載を広く考慮して判断した。

　明細書の作成にあたって，【発明が解決しようとする課題】の欄の記載には神経を使うところであるが，発明が解決しようとする課題と解決手段（特に独立請求項に記載された発明の構成要素の集合）とが双方向に対応しているか，常に気を配る必要があるし，実施例に特有の課題や作用効果については，あくまでも実施例の作用効果等として，"本願発明"の課題や作用効果とは別に，記載すべきことはいうまでもない。

　もっとも，分割出願の場合には，特許請求の範囲に記載した発明の課題が，原出願の明細書の発明の詳細な説明の【発明が解決しようとする課題】の欄に記載された課題と一致するとは限らない（ちなみに，本件特許も，特願平10-508693（PCT／JP1997／002610）を"祖先"とする第5世代の分割出願4件のうちの1件である。）。このため，従来技術の課題として【発明が解決しようとする課題】に記載するだけでなく，実施例ごとに特有の目的や作用効果を明細書に記載しておくことが，将来の分割出願のサポート要件を満たすうえでも重要な意味を持つといえる。

　なお，本件の争点となった取消事由1，2に係る事項は，現行の特許・実用新案審査基準に当てはめると，サポート要件違反の類型（4）（「請求項において，発明の詳細な説明に記載された，発明の課題を解決するための手段が反映されていないため，発明の詳細な説明に記載した範囲を超えて特許を請求することになる場合」）に相当すると思われるが，審査基準においても，「類型（4）についての拒絶理由通知がされた場合は，出願人は，明細書及び図面の記載並びに出願時の技術常識を考慮すれば，審査官が示した課題や課題を解決するための手段とは異なる課題や課題を解決するための手段を把握可能であり，請求項にはその課題を解決するための手段が反映されている旨の反論をすることができる。」と記載されている。したがって，類型（4）についての拒絶理由通知がされた場合には，明細書及び図面の記載並びに出願時の技術常識を考慮して釈明・反論の可能性を検討すべきであると思われる。

（山川　茂樹）

ロール製品パッケージ事件

判　決　の ポ イ ン ト	権利範囲に含まれる一態様のみの官能評価によりサポート要件を満たすとの原告主張が，上記評価では権利範囲に含まれる別態様での課題解決まで当業者が認識できないとして，否定された。
事件の表示	R 2.6.29　知財高裁　令和元年（行ケ）10142
参 照 条 文	特36⑥一
Key Word	サポート要件

1．事実関係

（1）手続の経緯

　原告は，名称を「ロール製品パッケージ」とする発明について，特許出願（特願2013-244532号）をし，設定登録を受けた（特許第6313029号）。本件特許について，特許異議の申立てがあり，特許庁は，これを異議2018-700853号事件として審理し，原告は，本件訂正請求をした。特許庁は，本件訂正請求を認めたうえで，「特許第6313029号の請求項1～5に係る特許を取り消す。」との本件決定をした。本訴は，本件異議の決定の取消訴訟である。

（2）本件発明の要旨

　本件訂正後の本件特許の請求項1の発明に係る特許請求の範囲の記載は，次のとおりである。下線は訂正箇所を示す。

　<u>ポリエチレンからなり，密度が0.86～0.91g／cm³，坪量が25.5～40.5g／m²，厚さが29～47μm</u>のフィルムからなる包装袋に，衛生薄葉紙のシートを巻いた<u>ロール製品を縦に2段で4個，</u>キャラメル包装又はガゼット包装にて収納してなるロール製品パッケージであって，<u>前記ロール製品パッケージは，前記ロール製品が前記包装袋に接するよう前記ロール製品の配置された寸法と略同一寸法で，</u>前記ロール製品が2plyの場合，巻長が65～95m，コアを除く1ロールの質量が200～350g，巻き硬さが1.2<u>～2.3</u>mmであり，前記ロール製品が1plyの場合，巻長が125～185m，コアを除く1ロールの質量が250～430g，巻き硬さが0.7<u>～1.8</u>mmであり，前記ロール製品が2plyの場合，（前記巻き硬さ（mm）／前記フィルムの坪量（g／m²））が0.037<u>～0.071</u>（mm／（g／m²））であり，前記ロール製品が1plyの場合，（前記巻き硬さ（mm）／前記フィルムの坪量（g／m²））が0.021<u>～0.055</u>（mm／（g／m²））であるロール製品パッケージ。

2．争点
争点は，サポート要件違反の有無及び手続違背の有無である。

3．裁判所の判断
裁判所は，以下に要約するとおり判示した。

（1）サポート要件違反について
特許請求の範囲の記載が，サポート要件に適合するか否かは，特許請求の範囲の記載と発明の詳細な説明の記載とを対比し，特許請求の範囲に記載された発明が，発明の詳細な説明に記載された発明で，発明の詳細な説明の記載により当業者が当該発明の課題を解決できると認識できる範囲のものであるか否か，また，その記載や示唆がなくとも当業者が出願時の技術常識に照らし当該発明の課題を解決できると認識できるか否かを検討して判断すべきである。

本件明細書によれば，本件発明は，持ち運ぶ際に破れにくいロール製品パッケージを提供するものである。本件明細書における「フィルムの強さ」の官能評価から，「持ち運ぶ際に破れにくい」は，「ロール製品パッケージを持ち運ぶ際に包装袋のフィルムが破れにくいこと」を意味する。本件官能評価で用いたロール製品パッケージは，ロール製品をキャラメル包装で収納し，持手部の両端部が包装袋の対向する側面に接合されているものである。「フィルムが破れにくい」との課題を，フィルム及びロール製品を数値限定の範囲にすることによって解決したことは，本件発明にとって欠くことができないものであり，これについて明細書の記載及び技術常識により当業者が解決することができると認識できる範囲のものと認められないときは，サポート要件に反する。

まず，ガゼット包装によるロール製品パッケージについて，運搬時に「フィルムが破れにくい」の意義及び本件発明の課題を解決できると認識できるかを検討すると，ガゼット包装とは，ロール製品を収納した包装袋の上部の余剰部分を折り畳んで持手部を形成した包装形態であり，ガゼット包装によるロール製品パッケージの運搬時に負荷を主に受ける部分は，持手部に設けられた指掛け用の穴のうち，消費者が指を引っ掛けている部分であるから，この場合のフィルムの破れにくさを評価するに当たっては，指が引っ掛かる部分の破れにくさについても検討する必要がある。この点について，原告は，本件発明は，持手部の破断の防止までを目的とするものではないと主張するが，ガゼット包装パッケージを運搬する場合，消費者が指を引っ掛けている部分は破れる可能性が高いのであるから，このような部分を破れにくくすることを課題としていないというのは不合理である。本件官能評価は，持手部の両端部が包装袋の対向する側面に接合されているキャラメル包装パッケージの持手部を持って運搬した場合の包装袋のフィルムの破れの有無及び程度を評価したものであるが，こ

の包装袋において運搬時に負荷を受ける部分は，持手部が包装袋の側面に接合された部分及びその周辺部分(以下「本件接合部分」という。)であり，本件ロール製品パッケージの本件接合部分の破れにくさのみを評価した本件官能評価の結果から，ガゼット包装パッケージを運搬した場合に，指掛け用の穴の指を引っ掛ける部分も破れにくいとは認められない。

　次いで，持手部のないキャラメル包装パッケージの運搬時に本件発明の課題を解決できると認識できるかについて検討すると，本態様にて運搬時に負荷を受ける部分は，消費者の指が同商品に接した部分(以下「本件接触部分」という。)であり，運搬時に破れる可能性のある部分は本件接触部分である。一方で，本件官能評価で運搬時に負荷を受ける部分は，本件接合部分であり，本件官能評価から本件接触部分が破れにくくなるとはいえないというべきである。

　上記のガゼット包装パッケージの運搬，持手部のないキャラメル包装の運搬は，いずれも一般的な方法であり，これらの方法によって運搬した場合に，必ずしもフィルムが破れにくいとはいえないのであるから，本件発明1は，本件明細書の記載から，本件発明の課題を解決できると認識できる範囲のものということはできない。原告は，本件発明は，あらゆる条件下で常に破れないことを解決課題としているわけではないと主張するが，上記判断は，一般的な条件に基づいて判断しているのであって，特異な条件を想定して判断しているものではない。したがって，本件発明1は，サポート要件に適合しない。

（2）手続違背の有無について

　原告は，本件決定が，甲9～13に基づいて，本件発明がサポート要件に適合していない旨の判断をしたが，本件決定に係る異議の手続において，原告に，甲9～13について，反論をする機会を与えなかったことが違法であると主張する。しかし，上記のとおり本件発明はサポート要件に適合しないが，同判断は，甲9～13によって左右されないから，本件決定に係る異議の手続に，本件決定を取り消すべき違法があったということはできない。

▌4．実務上の指針

（1）サポート要件違反について

　特実審査基準第Ⅱ部第2章第2節の2.2には，サポート要件違反の類型が記載されており，本件は，それらの類型のうち「出願時の技術常識に照らしても，請求項に係る発明の範囲まで，発明の詳細な説明に開示された内容を拡張ないし一般化できるとはいえない場合」に該当するものであろう。すなわち，本件判決では，発明の詳細な説明に記載された一態様の評価結果から，請求項で特定される構成に含まれる他の態様において，本件発明の課題が解決できることが当業者に理解できるものではないと判断されている。

　請求項で特定された数値範囲において，課題を解決し得ることを示す明細書の記載形式として，材料の分野では，数値範囲を満足する実施例，数値範囲を逸脱した比較例を記載し，実施例において課題を解決でき，比較例において課題を解決し得ないことを示すことが一般的に採用されている。一方，本件のような材料そのものではなく，形状や用途，内容物など課題解決に影響する要素がそれぞれ複数想定される場合において，数値範囲の特定によって複数の態様において課題を解決し得ることを示すのは容易ではない。少なくとも出願人，権利者において実施する各態様について，それぞれ実施例，比較例を準備する必要があろう。そのうえで，各態様にて共通する数値範囲で課題解決が果たされる等の場合には，より一般化した記載においてサポート要件を満たすものと判断されるのである。逆に，各態様で課題を解決し得る共通する数値範囲が得られない場合，これらを一出願で権利化することは困難であろう。

　また，本件においては，上記のとおり数値による特定事項の他に，形状や用途，内容物など課題解決に影響する要素があるところ，このような要素について実施例にて具体的に特定されていない点もサポート要件を満たす旨の主張を難しくしているといえよう。本件明細書における実施例のパッケージの態様に係る記載は「表1に示す物性のポリエチレンフィルムを用意し，図2に示す形態でトイレットロール製品を包装してロール製品パッケージを得た。」のみである。本件異議の決定においては，図2に示す形態では，請求項にて特定するキャラメル包装であるのかガゼット包装であるのかも理解できないことも理由として，本件判決よりも厳しくサポート要件を否定されており，実施例の具体的記載が重要であることが解る。少なくとも他者による追試による奏功の確認を許さない記載では，対象発明の課題が解決できることが当業者に理解できる，との要件を満たすとはいえないのである。逆に，実施例を具体的に特定する記載が明細書中にあれば，各態様を含む包括的な権利化が難しい場合であっても，個別の態様について権利化を図る道が残されるのである。

（2）手続違背の有無について

　原告は，異議申立人が異議申立ての手続中に提出した新証拠に基づいて本件決定が判断されたものであるから，当該新証拠について反論の機会が与えられるべきであったとして手続違背を主張したが，裁判所は，当該新証拠を用いることなくサポート要件違反の判断を否定し，原告による手続違背の主張を退けている。このような手続違背の主張は，原告の立場では常套手段ではあろうが，通常の取消事由と同様，仮に手続違背があったとしても決定の結論に影響がない場合は，その主張が採用されないことは意識しておくべきであろう。

（坂手　英博）

ボロン酸化合物製剤事件

判 決 の ポイント	裁判所は，サポート要件を充足するには，技術常識も踏まえて課題が解決できるであろうとの合理的な期待が得られる程度の記載があれば足りるのであって，厳密な科学的な証明に達する程度の記載までは不要であると解されると説示し，サポート要件の充足を否定した審決を取り消した。
事件の表示	R2.7.2　知財高裁　平成30年(行ケ)10158
参 照 条 文	特36⑥一
Key Word	サポート要件

1．事実関係
（1）手続の経緯
　原告は，発明の名称を「ボロン酸化合物製剤」とする特許第4162491号（本件特許）の特許権者である。本件特許について被告が請求した無効審判（無効2016-800096）において，物の発明（請求項17など）に係る特許を無効とし，方法の発明については請求不成立とする審決（一次審決）がなされた。原告は，上記審決のうち特許を無効とした部分の取消しを求めて本件訴訟を提起した。
（2）本件発明の内容
　無効審判手続中に行われた訂正請求による訂正後の請求項17（以下「本件化合物発明」という。）の記載は，次のとおりである。
　「【請求項17】凍結乾燥粉末の形態のD-マンニトール　N-（2-ピラジン）カルボニル-L-フェニルアラニン-L-ロイシン　ボロネート。」
　以下，「N-（2-ピラジン）カルボニル-L-フェニルアラニン-L-ロイシン　ボロン酸」を「ボルテゾミブ」又は「B$_Z$」という。「D-マンニトール　N-（2-ピラジン）カルボニル-L-フェニルアラニン-L-ロイシン　ボロネート」は，ボルテゾミブとD-マンニトールとのエステル化合物であり，以下「BME」という。ボルテゾミブは，多発性骨髄腫に対して高い治療効果を持つことが知られている。
（3）審決の概要
　審決は，明細書の【0086】の記載（実施例1として開示されたボルテゾミブとD-マンニトールとの凍結乾燥製剤の調製方法により得られた「凍結乾燥品」の高速電子衝撃（FAB）質量分析結果の説明）は「凍結乾燥品にBMEが含まれていることを示すだけで，それ以外に，エステル化しない状態のボルテゾミブが相当量含まれる可能性を排除しない」し，「本件明細書の記載においては，凍結乾

燥品中のBMEを単離して定量しているわけではなく……単離したBMEを対象としてその安定性及び再構成性を検証しているわけでもない」から，本件化合物発明は，発明の課題を解決できると当業者が発明の詳細な説明の記載から認識できる範囲のものではないとして，サポート要件の充足を否定した。

▌2．争点

本件化合物発明のサポート要件違反についての判断の誤りにつき争われた。

▌3．裁判所の判断

（1）サポート要件充足性の判断手法について

裁判所は，まず「特許請求の範囲の記載が明細書のサポート要件に適合するか否かは，特許請求の範囲の記載と発明の詳細な説明の記載とを対比し，特許請求の範囲に記載された発明が，発明の詳細な説明に記載された発明で，発明の詳細な説明の記載又はその示唆により当業者が当該発明の課題を解決できると認識できる範囲のものであるか否か，また，その記載や示唆がなくとも当業者が出願時の技術常識に照らし当該発明の課題を解決できると認識できる範囲のものであるか否かを検討して判断すべきである。」との規範を確認し，次いで「そして，サポート要件を充足するには，明細書に接した当業者が，特許請求された発明が明細書に記載されていると合理的に認識できれば足り，また，課題の解決についても，当業者において，技術常識も踏まえて課題が解決できるであろうとの合理的な期待が得られる程度の記載があれば足りるのであって，厳密な科学的な証明に達する程度の記載までは不要であると解される。なぜなら，サポート要件は，発明の公開の代償として特許権を与えるという特許制度の本質に由来するものであるから，明細書に接した当業者が当該発明の追試や分析をすることによって更なる技術の発展に資することができれば，サポート要件を課したことの目的は一応達せられるからであり，また，明細書が，先願主義の下での時間的制約もある中で作成されるものであることも考慮すれば，その記載内容が，科学論文において要求されるほどの厳密さをもって論証されることまで要求するのは相当ではないからである。」と説示した。

（2）本件化合物発明の課題について

裁判所は，本件化合物発明が解決しようとする課題を「製剤化したときに安定な医薬となり得て，また，水性媒体への溶解でボロン酸化合物を容易に遊離する組成物となり得る本件化合物（凍結乾燥粉末の形態のBME）を提供すること」であると認定した（一次審決と同様の課題認定）。そして，「この課題が解決されたといえるためには，凍結乾燥粉末の状態のBMEが相当量生成したこと，並びに当該BMEが保存安定性，溶解容易性及び加水分解容易性を有すること

が必要である……ここでいう「相当量」とは，医薬として上記課題の解決手段になり得る程度の量，という意味である。」と述べて，これらの点が本件明細書に記載又は示唆されているといえるかを検討した。

　（3）凍結乾燥粉末の状態のBMEが相当量生成したことについて

　裁判所は，本件明細書には実施例1としてボルテゾミブとD-マンニトールとの凍結乾燥製剤の調製方法が開示され，技術常識に照らすと当該調製方法のような条件の下ではボルテゾミブとマンニトールとのエステル化反応が進行し，相当量のBMEが生成すると理解し得ること，本件明細書の【0086】には，実施例1により調製された凍結乾燥製剤（以下「実施例1FD製剤」という。）が，FAB質量分析によりBMEの形成を示す強いシグナルを示したことが開示されていることなどから，本件明細書には凍結乾燥粉末の状態のBMEが相当量生成したことが記載されていると認められると判断した。

　被告は，FAB質量分析は定性的な分析手法であり，ピークの大小をもって物質の存在量の大小を評価できないので，実施例1の記載から凍結乾燥製剤に相当量のBMEが含まれていることを認識できないと主張したが，裁判所は，サポート要件を充足するために厳密な科学的な証明までは不要と解されるところ，本件明細書中の他の記載や技術常識とFAB質量分析の結果をあわせて考えると，当業者は，凍結乾燥粉末の状態のBMEが相当量生成したと合理的に認識し得るから，上記被告の主張は上記の判断を左右しないと述べた。

　（4）保存安定性，溶解容易性及び加水分解容易性について

　裁判所は，本件明細書に記載された実施例1FD製剤（上記認定のとおり相当量のBMEを含む。）の保存安定性，溶解性の評価結果から，本件明細書には，本件化合物（凍結乾燥粉末の形態のBME）がボルテゾミブに比較して優れた保存安定性，溶解容易性を有していることが，当業者が認識し得る程度に記載されており，また，弁論の全趣旨により認められる技術常識から，本件化合物が加水分解容易性を有することを，当業者は認識し得ると判断した。

　（5）まとめ

　裁判所は，本件化合物発明の特許請求の範囲の記載は，サポート要件を満たすものというべきであり，これを否定した審決の判断は誤りであるとして，一次審決のうち物の発明に係る特許を無効とした部分を取り消した。

4．実務上の指針

　（1）サポート要件の充足について，本件判決及び一次審決はいずれも偏光フィルム事件大合議判決（H17.11.11知財高裁平成17年（行ケ）10042）により示された規範を引用しているが，本件判決では，さらに，課題の解決について「当業者において，技術常識も踏まえて課題が解決できるであろうとの合理的な期

待が得られる程度の記載があれば足りるのであって，<u>厳密な科学的な証明に達する程度の記載までは不要</u>」と説示し，「課題を解決できると認識できる」記載とはどの程度の記載であるのかにつき，より踏み込んだ判断基準が示されている。裁判所は，原告（特許権者）及び被告が行った種々の主張を検討した結果，「特許権者の主張をすべてそのまま肯定することはできないものの……<u>当業者が合理的に期待できる程度には，これを肯定することができる</u>」として，サポート要件の充足を認めた（下線は筆者による）。

（2）本件判決により示された判断基準は，偏光フィルム事件大合議判決により示された規範の枠組み内において，明細書のサポート要件の存在についての特許出願人又は特許権者の立証負担をいくらか軽減するものであるといえる。ただし，どの程度の記載があれば「合理的な期待」の基準を満たすといえるかについては，技術分野及び事案による部分が大きいと考えられる。他の事案において上記判断基準がどのように適用されるか，また事案を超えて一般化できるような目安が示されるかどうか，今後の動向が注視される。

（3）本件判決により「厳密な科学的な証明に達する程度の記載までは不要」と説示されたとはいえ，サポート要件を充足するために明細書の記載が重要であることに変わりはない。明細書の作成にかかわる実務者としては，明細書の記載が当業者にどのように受け取られるかについて，客観的に検討する視点をもつことが求められる。例えば本事案では，発明対象物の効果を示すものとして明細書に記載された実験結果に対し，無効審判請求人から，他の要因によってもたらされた効果であるとも解釈できるので発明対象物の効果を示すものとはいえないとの主張がなされ，一次審決においてサポート要件の充足が否定されている。争点化を避けるため，客観的にみて，効果がもたらされた理由が発明対象物による（少なくとも，発明対象物が効果に寄与している）ことが記載されているといえる明細書の作成を心がけたい。

（4）なお，本件無効審判（無効2016-800096）は，本件判決の確定を受けて審理再開された後，物の発明についても請求不成立とする審決がなされた。本件無効審判とは異なる請求人により本件特許に対して請求された無効審判（無効2016-800130）では，同様にサポート要件違反を理由に物の発明に係る特許を無効とする一次審決に対して特許権者が訴訟を提起し，本件判決と同日に同旨により無効審決を取り消す判決がなされ（Ｒ２.７.２知財高裁平成30年（行ケ）10159），審理再開後，物の発明についても請求不成立とされた。

【参考文献】
特許庁技術懇話会会報「特技懇」300号（2021）p142-p152

（大井　道子）

両面粘着テープ事件

判 決 の ポイント	複数の結晶融解ピークが測定され得ることを前提として実施例から 測定ピークの意義を定義することで明確と結論づけ，明確性要件に 適合しないとする決定が取り消された
事件の表示	R 2.9.3　知財高裁　令和元年（行ケ）10173
参 照 条 文	特36⑥二
Key Word	明確性要件，用語の意義

1．事実関係

（1）手続の経緯

　原告は，平成29年2月22日，名称を「両面粘着テープ，車載部品固定用両面粘着テープ，及び，車載用ヘッドアップディスプレイカバー固定用両面粘着テープ」とする特許出願をし，特許権の設定登録（特許第6370477号；以下「本件特許」という。）を受けた後，特許異議の申立てがされ，特許庁は本件特許を取り消すとの決定（以下「本件決定」という。）をしたので，原告は本件決定の取消しを求めて本件訴訟を提起した。

（2）本件発明の内容

　本件特許の請求項1に係る発明（以下「本件発明」）は，以下のとおりである。

【請求項1】

　基材の両面にアクリル粘着剤層を有する両面粘着テープであって，

　前記基材は，発泡体からなり，

　前記基材の厚みが1500μm以下であり，

　前記発泡体は，示差走査熱量計により測定される結晶融解温度ピークが140℃以上であり，発泡倍率が15cm³／g以下であり，気泡のアスペクト比（MDの平均気泡径／TDの平均気泡径）が0.9〜3であり，

　前記発泡体がポリプロピレン系樹脂を含有する

　ことを特徴とする両面粘着テープ。

（3）決定の概要

　本件決定では，本件発明の「示差走査熱量計により測定される結晶融解温度ピークが140℃以上であり」について，ピークが複数観測される場合にどのような態様を含むのか複数の解釈が可能であるところ，本件特許の明細書（以下「本件明細書」）の記載を考慮し，また，本件特許の出願時における当業者の技術常識を勘案しても，これを一義的に解釈することができないから，第三者に不測

の不利益を及ぼすほどに不明確であるとされた。

2．争点

「示差走査熱量計により測定される結晶融解温度ピーク」における明確性要件違背の有無が争われた。

3．裁判所の判断

（1）裁判所は，発明が明確であるか否かは，特許請求の範囲の記載だけではなく，願書に添付した明細書の記載及び図面を考慮し，また，当業者の出願当時における技術常識を基礎として，特許請求の範囲の記載が第三者に不測の不利益を及ぼすほどに不明確であるか否かという観点から判断されるべきとしたうえで，本件発明の「示差走査熱量計により測定される結晶融解温度ピークが140℃以上」について特定されないとし，その意義を検証した。検証の前提として，裁判所は，本件明細書には「示差走査熱量計により測定される結晶融解温度ピーク」（以下「結晶融解温度ピーク」という。）を特定する記載はないこと，広辞苑第6版からすれば，ピークとは「①山のいただき。②絶頂。最高潮」を意味するから，本件明細書の結晶融解温度ピークは140℃以上に存在することを意味するものと解することが自然なことを認定し，加えて，結晶融解温度ピークは，材料の結晶融解温度に応じて1つのピークが存在する場合と複数のピークが存在する場合があり，複数のピークが存在する場合に各ピークの面積はピークを発現する材料の含有量と相関することは本件特許の出願時の技術常識であったと認定した。

（2）結晶融解温度ピークを検証するにあたり，裁判所は，本件明細書の実施例及び比較例に着目し，7つの実施例は，結晶融解温度ピークが141.5℃～147.4℃にある，ポリプロピレン系樹脂（以下「PP系樹脂」という。）及び直鎖状低密度ポリエチレン（以下「LDPE」という。）の混合物より発泡体を構成するのに対し，比較例2，3の発泡体は，結晶融解温度ピークが94℃又は92℃のLDPEのみにより構成されることから，実施例の発泡体には，141.5℃～147.4℃の結晶融解温度ピーク以外に140℃未満の結晶融解温度ピークが含まれるであろうことは当業者であれば容易に理解できるとした。そうすると，7つの実施例における結晶融解温度ピークは，複数の結晶融解温度ピークのうち，PP系樹脂を含有させたことに基づく140℃以上のピークを1つ記載したものであると理解できるとし，本件発明の「示差走査熱量計により測定される結晶融解温度ピークが140℃以上」は，複数の結晶融解温度ピークが測定される場合があることを前提として，140℃以上にピークが存在することを意味するものと解されると結論づけた。また，裁判所は，140℃未満の温度域にも最大ピークが生じ得る

という観点から，PP系樹脂の含有量がLDPEの含有量を下回る場合についても言及した。本件明細書の実施例7は，他の実施例と同様にLDPEとの混合物であるがPP系樹脂の含有量が40重量％と低いことからすると，140℃未満の温度域に最大ピークが生じ得るところ，実施例7の結晶融解温度ピークは141.5℃と表示されている状況から，複数のピークがある場合のピークの大小は問わないと解するのが合理的であると結論づけた。

（3）一方，「示差走査熱量計により測定される結晶融解温度ピークが140℃以上」であることについて，①結晶融解温度ピークといえるものは140℃以上であるという解釈，②最も高温側の結晶融解温度ピークが140℃以上であるという解釈，③最大ピークを示す温度が140℃以上である，又は，最大面積の吸熱ピークの頂点温度が140℃以上であるという解釈，④最も低い結晶融解ピーク温度が140℃以上であるという解釈，⑤わずかなピークであっても，そのピークが140℃以上に存在すればよいという解釈等複数の解釈が考えられるからいずれを示すものか不明であるとした被告の主張に対し，裁判所は，上記③④の解釈を採るべき場合は通常はその旨が明記されるところ本件明細書にそのような記載はなく，上記⑤の解釈に関する記載も本件明細書に記載されていないから，複数あるピークの大小を問わず，1つのピークが140℃以上にあれば「示差走査熱量計により測定される結晶融解温度ピークが140℃以上であり」を充足すると解すべきとし，被告の主張を退けた。

▌4．実務上の指針

（1）裁判所は，本件明細書に「示差走査熱量計により測定される結晶融解温度ピーク」という用語の意義を特定する記載がなかったことから，その意義を実施例の内容に基づいて導き，第三者の利益が不当に害されるほどに不明確であるとはいえないと判示した。本件特許に規定する結晶融解温度ピークは，発泡体を構成する樹脂自体のピークではなく，あくまで「発泡体」としての結晶融解温度ピークが140℃以上であるとされている。そのため，結晶融解温度ピークが140℃以上であるか否かを判断する場面では，発泡体自体を測定に供することで判断されることになろうが，発泡体が複数の樹脂で構成される場合の結晶融解温度ピークは，一般に各樹脂に対応したピークが複数含まれる曲線として現れると予想される。すなわち，結晶融解とは，固体（結晶状態）が液体の状態に変化することを指し，固体が液体に変化する温度が融点である。融点に及ぼす化学構造因子はおよそ定まっており，融点が特定された化合物は当然にその結晶構造も決まり，同じ融点を持つ化合物同士は当然に結晶構造が同一であるというのが当業者において一般的な見方と考えられる。したがって，測定で得られたピークが複数存在した場合，いずれの温度を「結晶融解温度ピーク」と

して捉えるのかが問題となる。そして本件決定では，結晶融解温度ピークの定義が明らかでなかったために不明確とされた。不明確な用語が存在することで，特許発明の技術的範囲が不明確となるからである。材料分野では，数値範囲やパラメータを特定する発明は多く，特定される数値等は，どのような値又は範囲であるのか，どう求まる値又は範囲であるのか等が一義的に決定されなければならない。

（２）裁判所は，この点について，まず「ピーク」という用語が持つ意味を明らかにし，「結晶融解温度ピーク」の意義を明らかにする唯一の手掛かりとして実施例を参酌した。実施例からすると，樹脂種は，結晶融解温度ピークが140℃以上のPP系樹脂と140℃未満のLDPEの２種のみであり，２種の樹脂に由来して現れるであろう２つのピークと，PP系樹脂を含まない比較例２等の結晶融解温度ピークの値と，から140℃以上のピークは１つである。２つのピークの平均の温度と捉えた場合は140℃を下回る。また，２つの樹脂の混合比率が他の実施例と逆転した実施例７を踏まえると，結晶融解温度ピークは２種の樹脂の含有量に依存しないため140℃以上といえる。結果，本件特許の実施例における結晶融解温度ピークは，PP系樹脂に起因したピークと推察し得るものとなり，本件決定での判断は妥当といえるであろう。しかし，２種の樹脂を混合した系での融点は低下傾向を示すのが通例であり，本件でもPP系樹脂の融点は160℃付近であるところ145℃前後であり，より低融点の樹脂との混合では140℃以上を満さず包含されなくなるが，それは本来意図されたものであろうか。また，結晶融解温度ピークを平均で捉えない理由も定かでないことから，平均の融点を結晶融解温度ピークとして捉えることも想定される。用語の意義が明細書で明らかでない以上，実施例の内容で結論が左右されることになる。本件特許で例えば実施例７が記載されなかったと仮定した場合等は，一転して不明確さが残ったに違いない。結晶融解温度ピークとして１つのピークを見るのか，複数を捉えて見るのかは，発明ごとに異なり，いずれもあり得るのであるから，当初予定された結晶融解温度ピークの捉え方を明示することは，予期せず特許発明の技術的範囲を狭める事態を回避するのみならず，特許活用を有利に進めるうえで欠かせない。

（３）用語の意義は作用機構からも推認し得るであろうが，そもそも疑義を生じないことが重要である。発明における要件の技術的な意義を正しく理解し，想定される組成や組み合わせを考慮して，用語が本来予定している意義を明細書で明らかにすることには細心の注意を払わねばならない。

（西山　崇）

ブルニアンリンク作成デバイス及びキット事件

判 決 の ポ イ ン ト	パリ優先権の主張の効果の判断にあたり，優先権の基礎となる出願に含まれていなかった構成部分を含むことを理由として，優先権を否認することはできず，当該部分について，引用発明に照らして新規性又は進歩性を欠くことを主張立証していない原告の主張は失当と判断された。
事件の表示	R 2.11.5　知財高裁　令和元年（行ケ）10132
参 照 条 文	特29①　特43　パリ4F
Key Word	パリ優先権

1．事実関係

（1）手続の経緯

　被告は，発明の名称「ブルニアンリンク作成デバイス及びキット」に係る特許第5575340号（以下「本件特許」という。）の特許権者である。

　被告は，平成22年11月5日，パリ条約による優先権主張の基礎となった米国仮出願61／410,399（以下「本件米国仮出願」という。）を行った。被告は，平成23年6月23日，本件米国仮出願に基づくPCT出願（PCT／US2011／041553）を行い，これを国内移行させて，特許出願（特願2013-537663，以下「原出願」という。）を行った。被告は，原出願の一部を分割して平成26年1月29日に新たな出願（特願2014-14615，以下「本件出願」という。）を行い，平成26年7月11日，特許権の設定登録がなされた。

　被告は，本件米国仮出願の後で上記PCT出願の前の平成23年3月29日，動画投稿サイトに，「Lesson 1：How to make a single rubber band bracelet」と題する動画（以下「甲1動画」という。）を投稿した。

（2）本願発明の要旨

　本件請求項1に係る発明（以下「本件発明1」という。）は以下のとおりである。
［請求項1］

　「一連のリンクからなるアイテムを作成するための装置であって，前記リンクはブルニアンリンクであり，前記アイテムはブルニアンリンクアイテムであり，ベースと，ベース上にサポートされた複数のピンと，を備え，前記複数のピンの各々は，リンクを望ましい向きに保持するための上部部分と，当該複数のピンの各々の，ピンの列の方向の前面側の開口部とを有し，複数のピンは，複数の列に配置され，相互に離間され，且つ，前記ベースから上方に伸びてい

る装置。」
（3）審決の理由の要点
　本件発明は，本件米国仮出願の出願書類のすべての記載を総合することにより導かれる技術的事項との関係において，新たな技術的事項を導入するものではないから，パリ優先権の主張の効果が認められる。

2．争点
　優先権主張の効果について争われた。

3．裁判所の判断
　裁判所は，本件発明の構成が，本件米国仮出願に含まれない構成であるとはいえないから，本件発明は，甲1動画との関係で新規性，進歩性欠如の無効理由を有するものとは認められない，と判断した。理由の概略は，次のとおりである。
　（1）原告は，本件米国仮出願にはない構成として，①ピンが複数の溝を有する構成を含むこと，②ピンバーとベースが一体成型になっている構成を含むこと，③ピンバーをベースの溝ではなく，ベース上の凸部に嵌め込む方式の構成を含むこと，④ピンに，溝ではなく，ピンを貫く間隙を有する構成を含むこと，の4点について主張した。
　（2）裁判所は，パリ4条Fについて，「パリ優先権を主張して行った特許出願が優先権の基礎となる出願に含まれていなかった構成部分を含むことを理由として，当該優先権を否認し，又は当該特許出願について拒絶の処分をすることはできず，ただ基礎となる出願に含まれていなかった構成部分についてパリ優先権が否定されるにとどまるのである」ことを明確にした。
　（3）そのうえで，甲1動画は前記③の構成を含むツールを開示することは明らかであるから，本件発明は甲1動画との関係で新規性を欠くものといえ，パリ優先権が認められるかどうかを判断するため，さらに，構成③が，本件米国仮出願に含まれない構成であるかどうかを判断する必要がある，と判断された。なお，前記①，②，④の構成については，そもそも甲1動画に係るツールに含まれるものとは認められないので，本件米国仮出願に含まれない構成であるかは判断されなかった。
　（4）構成③が本件米国仮出願に含まれない構成であるかについて，裁判所は「米国仮出願書類には，ベースに設けた溝にピンバーを嵌め込む態様しか記載されていないが，これは実施例の記載にすぎないし，米国仮出願書類全体を検討しても，ベースにピンバーを固定する態様を，この実施例に係る構成に限定する旨が記載されていると理解することはできない」と判断し，「ベースに凹部

を設け，その凹部にピンバーを嵌め込む態様の構成（米国仮出願書類の実施例の記載）と，ベースの凸部を設け，この凸部にピンバーを嵌め込む態様の構成（③の構成）とは，まさに裏腹の関係にあるものであって，一方を想起すれば他方も当然に想起するのが技術常識であるといえるから，たとえ明示的な記載がないとしても，ベースに凹部を設ける構成が記載されている以上，ベースに凸部を設ける構成も，その記載の想定の内に含まれているというべきである。」と判断した。

（5）以上から，裁判所は，③に係る構成が，本件米国仮出願に含まれない構成であるとはいえず，本件発明は，甲1動画との関係で新規性，進歩性欠如の無効理由を有するものとは認められない，と判断した。

▎4．実務上の指針

（1）パリ4条Fは次のとおりに規定する。「いずれの同盟国も，特許出願人が二以上の優先権（二以上の国においてされた出願に基づくものを含む。）を主張することを理由として，又は優先権を主張して行った特許出願が優先権の主張の基礎となる出願に含まれていなかった構成部分を含むことを理由として，当該優先権を否認し，又は当該特許出願について拒絶の処分をすることができない。ただし，当該同盟国の法令上発明の単一性がある場合に限る。優先権の主張の基礎となる出願に含まれていなかった構成部分については，通常の条件に従い，後の出願が優先権を生じさせる。」

（2）この規定に従えば，優先権の主張の基礎となる出願に含まれていない構成部分について，優先権を主張して，後の出願を行った場合であっても，優先権の主張そのものを否認することや，優先権の主張の基礎となる出願に含まれていない構成部分を含むことを理由として，拒絶や無効とすることはできず，ただ，後の出願の優先権の主張の基礎となる出願に含まれていない構成部分について，優先日が後の出願の日となるだけとなる。本判決も，まず，この点を明確にしている。

（3）ここで問題となるのが，後の出願の構成部分が優先権の主張の基礎となる出願に含まれるといえるかどうかについての判断である。例えば，後の出願において，優先権の主張の基礎となる出願に記載されていない態様が追加され，優先権の主張の基礎となる出願には，当該態様について明示的な記載はないものの，その態様の上位概念が記載されているような場合において，当該態様を構成する部分が，優先権の主張の基礎となる出願に含まれるといえるかどうか，についての判断である。

（4）この点，本判決は，優先権の主張の基礎となる出願の出願書類には，特定の態様しか記載されていないが，その特定の態様は実施例にすぎず，出願書

類全体を検討しても，実施例に記載された特定の態様に限定するとは理解できない。加えて，後の出願で追加された態様の構成は，優先権の主張の基礎となる出願の出願書類に記載の態様の構成と「裏腹の関係」にあることから，当該追加された構成部分は，優先権の主張の基礎となる出願に含まれるものと判断した。

（5）本判決の上記判断を考慮すると，後の出願に，優先権の主張の基礎となる出願に記載されていない態様が追加された場合，仮に当該追加された態様を含む上位概念が優先権の主張の基礎となる出願に記載されているとしても，当該追加された態様は必ずしも優先権の主張の基礎となる出願に含まれると判断することはできない。当該追加された態様が，優先権の主張の基礎となる出願に記載された態様からみて，「裏腹の関係」と呼べるような，必然的に導き出すことができる程度の関係が必要であり，そのような関係の妥当性が重要である点に留意されたい。

（6）なお，パリ優先権を主張した特許出願の審査の進め方については，特許・実用新案審査基準第Ⅴ部第1章を参照されたい。

また，優先権に関する判決例として，殺菌剤事件（H18.11.30知財高裁平成17年（行ケ）10737），人口乳首事件（H15.10.8 知財高裁平成14年（行ケ）539），通信回線を用いた情報供給システム事件（H18.5.30知財高裁平成17年（行ケ）10420），くつ下事件（H23.9.15知財高裁平成22年（行ケ）10265），旋回式クランプ事件（H24.2.29知財高裁平成23年（行ケ）10127）を参照されたい。

（小越 一輝）

回路遮断器の取付構造事件

判　決　の ポ　イ　ン　ト	分割要件の適合性の認定において，「嵌合部」及び「被嵌合部」の意義を明細書等に開示された具体的な態様や課題解決との関係を含めて総合的に認定し，新たな技術的事項を導入するものでないとした。
事件の表示	R 2.7.22　知財高裁　平成31年（行ケ）10046
参　照　条　文	特44　特29②
Key Word	分割，課題，新たな技術的事項の導入

1．事実関係

（1）手続の経緯

　被告は，特願2000-339793（第1世代）の一部を分割して出願した特願2008-120059（第2世代）の一部を分割して出願した特願2009-256786（第3世代）の一部を分割して出願した特願2012-57993（第4世代）の一部をさらに分割して出願した特願2013-215045（第5世代。以下「原出願」という。）の一部を分割して，発明の名称を「回路遮断器の取付構造」とする発明について新たに特許出願（第6世代。特願2014-115318。以下「本件出願」という。）をし，特許権の設定登録（特許第5688625号。請求項の数1。以下，この特許を「本件特許」といい，請求項1に記載の発明を「本件発明」という。）を受けた。

　原告は，本件特許について特許無効審判を請求したが，特許庁は，「本件審判の請求は，成り立たない。」との審決（以下「本件審決」という。）をした。これに対し，原告は，本件審決の取消しを求める本件訴訟を提起した。

（2）本件発明の内容

【請求項1】

　プラグイン端子金具が電源側に設けられたプラグインタイプの回路遮断器を分電盤などの母線が設けられた取付板に取り付けるための前記回路遮断器と取付板の構造であって，

　前記回路遮断器の前記母線とは反対側の負荷側には前記回路遮断器の底面から突出する，しないを外部つまみで択一的に選択保持可能なロックレバーを設けるとともに，

　前記取付板には前記ロックレバーの嵌合部を設け，

　前記取付板の上に載置した回路遮断器を前記母線の方向にスライドさせていくと前記母線がプラグイン端子金具に差し込まれていき，

　前記取付板と前記回路遮断器とに夫々対応して設けられた嵌合部と被嵌合部

とが互いに嵌合することにより，前記回路遮断器の前記取付板に対する鉛直方向の動きが規制されるとともに，

　前記回路遮断器の底面から前記ロックレバーが突出して前記取付板の嵌合部に嵌合することにより，前記母線から前記回路遮断器を取り外す方向の動きが規制されて，前記取付板に前記回路遮断器が取り付けられた状態となることを特徴とした回路遮断器の取付構造。

（下線部は本件において争点となった記載を示し，筆者が付した。当該下線部の構成を以下「構成要件A」という。）

▌2．争点

　本訴訟では，①進歩性の判断の誤り（取消事由１，２），②分割要件違反による新規性及び進歩性の判断の誤り（取消事由３）について争われた。

　本稿では，②における分割要件の判断の誤りの有無について取り上げる。

▌3．裁判所の判断

　原告は，原出願の当初明細書等には，回路遮断器の「鉛直方向の動き」の規制について，爪部を取付板に設け，爪部と嵌合する凹部を回路遮断器に設ける態様（第１の態様）のみが記載されており，爪部を回路遮断器に設け，凹部を取付板に設けること（第２の態様）については一切記載されていないのにもかかわらず，構成要件Aにおいて「嵌合部」及び「被嵌合部」との文言が用いられたことにより，回路遮断器の取付板に対する鉛直方向の動きを規制する態様が上位概念化され，上記第２の態様も含み得るものとなったため，構成要件Aは原出願の当初明細書等及び第１ないし第４世代の親出願の当初明細書等に記載された事項の範囲を超えるものである，と主張した。

　これに対し裁判所は，次のように判示し，構成要件Aは，新たな技術的事項を導入するものではないとした。

（1）構成要件Aにおける「嵌合部」及び「被嵌合部」の意義について

　本件発明の特許請求の範囲（請求項１）の記載，本件明細書の記載及び技術常識等を総合すれば，本件発明の構成要件Aにおける「嵌合部」及び「被嵌合部」には，互いに嵌合することにより，回路遮断器の取付板に対する鉛直方向の動きが規制される効果を奏するものであれば，本件明細書記載の態様（第１の態様）以外の嵌合の態様のものも含まれるものと解される。

（2）分割要件の適合性について

　原出願の当初明細書等には，回路遮断器の「動き」を規制する嵌合の態様として，取付板に設けられた爪部３，４と回路遮断器に設けられた凹部５，６が嵌合するもの（第１の態様）のほか，回路遮断器に設けられたロックレバー７の係止

部703と取付板に設けられた嵌合部8が嵌合するもの（≒第2の態様）も開示されている。

　そうすると，原出願の当初明細書等に接した当業者は，<u>回路遮断器1の取付板2に対する「鉛直方向の動き」</u>が規制されるための構成としては，具体的には，取付板2に設けられた爪部3，4と，回路遮断器1に設けられた凹部5，6とが嵌合するもの（第1の態様）が示されているが，<u>本件発明の課題との関係においては，</u>回路遮断器1を取付板2に平行にスライドさせたときに，両者の間に鉛直方向の動きを規制する<u>嵌合が形成されるものであれば足り，</u>例えば，爪部が回路遮断器に，凹部が取付板に設けた態様（第2の態様）の嵌合であっても，鉛直方向の動きを規制する効果を奏することを十分に理解できるものと認められる。

　したがって，<u>取付板，回路遮断器のどちらが爪部又は凹部かということ及び嵌合の具体的な態様は，上記の課題解決に直接関係するものではない</u>というべきである。

▌4．実務上の指針

　本判決では，分割要件として，新たな技術的事項の導入か否かが判示されたが，その判示内容は，補正における新規事項の追加の判断にも同様に適用され得るものと考えられ，実務上，非常に興味深い事例であると思われる。

　本事案では，本件発明の構成要件Ａにおいて「前記取付板と前記回路遮断器とに夫々対応して設けられた嵌合部と被嵌合部とが互いに嵌合する」との記載表現が用いられた。実施例との関係において，爪部が「嵌合部」に相当し，凹部が「被嵌合部」に相当するのか，あるいはそれらとは逆の関係になるのかは，構成の見方によるところではあるが，いずれにせよ，本件発明の請求項の記載は，文言上，<u>回路遮断器の取付板に対する「鉛直方向の動き」</u>を規制する態様として，実施例には記載されていない，爪部を回路遮断器に設け，凹部を取付板に設ける態様（第2の態様）を含む記載となっている。

　この記載が新たな技術的事項を導入するのか否かの判断において，裁判所が判示した事項のなかで筆者が気になるのが，回路遮断器に設けられたロックレバー7の係止部703と取付板に設けられた嵌合部8が嵌合するもの（≒第2の態様）が原出願の当初明細書等に記載されていることに言及している点である。この態様は，本件発明において「前記取付板には前記ロックレバーの嵌合部を設け」との記載及び「前記回路遮断器の底面から前記ロックレバーが突出して前記取付板の嵌合部に嵌合することにより，前記母線から前記回路遮断器を取り外す方向の動きが規制されて，前記取付板に前記回路遮断器が取り付けられた状態となる」との記載により特定される嵌合構成に対応する態様であり，構成要件Ａにより特定される嵌合構成に対応する態様とは異なる態様である。すな

わち，この態様は，取付板から回路遮断器を「取り外す方向の動き」を規制するための嵌合構成の具体的な態様であって，回路遮断器の取付板に対する「鉛直方向の動き」を規制するための嵌合構成に対応する具体的な態様である取付板に設けられた爪部３，４と回路遮断器に設けられた凹部５，６が嵌合するもの（第１の態様）とは，「規制」の具体的な内容において異なる態様である。たしかに，いずれの態様も規制対象の概念レベルを上げれば，回路遮断器の取付板に対する「動き」を規制する，というくくりで包含され得るとは思われるが，裁判所は，二つの具体的態様における規制方向等の違いについては特に言及せず，回路遮断器の「動き」を規制する構成という観点において，第２の態様も原出願の当初明細書等には開示されている，と認定しているのである。そして，技術常識や本件発明の課題との関係において，本件発明における「鉛直方向の動き」を規制する嵌合構成としては，両者の間に鉛直方向の動きを規制する嵌合が形成されるものでさえあれば，取付板，回路遮断器のどちらが爪部又は凹部なのかということ，すなわち嵌合の具体的な態様がどのようなものであるのかは，問題ではない，と認定しているのである。

　はたして，本判決で示されたロジックは，補正における新規事項の追加の判断において，一般化して用いることが可能であろうか。例えば，本件事案において，仮に，第２の態様に相当し得る具体的な構成が実施例に記載されていなかった場合，あるいは構成要件Ａの記載が，第１，第２の両態様を含むような記載ではなく，第２の態様のみを含むような記載だった場合でも，同様に判断され得るのか，種々の疑義があると思われる。実務上はかなりチャレンジングな対応になる，と考える実務家は少なくないのではなかろうか。

　構成要件Ａに類似する記載として，複数の部材の構造的な関わりについて複数の態様パターンを一つの請求項に含める記載は，実務上よく用いられると思われる。そのよう記載を用いる場合には，実務上はやはり，明細書において少なくともなお書き等でサポートを記載しておくことが望ましい。

　なお，構成要件Ａは，本事案の一連の分割出願（第１世代の親出願から第６世代である本件出願まで）において，本件出願になって初めて登場した構成要件のようである。第１世代から第５世代までの親出願の各請求項においては，取付板に設けられるものが爪部であることが特定されている。すなわち，第２の態様が含まれない記載となっているようである。本判決のロジックを他で利用する（チャレンジする）には，前提条件が必要かもしれない。

（森廣　亮太）

機械式駐車装置事件

判 決 の ポ イ ン ト	実施例に記載された構成以外の構成が技術的範囲に含まれるような 訂正を行ったところ，特許庁は，当該訂正が新規事項の追加に当た るとして本件訂正を認めなかったが，裁判所は，発明の構成は，実 施例記載の構成に限定されるものではないとして，訂正が認められた。
事 件 の 表 示	R 2.12.3　　知財高裁　令和元年（行ケ）10117
参 照 条 文	特126⑤
Key Word	新規事項

1．事実関係

（1）手続の経緯

　原告は，特許第6093811号発明「機械式駐車装置，機械式駐車装置の制御方法，及び機械式駐車装置の安全確認機能を設ける方法」（以下「本件特許」という。）の特許権者である。

　本件特許に対して，平成29年8月30日以降3件の特許異議申立てがなされ，特許庁はこれらを異議2017-700814号として審理した。

　平成31年3月11日，原告は，本件特許の特許請求の範囲等について訂正請求（以下「本件訂正」という。）をした。

　特許庁は，令和元年7月31日，「請求項1に係る訂正事項は新規事項を追加する訂正である」と認定し，「特許第6093811号の請求項1ないし21に係る特許を取り消す。」との決定（以下「本件決定」という。）をした。

　原告は，令和元年8月9日，本件決定の謄本の送達を受け，同年9月6日，その取消しを求めて本件訴えを提起した。

（2）訂正後の請求項1の内容

　下線は訂正によって付加された箇所を示す。

【請求項1】

A　格納庫へ搬送される車両が載置され，前記車両の運転者が前記車両に乗降可能な乗降室が設けられる機械式駐車装置であって，

B　前記車両の運転席側の領域の安全を人が確認する安全確認実施位置の近辺及び前記運転席側に対して前記車両の反対側の領域の安全を人が確認する安全確認実施位置の近辺のそれぞれに配置され，人による安全確認の終了が入力される複数の入力手段と，

G　前記乗降室の外側に設けられた操作盤に配置され，前記車両の搬送の許可

が入力される許可入力手段と,

C　人の前記乗降室への入退室を検知する入退室検知手段と,

D　前記入力手段に前記安全確認の終了が入力されている状態で, 前記許可入
力手段への操作が行われた後に, 前記車両の搬送を実行する制御手段と,
を備え,

E　前記制御手段は, いずれかの前記入力手段に前記安全確認の終了が入力さ
れた後から, 前記許可入力手段への操作が行われるまでの間に, 前記入退室
検知手段によって前記乗降室への人の入室が検知された場合, 前記入力手段
への前記安全確認の終了の入力を解除する

F　機械式駐車装置。

（3）本件決定の概要

　本件訂正は,「人による安全確認の終了が入力される入力手段」が配置される
位置について,「車両の運転席側の領域の安全を人が確認する安全確認実施位
置の近辺及び前記運転席側に対して前記車両の反対側の領域の安全を人が確認
する安全確認実施位置の近辺のそれぞれ」と特定するものであるが, その位置
が乗降室の内か外のどちらであるのかは特定されていない。

　本件明細書等の記載によれば, 本発明の第1, 第2, 第4実施形態では, 安
全確認入力手段の配置は, 乗降室内のパレットを挟んだ左右の壁面若しくは床
面であることが記載されている。また, 本発明の第3実施形態では, 全確認入
力手段は, 乗降室内において配置されることを基本とし, モニタとともに, 乗
降室外に設けられた操作盤に組み入れられてもよいことが記載されている。
よって,「安全確認実施位置」は, カメラとモニタを介さずに車両の左右に移動
して直接目視により確認する場合(第1, 第2, 第4実施形態)は, 乗降室内を
意味し, カメラとモニタを介して確認する場合(第3実施形態)は, 乗降室内に
加えて, 乗降室外を意味する。

　したがって, 本件訂正は, カメラとモニタを介さずに車両の左右を直接目視
により確認する場合において, 安全確認実施位置が乗降室外を含むものである
から, 本件明細書等に記載した事項の範囲を超え, 請求項1に係る訂正事項は
新規事項を追加する訂正である, というものである。

▌2．争点

　本件訂正が新規事項の追加に当たるかどうかについて争われた。

▌3．裁判所の判断

　裁判所は, まず, 訂正後請求項1の構成Bは, 安全確認実施位置や安全確認
終了入力手段の位置を乗降室の内とするか外とするかについては何ら定めてい

ないから，乗降室外における目視安全確認も含み得ることは明らかである，と認定した。そして，本件明細書等の記載を検討し，確認者が目視で安全確認を行う実施例1，2，4においては,安全確認終了入力手段は乗降室内に設けられ，確認者がカメラとモニタによって安全確認を行う実施例3においてのみ，安全確認終了入力手段を乗降室の内，外に複数設けてもよいと記載されているのであって，乗降室外で目視を行うことを前提とした実施例の記載はない，と認定した。

しかしながら，裁判所は，「これらはあくまでも実施例の記載であるから，一般的にいえば，発明の構成を実施例記載の構成に限定するものとはいえないし，本件明細書等全体を見ても，発明の構成を，実施例1〜4記載の構成に限定する旨を定めたと解し得るような記載は存在しない。他方，発明の目的・意義という観点から検討すると，安全確認実施位置や安全確認終了入力手段は，乗降室内の安全等を確認できる位置にあれば，安全確認をより確実に行うという発明の目的・意義は達成されるはずであり，その位置を乗降室の内又は外に限定すべき理由はない」と，認定し，本件訂正は新規事項の追加には当たらないと判断した。

4．実務上の指針

訂正後の発明の構成要件Bは，要するに，機械式駐車装置(いわゆる立体駐車場)の安全装置において，利用者が安全を確認する場所(安全確認実施位置)に，安全確認をした際に入力する安全確認終了の入力手段(確認ボタン)を配置するというものである。これに対し，本件明細書の記載に基づいて，この安全確認位置及び確認ボタンの配置が，乗降室内(自動車が上下に移動する室内)に限定されるのか，乗降室外に配置されることも含み得るのかが争われたものである。

明細書の実施例には，モニタを用いずに目視で安全を確認する第1，第2，第4実施形態においては，安全確認位置及び確認ボタンの配置が乗降室内のみしか記載がなく，モニタを用いた第3実施形態のみにおいて，安全確認実施位置及び操作ボタンが乗降室外に配置されることが示唆されていることから，特許庁は，第1，第2，第4実施形態の目視による安全確認実施位置及び操作ボタンが乗降室外である構成を含む訂正後の請求項1は，明細書等に記載した事項の範囲を超え，新規事項を追加する訂正であると認定した。

訂正(補正)が新規事項の追加であるかどうかは，当初明細書等に記載した事項との関係において，新たな技術的事項を導入するものであるか否かにより判断される。ここで，当初明細書等に記載した事項とは，当業者によって，当初明細書等のすべての記載を総合することにより導かれる技術的事項である(H

20.5.30知財高裁平成18年（行ケ）10563参照）。

　本件明細書の記載によれば，本件発明は，乗降室から人が退出していないにもかかわらず，機械式駐車装置が動作する可能性があるという課題に対して，より確実に乗降室から人が退出した後に動作を行い，乗降室内の安全性を確保することを目的としている。そして，安全確認実施位置及び操作ボタンは，乗降室内の安全を確認する位置及び安全を確認した際に入力する手段として記載されている。このため，本件発明の目的や効果によれば，安全確認実施位置は，乗降室内の安全を確認することが可能な位置であればよいこととなる。たしかに，乗降室内の安全確認を行う位置は，乗降室内の方が確実で容易であるが，乗降室外であると，その目的や効果が達成できなくなるとか，課題や効果に対して矛盾が生じるなどの事情はない。そうすると，確認者の安全確認位置や操作ボタンの配置を乗降室内に限定して解釈する理由はない。

　このように，特許請求の範囲の技術的範囲を，必ずしも実施形態に限定する理由はなく，明細書等の記載を総合することにより導かれる技術的事項との関係で，新たな技術的事項を導入しないものであれば，補正や訂正で追加された事項は，新規事項の追加には当たらない。

　なお，当初明細書等のすべての記載を総合することにより導かれる技術的事項を認定する際において，明細書中の「発明が解決しようとする課題」や「発明の効果」（以下「「発明の効果」等」という。）の記載が特に注目され，これに基づいて発明の技術的な意義が認定されることがある。このため，「発明の効果」等に，一部の実施形態に特有な課題や効果のみが記載されていると，これに基づいて本件発明の技術的事項が認定されるおそれがある。仮に，本件明細書の「発明の効果」等において，安全確認実施位置等が乗降室内に配置されることによって解決される課題と効果のみが記載されていれば，これに限定して技術的事項を解し得ると判断され，本件訂正は，明細書等から導かれる技術的事項を超えて，新たな技術的事項を導入するものと認定される可能性もある。このように，明細書中の「発明の効果」等の記載は，明細書等に記載した事項を決定付けるものであり，その点に留意すべきである。一方，進歩性等の判断においては，発明の課題や効果が具体的であるほど，進歩性が肯定されやすくなる場合がある。このため，明細書の実施形態の説明においては，それぞれの構成ごとに，その構成による効果を紐付けて具体的に記載しておくことが望ましいものと思われる。

（山内　輝和）

ナルフラフィン止痒剤事件

判 決 の ポイント	1項参加人は審決取消訴訟において被告適格があるとされた。延長登録において，本件処分の医薬品の有効成分は承認書の記載内容から実質的に判断すべきであり，また，延長登録の一部のみを無効にすることができるとした。
事件の表示	R 3.3.25　知財高裁　令和2年(行ケ)10097
参 照 条 文	特148①　特67④　特67の7①一
Key Word	参加人の被告適格，医薬品の有効成分，延長登録の一部無効

1．事実関係

（1）事件の概要

　原告Xは，発明の名称を「止痒剤」とする特許第3531170号(以下「本件特許」という。)の特許権者であり，本件特許権の存続期間の延長登録を無効とする審決の取消しを求めて，審判における審判請求人Y1及び参加人Y2を被告として，本件訴訟を提起した。

　なお，4件の「医薬品，医療機器等の品質，有効性及び安全性の確保等に関する法律(以下「薬機法」という。)」14条の処分があり，各々対応する延長登録出願に対して4件の審決取消訴訟(R 3.3.25知財高裁令和2年(行ケ)10063，10096，10097，10098)が提起され，同日(令和3年3月25日)に同旨の判決が言い渡された。本稿では，3つの争点すべてを判断している令和3年3月25日の知財高裁判決(令和2年(行ケ)10097)を取り上げる。

（2）本件発明1について

　本件発明1は，「下記一般式(1)で表されるオピオイドκ受容体作動性化合物(フリー体の「ナルフラフィン」等。化学式等の記載省略。)を有効成分とする止痒剤」である。なお，当初の請求項1には，該化合物の薬理学的に許容される酸付加物(「ナルフラフィン塩酸塩」等)も明記されていたが,拒絶理由通知後，酸付加物の記載のない形に補正された。

（3）薬機法14条の処分(以下「本件処分」という。)について

　本件延長登録は，「処分の対象となった医薬品」が「販売名：レミッチカプセル2.5μg，有効成分：ナルフラフィン塩酸塩」，「処分の対象となった医薬品について特定された用途」が「次の患者におけるそう痒症の改善……透析患者(血液透析患者を除く)，慢性肝疾患患者」とする本件処分に基づくものである。

　本件医薬品については，本件処分に先立ち，先行処分1(効能・効果が「血液

透析患者におけるそう痒症の改善(……)」)及び先行処分2(効能・効果が「慢性肝疾患患者におけるそう痒症の改善(……)」)がされていた。

(4) 審決の概要

ア　無効理由1

薬機法上の承認申請を行った本件医薬品の有効成分は「ナルフラフィン塩酸塩」であるのに対し，本件発明1の止痒剤は「一般式(1)で表されるオピオイドκ受容体作動性化合物」を有効成分とするものであって，「ナルフラフィン塩酸塩」を発明特定事項として含んでいない。よって，本件発明の実施に本件処分を受けることが必要であったとは認められない。

イ　無効理由2

慢性肝疾患患者を対象とする場合については，先行処分2によって実施できるようになっていたのであるから，慢性肝疾患患者を対象とする用途については，本件処分を受けることが必要であったとは認められない。

2．争点

①審判に特許法148条1項に基づいて参加していた参加人(以下「1項参加人」という。)の審決取消訴訟における被告適格の有無，②本件発明を実施するために，本件処分を受けることが必要であったか，③延長登録の一部について無効理由があった場合に，当該延長登録の一部のみを無効にすることができるか，の3点について争われた。

3．裁判所の判断

裁判所は，審決のうち，本件「特許権の存続期間の延長登録のうち『処分の対象となった医薬品について特定された用途』が『慢性肝疾患患者におけるそう痒症の改善(……)』との部分を無効とする。」という部分以外を取り消した。

(1) 1項参加人の被告適格について(令和2年12月2日の中間判決にて判示)

裁判所は，特許法148条1項は，「第132条第1項の規定により審判を請求することができる者は，審理の終結に至るまでは，請求人としてその審判に参加することができる。」として，1項参加人が，特許無効審判又は延長登録無効審判に「請求人」として参加することを明記していることから，1項参加人は，特許法179条1項の「請求人」として被告適格を有すると解され，また，1項参加をすることができるのは無効審判を請求できる者に限られ，かつ1項参加人は，特許法148条4項のような規定がなくても，当然に一切の審判手続をすることができるとされていること，被参加人が請求を取り下げても審判手続を続行できるとされ(特148②)，1項参加人が正に「請求人」としての地位を有することを示しており，そのことからしても，1項参加人は被告適格を有するものと解

されるとした。よって，被告Y2は被告適格を有し，被告適格が欠けることを理由とする被告Y2の本案前の抗弁は理由がないとした。

（２）本件発明の実施に本件処分を受けることが必要であったか否かについて

裁判所は，「特許権の存続期間の延長登録の制度は，政令処分を受けることが必要であったために特許発明の実施をすることができなかった期間を回復することを目的とするもの」であるから，この争点について，上記趣旨に照らして判断されるべきであり，その場合における本件処分の内容の認定についても，このような観点から実質的に判断されるべきであって，承認書の「有効成分」の記載内容から形式的に判断すべきではないとし，このように解することは，アバスチン事件（H27.11.17最高裁第三小法廷平成26年（行ヒ）356）の趣旨にも沿うものとした。そのうえで，本件に関しては，医薬品化合物において塩の形態を取る意義，当業者の認識，製造販売承認にあたってされた試験の内容，添付文書やインタビューフォームの記載などを考え併せると，本件処分の対象となった医薬品（以下「本件医薬品」という。）の有効成分は，先行処分に係る製造販売承認書に記載された「ナルフラフィン塩酸塩」と形式的に決するのではなく，実質的には，本件医薬品の承認審査において，効能，効果を生ぜしめる成分として着目されていたフリー体の「ナルフラフィン」と，本件医薬品に配合されている，その原薬形態の「ナルフラフィン塩酸塩」の双方であると認めるのが相当であるとし，「「ナルフラフィン塩酸塩」のみを本件医薬品の有効成分と解し，「ナルフラフィン」は，本件医薬品の有効成分ではないと認定して，本件発明の実施に本件処分を受けることが必要であったとはいえないと判断した審決の認定判断は誤りである」とした。

（３）延長登録の一部について無効理由があった場合に，当該延長登録の一部のみを無効にすることができるか否かについて

裁判所は，「延長登録の一部について無効理由がある場合，……延長登録を全体として不可分と解すべき根拠はなく，延長登録がされた「用途」の一部については，旧特許法67条2項の政令で定める処分を受けることが必要であったとは認められない場合には，その部分のみを無効審判において無効にすることができ，そのようにすべきであると解される。」とし，審決も，「用途」を「慢性肝疾患患者を対象とするそう痒症の改善」とする部分が先行処分によって既に実施できるようになっていたことに基づいて，本件延長登録の一部のみを無効にしたものと解され，その点は是認できるとして，延長登録の一部のみを無効とする判断をした。

4．実務上の指針
（1） 1項参加人の被告適格について
　延長登録無効審判に参加していた1項参加人は，審決取消訴訟における被告適格を有することが示された。特許法179条1項ただし書は，延長登録無効審判のほか，特許無効審判や再審についても対象としているため，1項参加人の被告適格は，これらの審決に対する取消訴訟にも適用されると考えられる。今後は，これらの審判事件への参加については，審決取消訴訟における当事者適格があることも含めて検討する必要がある。

（2） 本件処分の対象となった医薬品の有効成分について
ア　裁判所は，医薬品化合物において塩の形態を取る意義，当業者の認識，製造販売承認にあたってされた試験の内容，添付文書やインタビューフォームの記載などを考慮したうえで，本件医薬品の有効成分は，承認書に記載された「ナルフラフィン塩酸塩」と形式的に決するのではなく，実質的に判断するとした。現在の特許・実用新案審査基準第IX部第2章3.1.1では，「特許発明における発明特定事項と医薬品類の承認書又は農薬の登録票等に記載された事項とを対比した結果，本件処分の対象となった医薬品類又は農薬が，いずれの請求項に係る特許発明についてもその発明特定事項のすべてを備えているといえない場合は，審査官は，拒絶理由を通知する」と記載されており，承認書等の記載内容から，どの程度実質的な判断をするべきかについて示されておらず，本判決確定後には，本判決を踏まえての検討が必要であり，医薬品の有効成分を判断するにあたっての実務上の影響は大きいと思われる。
イ　一方，本件においては，「ナルフラフィン塩酸塩」は，その事情はさておき，当初請求項に記載されていたものが，拒絶理由通知後に，補正書によりそれが包含されない形（フリー体のみ）に補正されている。その点，本判決においても，本件発明について，「（ただし，一般式（I）で示される化合物の酸付加塩を有効成分とする止痒剤が本件発明の技術的範囲に属するかについては……争いがある。）」と認定しているものの，本件発明の技術的範囲については判断を示していない。本件当事者間では，別途特許権侵害訴訟事件が継続しており，本件発明の技術的範囲（「有効成分とする」の意義）と，承認書における「医薬品の有効成分」についての整合性のとれた判断が待たれる。

（3） 延長登録の一部に無効がある場合について
　延長登録の一部について無効理由がある場合，延長登録を全体として不可分と解して無効とすべき根拠はなく，「用途」の一部について無効にできることが示された。用途ごとに延長登録の充足性を検討することが必要である。

（濱田　百合子）

■グループリーダーの付言

特許・実用新案審決取消訴訟（機械）グループリーダー
弁理士　今堀　克彦（いまほり　かつひこ）

秀和特許事務所　パートナー（実務経験19年）
機械・制御分野を中心とした特許実務に数多く携わっており，特許実務を見据えた判例研究を行っている。また，判例70選の運営にも長く携わっている。

　コロナ禍が2年目となり，最近は，感染状況が落ち着いてきてはいるものの，まだ今後のことは分からない状況に置かれています。コロナ禍前を思い返すと，それまで当然に行っていた実務についても，その遂行プロセスや環境が大きく変化してしまいました。弊所では，紙包袋を用いて案件の管理を行っていましたが，今では完全に電子包袋に切り替え，紙包袋の利用は実質ゼロになっています。以前に電子包袋への切替えを検討したこともありましたが，紙包袋からの変化を嫌う意見も少なくはなく，なかなか切り替えられずにいました。しかし，今回のコロナ禍を機に，完全ペーパーレス化も含め，実務環境を大きく変えることを決断しました。変えてみたら，住めば都，弊所メンバーの努力もあり，想定はしていなかった多くの相乗効果が生まれ，これまで解決できずにいた問題が一歩ずつですが解消されつつあります。

　まだコロナ禍は終息していませんが，今回のコロナ禍をあえてポジティブにとらえるならば，これまで当然と思っていたことに対する再定義の機会をもたらしてくれたと考えています。再定義とは，対象となるものが，改めてどのようなものなのか見つめ直すことになりますが，多くの場合，現状維持バイアスもあり，少しの見直しで満足しがちです。しかし，コロナ禍は，我々の業務に対してあまりにも広範囲に影響を及ぼしたため，小手先の対応をするのではなく，全体を根本から考え直す方向に動機づけられ，結果としては，効果的な再定義ができたと感じています。

　弁理士として，顧客企業から様々な知財案件の相談が持ち込まれるわけですが，改めて振り返ると，知財はこういうもの，知財に関連する業務はこういうものという当然の思い込みがあったように思います。言葉では，知財は企業の経済活動に様々な利益をもたらすものであり産業の発展に寄与するものであると言いながらも，自分ではそのために十分に思考を巡らせてきたのか，反省すべき点が多々あったのではないかと思います。希望を込めて今後のコロナ禍後の弁理士の業務を考えようとするとき，しがらみや思い込みに捕らわれることなく，自由で弾力的な発想で，知財を生かすスペシャリストとしての弁理士がどうあるべきかを考えていきたいと感じています。

　折しも，コーポレートガバナンスコードでの知財への言及等，知財を活用していこうとする機運も出てきています。知財をどのように活用していくのか，そのために弁理士はどのように動くべきなのか，我々の業務の再定義を行うにはいい時期ではないでしょうか。

▌グループリーダーの付言

特許・実用新案侵害訴訟(化学)グループリーダー
弁理士　濱田 百合子(はまだ ゆりこ)

(特定侵害訴訟代理付記登録)
特許業務法人栄光特許事務所　代表(実務経験35年超)
化学系分野を中心とした特許実務に長年携わり，2006年から3年間，東
京地方裁判所知財調査官に任官し，化学系の特許侵害訴訟を担当する。
2014年から産業構造審議会特許制度小委員会審査基準専門WGの委員を
務め，その他，知財関連の執筆・講演等を継続的に行っている。

　本年度は，典型的な化学系特許権侵害訴訟事件として取り上げるべき事件は少なく，
クレーム解釈の事件として，エクオール含有大豆胚軸発酵物事件(R2.6.24, p180)を取り
上げた。本件は既に東京地裁で「大豆胚軸発酵物」の解釈に関して，本件明細書の記載から，
被告製品の「大豆胚軸抽出物の発酵物」は技術的範囲に含まれないと判断されており，控
訴審において，相違するとしても均等侵害であると新たに主張したものの，明細書におい
て当該抽出物は除外されるごとき記載がある以上，本質的部分でないとは言えないと
して均等が認められなかったものである。明細書における課題の記載には十分な留意が
必要であると考える。

　一方，本年度も医薬系発明に関し興味深い訴訟事件があり，ウイルス療法事件(R2.7.22,
p164)では，原告特許発明の技術的範囲に属するウイルス(ただし，原告開発中のウイル
スとは異なる変異ウイルス)を含む治療剤の臨床試験が，特許法69条1項の「試験又は研
究のためにする特許発明の実施」であり，本件特許権の侵害ではないと判断された。後発
医薬品の臨床試験に限られず認められた点で意義は大きいが，実際には事案ごとに発明
の保護と利用のバランスを比較考量して判断されていくことになろう。今後の判例の蓄
積が待たれるところである。また，特許権持分一部移転登録手続等請求控訴事件(R3.3.17,
p286)は，発明者の認定が争点であり，「特許請求の範囲の記載によって具体化された特
許発明の技術的範囲(技術的課題及びその解決手段)を着想し，又は，その着想を具体化
することに創作的に関与したことを要する」と判断された。該判決によれば，発明者の認
定に関しては，公知技術との対比において誰が何を着想し，又はその着想の具体化に誰
がいかに創作的に関与したかという観点から判断していくことになろう。

　他に取り上げた2件は，化学系事件であることとは直接関係しないが，多環性カルバ
モイルピリドン誘導体許可抗告事件(R3.4.14, p294)は，侵害訴訟事件の被告訴訟代理人
の事務所に，相手方(原告)の組織内弁護士として所属していた他の弁護士が在籍してい
る(その後すぐに退職)ことを理由に，原告が該訴訟代理人の訴訟行為の排除を求めた事
件であり，弁理士倫理における利益相反や情報遮断装置(チャイニーズ・ウォール)の考
え方についての参考となる。また，特許実費等請求控訴事件(R3.1.14, p290)は，特許の
実施許諾等に係る契約における契約条項や用いる文言の正確性等についての参考となる。

■グループリーダーの付言

意匠グループリーダー
弁理士　森廣　亮太(もりひろ　りょうた)

特許業務法人秀和特許事務所　勤務
国内外の主に特許(機械，制御)に関する権利化業務について多数携わっている。また，日本弁理士会意匠委員会に継続的に参加している。

　画像意匠，建築物の意匠，内装の意匠について，出願件数，登録件数が伸びているようである(注1)。画像意匠については，法改正により，物品から独立した画像自体が保護対象として認められることになった。IoT等の新技術の普及に伴うGUI等の発展等を背景として，多くの企業が開発に資本を投下している現状が，数字に表れているように思われる。また，建築物の意匠，内装の意匠についても，そのデザイン性をブランド価値の創出において重視する企業では，高い関心を持っていることが伺える。これらの意匠権が，今後のブランド価値の保護においてどのような存在感を示すのか，今後の出願や判決等の蓄積は待たれるものの，例えば，これまでの不正競争防止法等による対応とは異なる，周知性等を備えない段階での先手を打った対応など，新たな可能性への期待が高いものと思われる。

　「組立家屋事件」は，組立家屋の意匠件侵害について判断された事例であり，実務的に注目度の高い判決と思われる。この判決において，組立家屋と建築物との間における「物品」についての解釈が示された点は，実務上，注目すべきポイントになるであろう。審査基準においても，組立家屋と建築物(住宅)は類似と判断されることになっている。また，権利行使の実効性の部分についても，特に建築物に対する権利行使の際の問題点を改めて浮き彫りにした事案であるように思われる。建築業界や内装業界は，これまで特許や商標を意識することはあったとしても，意匠を意識することはほとんどなかった業界であるように思われる。そもそもの意匠法の理解に加え，新しい意匠を踏まえた，意匠と特許のミックス，意匠と商標のミックスについて，知財戦略を見直す必要性が特に高い業界と思われる。

　「データ記憶機控訴事件」は，意匠の要部認定の組み立て方について参考になる。関節侵害についても判示されており，こちらも参考にしたい。「自動精算機控訴事件」は，登録可能性を高めることと，権利範囲を広げることとが互いに相反する関係となること，それを踏まえて出願戦略(関連意匠の利用など)を練るべきことを示唆する事例と思われる。
(注1)
https://www.jpo.go.jp/system/design/gaiyo/seidogaiyo/document/isyou_kaisei_2019/shutsugan-jokyo.pdf

■グループリーダーの付言

特許・実用新案侵害訴訟（電気）グループ・著作権グループリーダー
弁理士　奥川　勝利（おくがわ　かつとし）

黒田国際特許事務所　勤務（実務経験25年）
弁理士クラブ判例研究部会　副部会長
同研究部会の設立当初来16年間，知財関連の裁判例についてのサーチ・
研究を継続的に行っており，また，毎年，知財判決を紹介する弁理士向
け研修の講師を務めています。

1．特許・実用新案侵害訴訟（電気）グループ

本年度は，新型コロナウイルスの影響により，裁判所での裁判手続きの進行が遅れ，最初の緊急事態宣言が発出されたときの令和2年4月の判決は0件（裁判所HP掲載分のみ）でしたし，年間を通じての判決数は例年よりも大きく下回りました。そのような状況だったことから，当グループに属する電気系技術の訴訟の判決数も例年より少なく，特許権侵害訴訟の判決に限れば，本書への掲載判決数は3件にとどまっております。なお，本年度では，期間徒過を争った判決について2件掲載しております。そのうちの1件目は，特許料の追納期間内に特許料等を納付できなかった事例（「化粧料用容器事件」（R2.7.22知財高裁令和2年（行コ）10002））です。2件目は，国内書面提出期間内に明細書等の翻訳文を提出できなかった事例（「手続却下処分取消等請求事件」（R2.8.20東京地裁令和元年（行ウ）527））です。いずれの事例も，あらためて期限管理の重要性を思い直すきっかけになると思います。

2．著作権グループ

ここ数年の著作権関連の事件は，インターネットやSNSなどのネットワーク上のデジタルコンテンツに関わる事件が多くなってきています。特に，本年度は，『Twitter』によるリツイート行為が氏名表示権を侵害する旨の最高裁判決（「リツイート事件」（R2.7.21最高裁第三小法廷平成30年（受）1412））が注目されています。この最高裁判決は，著作者人格権の一つである氏名表示権の侵害に関しては著作権（支分権）に係る著作物の利用を要しないとしているため，安易なリツイート行為が氏名表示権を侵害してしまう可能性が高まり，『Twitter』が広く普及している現在において大きな影響を与えるものと思われます。

また，以前から注目されている，音楽教室における教師や生徒の演奏行為が著作権侵害であるか否かが争われた事件について，知財高裁判決（R3.3.18知財高裁令和2年（ネ）10022）が出されました。こちらも，本書に掲載されております。

また，近年の著作権関連事件は，漫画やアニメなどの日本が誇るコンテンツに関わる事件も多くなっています。本年度は，このような事件を3件ほど本書に掲載しており，いずれの事件も判決内容に注目すべき点が含まれていますので，ぜひご一読ください。

以上

第2章
商標

空調服事件

判　決　の ポ　イ　ン　ト	指定商品を第25類「通気機能を備えた作業服・ワイシャツ・ブルゾン」として「空調服」の文字を標準文字で表す商標について，商標法3条1項3号（品質表示）に該当するが，使用した結果需要者が原告らの業務に係る商品であることを認識できるとして，商標法3条2項に該当するとされた。
事件の表示	R3.2.25　知財高裁　令和2年（行ケ）10084
参 照 条 文	商3①三　商3②
Key Word	自他商品識別力，使用による識別力

1．事実関係

（1）手続の経緯

　原告A及びB（以下まとめて示す場合は「原告ら」という。）は，第25類の指定商品において「空調服」の文字を標準文字で表す商標（以下「本願商標」という。）について，平成28年3月18日に商標登録出願し（商願2016-30424），拒絶査定を受けたので，これに対する不服の審判を請求し，指定商品を第25類「通気機能を備えた作業服・ワイシャツ・ブルゾン」に補正した。これに対し，特許庁は，「本件審判の請求は成り立たない。」との審決（以下「本件審決」という。）をした（不服2017-14295）。そこで，原告らは，本件審決の取消しを求める本件訴訟を提起した。

（2）審決の概要

　本願商標は，商標法3条1項3号に該当し，同条2項の要件を具備しないから，商標登録を受けることができない。

2．争点

　商標法3条1項3号該当性及び同条2項該当性が争われた。

3．裁判所の判断

　裁判所の具体的な判断は以下のとおりである。

（1）商標法3条1項3号該当性について

　「空調服」は，「室内の空気の温度・湿度・清浄度などの調節」を意味する「空調」の語及び「身につけるもの」等を意味する「服」の語から構成されるところ，「空調」の語は，「室内の空気」について用いられるものであるから，それが「服」の

語と結びつけられた「空調服」の意味内容を，本来の字義から直ちに理解することには一定の困難がある。

もっとも，「服の内側」を「室内」と同様の空間であるとみて，「服の内部の空間」にある空気の温度・湿度・清浄度などの調節に関する服であると理解することも，相応に可能であるといえる。

また，「空調」と同義語である「エア・コンディショニング」，特にその略語である「エアコン」について，日常的には，「冷暖房設備」や電気式の「冷暖房機器」の意味で用いられることが多いことや，「服」が末尾に来る名詞において，一般に，「服」に先立つ語が当該服の用途（作業服，潜水服，礼服，喪服など），当該服が用いられる環境（夏服，冬服，宇宙服など），当該服を着用する者の性質（学生服など）のほか，当該服の特徴（気密服など）を表すことも公知の事実である。それらの点を考慮すると，「空調服」の語については，「冷暖房に関する用途や特徴を有する服」という意味合いを容易に認識させるものであるということができる。

そうすると，本件審決時である令和2年4月30日の時点において，本願商標「空調服」は，本願指定商品に使用されるときは，「通気機能を備えることにより，空気の温度等を調節する機能を有する服」と認識されるから，商品の品質を表示する標章に当たるということができる。

そして，本願商標は，「空調服」のみからなり，「空調服」の語を標準文字で記すという，普通に用いられる方法で表示する商標であるから，商標法3条1項3号に該当するというべきである。

（2）商標法3条2項該当性について

原告らの商品「空調服」は，原告ら代表者の発案により原告Aが開発したもので，原告Bが「空調服」の販売を本格的に開始した平成17年当時，「空調服」のほかに電動ファン付きウェアは存在せず，「空調服」は，極めて独自性の強いものであった。そして，平成17年当時，他に例のない形態で，これを目にした者に強い印象を与えるものであったと解される。また，上記のように，「空調服」の語の意味内容を，本来の字義から直ちに理解することには一定の困難があり，電動ファン付きウェアという商品分野がいまだ存在しなかった当時においては，「空調服」という語の構成も，強い独自性を有していたということができる。そうすると，「空調服」という商品やその「空調服」という名称は，強い訴求力を有していたといえる。

上記の事情に加えて，電動ファン付きウェアという商品分野において，平成27年頃まで約10年間は，原告ら等によって市場は独占されていたことや販売などに関する諸事情，特に，「空調服」が原告らの商品を指すものとして，全国紙を含む新聞や雑誌及び全国放送の番組を含むテレビ番組でも多数回にわたって

同様に取り上げられたこと，建設会社等に導入されたことなどを踏まえると，平成27年頃までには，「空調服」は，「通気機能を備えた作業服・ワイシャツ・ブルゾン」という商品分野において，原告らの商品として，需要者，取引者に全国的に広く知られるに至っていたものと認めるのが相当である。

　その後，平成27年頃から他社が電動ファン付きウェアの市場に参入するようになり，新聞記事やネットショッピングサイト等において電動ファン付きウェアを示す語として「空調服」の語が用いられることもあったが，原告らの商品「空調服」が上記のとおり広く知られていたために同種の商品を「空調服」と呼ぶ例が生じたと認められる。そして，①平成28年以降における電動ファン付きウェアの市場の拡大や原告らの商品の販売等の状況に係る諸事情，特に，平成28年以降においても，「空調服」が原告らの商品を指すものとして，又は電動ファン付きウェアの元祖が原告Bの「空調服」であるとして，全国紙を含む新聞や雑誌及び全国放送を含むテレビ番組等においても多数回にわたり取り上げられ，原告Bによる広告もいろいろな形態で行われ，企業における「空調服」の導入例も拡大してきたことなどの事情，②「空調服」以外に「ファン付き作業服」などの一般的な用語が用いられていること，③電動ファン付きウェアの他のメーカーにおいては，「空調服」とは異なる商品名やブランド名で販売活動を行っていること，④多くの他業者の参入があっても，なお，平成30年及び令和元年（平成31年）の時点において，原告ら等による「空調服」は電動ファン付きウェアの3分の1程度のシェアを占めていることを考慮すると，「空調服」は，原告らの商品の出所を示すという機能を失うことなく，その認知度を高めていったものと認めることができる。

　したがって，本件審決時である令和2年4月30日の時点において，本願商標「空調服」は，使用をされた結果，本願指定商品の需要者，取引者が，原告らの業務に係る商品であることを認識することができるものであるから，商標法3条2項に該当するというべきである。

▌4．実務上の指針

　商標法3条1項3号から5号に該当する商標であっても，「使用をされた結果需要者が何人かの業務に係る商品又は役務であることを認識することができる」に至った場合には，商標登録を受けることができる（商標法3条2項）。

　商標審査基準は，商標の使用状況に関する事実について，「商標の使用数量（生産数，販売数等），使用期間及び使用地域」や「広告宣伝の方法，期間，地域及び規模」などを量的な側面から把握し，それによってその商標の需要者の認識の程度を推定し，識別力の有無を判断するものとなっている。

　本件では，提出された証拠に基づき，①原告らが電動ファン付きウェアの市

場のパイオニアであること，②以来10年近くにわたって市場を独占していたこと，③他社参入後も3分の1程度のシェアを占めていたこと，などが考慮され，識別力を獲得していると認められている。このことは，識別力獲得の判断の目安が示されたので，参考になる。

　また，本件においては，識別力獲得の立証のための証拠について，主に以下の点で特許庁（被告）と知財高裁とで評価が分かれており，参考になる。

　1）特許庁は，「原告らが主張する市場シェアは，メーカー各社の自己申告に基づいて集計が行われているもので，集計方法等が明らかでないため推計にすぎず十分に客観的信頼性が担保されたものといえない」と主張したのに対し，知財高裁は，「専門誌の内容は，「当該業界の購読者が参考とするに足りる信用性を有しているものと認められるから，その記載に基づいて原告商品の市場シェアを認めることができる」として，専門誌に掲載された市場シェアが識別力獲得を示す証拠として参考になり得るとの見解を示した。また，知財高裁は，「専門誌に多くの広告が掲載されていることは，「空調服」の特別顕著性を裏付ける事情であるといえる」とも指摘した。このことは，全国規模の新聞への掲載は少なく，ほとんどが発行部数等が多くない専門誌や地方紙に掲載されたものであっても，識別力を獲得した証拠として利用し得ることを示しており，このような媒体への掲載も積極的に証拠収集するよう留意すべきである。

　2）特許庁は，「展示会において，本願商標がどのように使用され，どのように来訪者の目に触れたのか，具体的な展示状況は不明である」と指摘したのに対し，知財高裁は，「商品を来場者に訴求する場である企業の展示会において，原告らが，「空調服」の表示を行わないなどということは，経験則上，考え難い」との見解を示した。とはいえ，普段から展示会などへの出展の際には，商標の実際の使用状況を証拠として残しておくことが望ましい。

　3）特許庁は，「テレビ番組における原告らの商品の紹介について，紹介されたテレビ番組の視聴率も不明である」と指摘したのに対し，知財高裁は，「テレビ番組等には，その名が広く知られている著名な番組が含まれていることは公知の事実であり，視聴率まで立証することが必要とされるとはいえない」との見解を示した。

　本願商標は，不服審判の請求時にその指定商品を一般的な商品（「被服」など）から限定する補正を行っている。これにより，ニッチな商品として需要者層が絞られ，その結果，上述の専門誌が証拠として考慮されたとも考えられる。このように，戦略的に需要者層が絞られたことで，商標法3条2項の主張を有利にし，「全国的に認識されている」（商標審査基準）との要件がクリアされたと思われ，参考になる。

（黒瀬　勇人）

CORE ML事件

判　決　の ポ　イ　ン　ト	本願商標は「CORE ML」の欧文字からなるところ，本願商標から「CORE」の部分を抽出することは許されず，本願商標全体と引用商標を対比すべきである。よって，本願商標は引用商標1「CORE」，引用商標2「コア」と類似せず，商標登録を受けることができるとした。
事件の表示	R 2.5.20　知財高裁　令和元年(行ケ)10151
参　照　条　文	商4①十一
Key Word	商標類否，結合商標，分離観察

1．事実関係

　原告は本願商標について商標登録出願(商願2017-145606)をしたところ，拒絶査定を受けた。そこで拒絶査定に対する不服審判(不服2019-1895)を請求したが，本願商標は引用商標1及び引用商標2と類似し商標法4条1項11号に該当するから商標登録を受けることができないとして，請求は成り立たない旨の審決がなされた。原告は上記審決の取消しを求める本件訴訟を提起した。

（1）本願商標

　「CORE ML」の欧文字を標準文字で表したものである。「CORE」と「ML」の文字の間に1文字分の空白があり，両文字を組み合わせたものと容易に看取，把握されるものである。第9類「アプリケーション開発用コンピュータソフトウェア，他のコンピュータソフトウェア用アプリケーションの開発に使用されるコンピュータソフトウェア，コンピュータソフトウェア」を指定商品とする。

（2）引用商標1

　「CORE」の欧文字を標準文字で表したものである。第9類「加工ガラス(建築用のものを除く。)，写真機械器具，映画機械器具，光学機械器具，測定機械器具，電池，電子応用機械器具及びその部品，眼鏡，レコード，メトロノーム，電子楽器用自動演奏プログラムを記憶させた電子回路及びCD-ROM，インターネットを利用して受信し，及び保存することができる音楽ファイル」を指定商品とする(登録第5611369号)。

（3）引用商標2

　「コア」の欧文字を標準文字で表したものである。指定商品は引用商標1と同じである(登録第5611370号)。

2．争点

本願商標が引用商標１及び引用商標２と類似するか否かが争われた。

3．裁判所の判断

（1）「CORE」の語について

「CORE」の語には「ものの中心部，中核，核心」，「マイクロプロセッサのコア」，「訴外Ａの商品であるCOREシリーズ」，「一部のオペレーションシステムでプログラムが不正に終了したとき，メモリの内容をまるごと保存したファイル（コアファイル，コアダンプ）」等の多様な意味がある。多くのコンピュータ関連の用語辞典等には，「CORE」や「コア」の項目が掲載されていない。

「CORE」の語を本件指定商品「コンピュータソフトウェア」に使用した場合，コンピュータハードウェアを意味する「マイクロプロセッサのコア」やコンピュータハードウェアの商品名「訴外Ａの商品であるCOREシリーズ」を意味すると認識されない。

「コアファイル」や「コアダンプ」も一部のオペレーションシステムで用いられている用語にすぎないため，「CORE」の語は「コアファイル」や「コアダンプ」を意味するとも認識されない。

したがって「CORE」の語を本件指定商品に使用した場合，一般の辞書に掲載されている意味のどれとも認識されないか，認識されるとしてもせいぜい「中心部，中核，核心」という意味と認識されるにすぎない。

（2）「ML」の語について

「ML」の語には，「マシーンラーニング（Machine Learning）」，「マークアップ言語（Markup language）」，「メーリングリスト（mailing list）」の略語という意味がある。

①マシーンラーニング（Machine Learning）という意味について

（イ）本件訴訟において一般的な辞書に「ML」の項目が存在することの証拠が提出されていない。（ロ）「ML」の語が「マシーンラーニング（Machine Learning）」の略語として使用された例が一定数ある。しかし，それらの使用例では，必ず「機械学習」という語が共に使用されている。（ハ）「ML」の項目があるコンピュータ関連の用語辞典と，同項目がない用語辞典がある。同項目がある用語辞典では，「ML」の語は「メーリングリスト」の意味であると説明されている。上記（イ）〜（ハ）の事実によると，「ML」の語が何らの説明もなく使用された場合に「マシーンラーニング（Machine Learning）」の略語を意味すると認識されない。

他方，ブランド名と「ML」の語を結合し，「ML」の語を「Machine Learning」として用いる例がある。しかし，「CORE」のみでは本件指定商品との関係ではブランド名とは認められないため，上記の例を根拠に本願商標の「ML」の語が

「Machine Learning」と認識されると認めることもできない。

②マークアップ言語(Markup language)という意味について

「ML」の語を「マークアップ言語」を意味するものと説明しているコンピュータ関連の用語辞典は存在しない。「ML」の語が「マークアップ言語」の略語の意味として使用されている例は，「SGML」，「XML」，「HTML」のみである。したがって，本件商標において「ML」の語は「マークアップ言語」の略語と認識されない。

③メーリングリスト(mailing list)という意味について

IT用語辞典e-Wordsに「ML」の語が「メーリングリスト(mailing list)」の略語の意味を有すると記載されているが，他の証拠が提出されていないため，「ML」の語は「メーリングリスト(mailing list)」の略語とも認識されない。

（3）小括

本件商標を本件指定商品に使用した場合に，「ML」の語から何らかの観念が生じると認めることはできない。

（4）結論

本願商標が本件指定商品に使用された場合，「CORE」の語からは，せいぜい「中心部，中核，核心」といった一般的な意味が認識されるにすぎない。「CORE」の部分が出所識別標識として強く支配的な印象を与えるということはできない。また「ML」の語から特定の観念が生じることはなく，「ML」の部分が「CORE」の部分に比べて特段出所識別標識としての機能が弱いということもできない。

本願商標の「CORE」と「ML」の各語は，いずれも同じ大きさの標準文字で構成されており，その間に1文字開いているだけである。そのため，両者が別個独立の商標と認識されるものではない。さらに本願商標は一連に発音される。したがって，本願商標と引用商標を類否判断するにあたり，本願商標全体と引用商標を対比すべきであり，本願商標から「CORE」の部分を抽出して引用商標と対比し，両商標の類否を判断することは許されない。

本願商標の「CORE ML」の「CORE」の部分と引用商標1の「CORE」及び引用商標2の「コア」は，「中心部，中核，核心」といった観念が生じる点で観念を共通することがある。しかし，本願商標と引用商標1，2とは，称呼と外観が異なり，称呼の差異は大きいことからすると，本願商標は引用商標1，2のいずれとも類似していない。

4．実務上の指針

本件商標は「CORE」と「ML」の各文字を組み合わせた結合商標である。

この結合商標の類否判断をする際，全体観察をするか又は分離観察をするかが問題になる。本判決では「複数の構成部分を組み合わせた結合商標と解され

るものについて，商標の構成部分の一部を抽出し，この部分だけを他人の商標と比較して商標そのものの類否を判断することは，その部分が取引者，需要者に対し商品又は役務の出所識別標識として強く支配的な印象を与えるものと認められる場合や，それ以外の部分から出所識別標識としての称呼，観念が生じないと認められる場合などを除き，原則として許されないというべきである（最高裁昭和37年（オ）第953号同38年12月 5 日第一小法廷判決・民集17巻12号1621頁，最高裁平成 3 年（行ツ）第103号平成 5 年 9 月10日第二小法廷判決・民集47巻 7 号5009頁，最高裁平成19年（行ヒ）第223号同20年 9 月 8 日第二小法廷判決・裁判集民事228号561頁）。」との基準を用いている。

　本判決は「CORE」と「ML」の各構成部分の出所識別機能の強弱がポイントであり，その強弱を判断するために，主として「CORE」と「ML」の各構成部分の観念を用いている点がポイントである。

　この各構成部分の観念の認定には，①一般の辞書，②指定商品に関係する用語辞典，③各構成部分の言葉の実際の使用例を用いている。

　実務上，結合商標の各構成部分の観念を把握するために①の一般の辞書の意味内容を確認することはもちろんであるが，それに留まらずに②の専門的な用語辞典の意味内容の確認を疎かにしてはならないことを本判決は示唆している。本判決では，専門的な用語辞典に掲載されていない「CORE」の単語を出所識別機能として強く支配的な印象を与えないと認定し，少数の用語辞典に掲載されているにすぎない「ML」の用語を特定の観念が生じないと判断しているからである。この判決によれば，一つの専門的な用語辞典を確認するだけでは足りず，複数の専門的な用語辞典を確認する必要があることもわかる。

　本判決では「ML」の語が近年活発に技術開発されている「マシンラーニング」を意味するか否かが問題となったが，このような新しい技術分野の用語は辞書に掲載されるまでに時間がかかり，辞書に掲載されていないことが多い。

　そのため，このような新しい技術分野では特に③の実際の使用例の確認が重要となる。本判決では「ML」の語が「マシーンラーニング（Machine Learning）」の略語として使用されている事実を認めつつも，その使用の際に必ず「機械学習」という語が用いられているとしているため，「ML」の語が何の説明もなく使用された場合，「マシーンラーニング（Machine Learning）」の略語を意味するとはいえないとしている。実際に使用例において，日本語の訳文が記載されていなくても意味を認識できるかどうかがメルクマールになりそうである。

（永井　望）

寿司ざんまい事件

判 決 の ポ イ ン ト	図形と文字との結合商標である本件商標から，下段の文字の「寿司ざんまい」部分を要部として抽出して引用商標との類否が判断できるとして，引用商標と類似すると判断された。
事件の表示	R３.２.９　知財高裁　令和２年（行ケ）10108
参照条文	商４①十一
Key Word	商標の類否，結合商標，商標の要部，無効審判

1．事実関係

（1）手続の経緯

　原告は，第30類「すし」を指定商品とする商標（登録第5607230号。以下「本件商標」という。）の商標権者である。被告は，第30類「すし」及び第43類「すしを主とする飲食物の提供」を指定商品・指定役務とする商標（登録第5003675号。以下「引用商標１」とする。）及び第30類「すし，すしを主とするべんとう」及び第43類「すしを主とする飲食物の提供」を指定商品とする商標「すしざんまい」（標準文字商標）（登録第5511447号。以下「引用商標２」とする。）の商標権者である。被告は，本件商標は両引用商標に類似するとして商標法４条１項11号に基づく商標登録無効審判を請求したところ（無効2018-890007），特許庁は，本件商標を無効とする審決を下した。原告は，同審決を不服として審決取消訴訟を提起した。

[本件商標]

[引用商標１]

（2）審決の概要

　本件商標と引用商標とは，全体の外観において相違するとしても，本件商標の要部といい得る「寿司ざんまい」部分と引用商標１の要部である「すしざんま

い」部分及び引用商標2とは似通った印象を与えるものであり，また，本件商標と引用商標とは，「スシザンマイ」の称呼を共通にし，観念においても同一であるから，両者の外観，観念，称呼によって取引者，需要者に与える印象，記憶，連想等を総合して全体的に考察すると，本件商標と引用商標とは互いに相紛れるおそれのある類似の商標と判断するのが相当である。

2．争点

　本件商標と引用商標との類否判断について争われた。特に，本件商標から「寿司ざんまい」部分を要部として抽出し引用商標との類否を判断できるか否かが争点となった。

3．裁判所の判断

　裁判所は，複数の構成部分を組み合わせた結合商標と解されるものについて，「商標の構成部分の一部が取引者，需要者に対し商品又は役務の出所識別標識として強く支配的な印象を与えるものと認められる場合」や，それ以外の部分から出所識別標識としての称呼，観念が生じないと認められる場合のほか，「商標の各構成部分がそれを分離して観察することが取引上不自然であると思われるほど不可分的に結合しているものと認められない場合」には，その構成部分の一部を抽出し，当該部分だけを他人の商標と比較して商標の類否を判断することも許されるというべきである，との判断基準を示した（リラ宝塚事件（S38.12.5最高裁第一小法廷昭和37年（オ）953），SEIKO EYE事件（H5.9.10最高裁第二小法廷平成3年（行ツ）103），つつみのおひなっこや事件（H20.9.8最高裁第二小法廷平成19年（行ヒ）223））。

　そして，本件商標の魚図形部分はイラスト風の絵であり，上段の「宅配専門」部分及び下段の「寿司ざんまい」部分は文字から構成され，それらの表示態様は異なること，「宅配専門」部分と「寿司ざんまい」部分は，書体，大きさ，色が異なること，「宅配専門」部分は，その意味内容，書体及び文字の大きさから，指定商品である「すし」の販売方法を説明したものと認識されるものと認められることからすると，「宅配専門」部分，「寿司ざんまい」部分及び魚図形部分は，これらを分離して観察することが取引上不自然であると思われるほど不可分に結合しているとは認められないとした。また，「寿司ざんまい」部分は，「すしざんまい」との称呼が容易に生じるものであり，「宅配専門」部分や魚図形部分に比較して，ひときわ大きく，また，色及び書体も目立つものであり，文字の配置も特徴的であること，一方，「宅配専門」部分は，指定商品の販売方法を説明したものであること，魚図形部分は，本件商標の指定商品である「すし」の原料となる魚をイラスト風に描いたものであることからすると，「寿司ざんまい」部

分が，取引者，需要者に対し商品の出所識別標識として強く支配的な印象を与えるとした。

　以上の理由から，本件商標から「寿司ざんまい」部分を要部として抽出し引用商標との類否を判断できるとした。そして，引用商標1については「すしざんまい」部分を要部として抽出することができ，本件商標と引用商標1とは，その要部において，称呼及び「一心不乱にすしを食するさま」という観念が同一であり，外観も「ざんまい」の文字を含み，筆文字風に書かれている点で共通していることから，両商標は類似するとした。

　また，本件商標と引用商標2についても，本件商標の要部と引用商標2とは，称呼及び観念が同一である上，外観も「ざんまい」の文字を含む点で共通することから，両商標は類似するとした。

■ 4．実務上の指針

　（1）結合商標の類否判断では，実務上，「段」が異なれば，全体の称呼のほかに，一段ずつの称呼を検討する。上下合わせた観念が生じる場合，上段と下段の文字やデザインが統一されている場合，外観上上段と下段が不可分一体で分離できない場合等では，上段下段合わせた全体の称呼のみが生じるとの主張が認められやすい傾向にある。本判決では，本件商標から下段の図形部分を除いた文字の「寿司ざんまい」部分が要部抽出でき，当該部分から単独で称呼が生じるものと判断された。

　（2）本事案のように，先願先登録商標の商標権者が，後願の登録商標に対して，商標の構成の一部（要部）が類似するとして商標法4条1項11号に基づく無効審判等を請求する際に本判決で示された判断基準が実務上の指針として参考になる。すなわち，無効審判等の請求人が，請求対象となる登録商標について，本判決の要件に該当することを効果的に主張できれば，商標の構成の一部が要部抽出され，結果として，無効審判等が成功に至る可能性が高くなる。

　（3）ところで，原告（無効審判の被請求人）は，本件商標のうち一見すると最も目立つ「寿司ざんまい」部分について，「一心不乱に事をする（寿司を食する）さま」という記述的な観念が生じるから，自他商品識別機能を有しないとの主張をしている。

　本判決では，この主張は認められなかったが，仮に「寿司ざんまい」部分が自他商品識別機能を有しないことが認められれば，出所識別標識としての称呼，観念が生じないと認められる場合に該当するため，「寿司ざんまい」部分が要部とならず，判決の結果が変わることも考えられ得る。原告の主張から，外観上目立つ部分であっても，自他商品識別機能の観点から引用商標と共通する部分の要部抽出が回避できる余地がないか検討することの重要性が示唆される。

　（4）また，結合商標の出願を検討する際にも，本判決で示された判断基準を指針とした充分な先行調査をすることで，将来的に起こり得るリスク（商標が拒絶・無効になるなど）を可能な限り低減させることができるであろう。出願検討中の結合商標が，商標の構成の一部が要部抽出されるか否かに留意すべきであり，要部抽出される可能性がある構成部分ごとに類似する先行商標の有無を調査することが肝要である。また当然ではあるが，結合商標で商標登録を受けた場合には，実際の使用態様にも十分留意すべきである。商標の各構成が不可分的に結合しているものと認められ，審査段階では商標が一体的に扱われ登録に至ったとしても，実際の使用態様が不可分的な使用になっていない場合には，取引の実情等が考慮される訴訟等の場面では商標の構成の一部が要部抽出される可能性がある。

　（5）なお，判決文に周知性の主張は見当たらないが，審決では「すしを主とする飲食物の提供」を表す商標として，引用商標の周知性について，本件商標の出願時では認められないが，登録審決時では，被告すし店が，その名称である「すしざんまい」及び看板に使用されている引用商標1とともに広く知られていたといい得るとして周知性が認められている。しかし，「すし」を表す商標として，需要者の間に広く認識されていたということはできないとして周知性は認められなかった。

　審決で周知性が認められた引用商標1の第43類「すしを主とする飲食物の提供」と本件商標の第30類「すし」は，特許庁指定商品役務審査基準では同一の類似群コードを付されていないため，特許庁の基準では類似と推定されない。裁判所は上記審査基準に拘束されないが，無効審判請求人側としては，判決文を見る限り，審決取消訴訟では引用商標の周知性を主張することなく，本件商標が引用商標と類似する旨主張して認められている。

　よって，審決の判断及び原告の主張内容から，引き続き引用商標の周知性の主張をすることが，自己の主張に有利に働くか否かを充分に検討して対応することが重要であると考えられる。

（藤田　祐作）

富富富事件

判 決 の ポ イ ン ト	本件商標と引用商標とは，外観において著しく異なり，称呼や観念を共通にする場合があるが，それは，本件商標を「フフフ」と称呼した限られた場合のみであるとし，本件商標は，引用商標と類似するものとは認められず，商標法4条1項11号に該当しないと判断された。
事件の表示	R 2.9.23　知財高裁　令和2年（行ケ）10014
参 照 条 文	商4①十一
Key Word	商標類否，取引の実情，無効審判

1．事実関係

　被告は，第30類「茶，菓子，パン，サンドイッチ，中華まんじゅう，ハンバーガー，ピザ，ホットドッグ，ミートパイ，みそ，穀物の加工品，食用酒かす，米，脱穀済みのえん麦，脱穀済みの大麦，食用粉類」，第31類「あわ，きび，ごま，そば（穀物），とうもろこし（穀物），ひえ，麦，籾米，もろこし，飼料，種子類，木，草，芝，ドライフラワー，苗，苗木，花，牧草，盆栽」，第33類「泡盛，合成清酒，焼酎，白酒，清酒，直し，洋酒，果実酒，酎ハイ，中国酒，薬味酒」を指定商品とする商標「富富富」（以下「本件商標」という。）について平成29年3月8日に出願をし，平成30年1月5日に（商標登録第6007642号）を受けた本件商標の商標権者である。

本件商標

富 富 富

　原告は，第35類「飲食料品の小売り又は卸売の業務において行われる顧客に対する便益の提供」を指定役務とする商標「ふふふ」（以下「引用商標」という。）について平成23年6月14日に出願をし，平成23年12月22日に（商標登録第5458965号）を受けた引用商標の商標権者である。

　原告は，平成31年4月23日，引用商標と本件商標が類似するなどとして，本件商標の登録を無効とするとの審決を求める審判請求（無効2019-890028号）をしたところ，特許庁は，令和元年12月25日，「本件審判の請求は，成り立たない。」との審決をし，その謄本は同年1月9日頃，原告に送達された。

引用商標

ふふふ

そこで，原告は前記審決の取消しを求める本件訴訟を提起した。

▌2. 争点

本件商標が引用商標と類似するかについて争われた。

▌3. 裁判所の判断

裁判所は具体的には以下のとおり判断した。

「商標の類否は，対比される両商標が同一又は類似の商品に使用された場合に，商品の出所につき誤認混同を生ずるおそれがあるか否かによって決すべきであるが，それには，そのような商品に使用された商標がその外観，観念，称呼等によって取引者，需要者に与える印象，記憶，連想等を総合して全体的に考察すべきであり，かつ，その商品の取引の実情を明らかにし得る限り，その具体的な取引状況に基づいて判断するのが相当である（最高裁昭和39年（行ツ）第110号同43年2月27日第三小法廷判決・民集22巻2号399頁参照）。」

（1）外観について

「本件商標は，「富富富」の漢字を横書きした構成から成るものであり，引用商標は，「ふふふ」の平仮名を横書きした構成から成るものであって，本件商標と引用商標は，外観において著しく異なっている。」

（2）観念について

「本件商標は，「富」を三つ並べたものであるところ，「富」の文字は，「物が満ちたりること。豊かにすること。とむこと。とみ。」，「集積した財貨」などを意味する（「広辞苑 第六版」株式会社岩波書店2033頁・2414頁）平易な漢字であるから，本件商標は，「三つのとみ（富）」など，豊かであることや財産（及びそれが複数あること）に関連する漠然とした意味合いを想起させるものであるといえる。また，本件商標が「フフフ」と称呼されるときには，下記イの引用商標と同様の特定の態様の「笑い」という観念を生ずることがあるということができる。」

「引用商標を構成する平仮名である「ふふふ」の語は，「口を開かずに軽く笑う声」（甲3の1），「口を閉じ気味にして低く笑うときの笑い声」（甲3の2），「かすかな笑い声」（甲3の3），「含み笑いをする声」（甲3の5）など，特定の笑い声を示し，また，「含み笑いをするときなどの様子」（甲3の4）を示すものと認

められる。したがって，引用商標は，上記のような特定の態様の「笑い」という観念を生ずることがあるものといえる。」

（３）**称呼について**

「本件商標は，「富」の漢字の音読みによると「フフフ」の称呼を，訓読みによると「トミトミトミ」の称呼を生じるといえる。もっとも，「富」の漢字には「フウ」という音読みや「ト」（む）という訓読みもあり（甲13），本件商標の称呼が，必ずしも上記に限定されるものとはいえない。」

「他方，引用商標が，「フフフ」の称呼を生ずることは，明らかである。」

（４）**検討**

「本件商標と引用商標とは，外観において著しく異なっており，また，称呼や観念を共通にする場合があるものの，それは，本件商標を「フフフ」と称呼した限られた場合のみである。そして，上記のような差異があるにもかかわらず，本件商標と引用商標が類似しているものと認めるべき取引の実情その他の事情は認められない。

したがって，本件商標は，引用商標と類似するものとは認められない。」

▌ ４．実務上の指針

（１）**観念についての審決と判決との認定の違い**

本件商標と引用商標との類否について，審決における認定と判決における認定とは，以下の２点において共通している。①本件商標からは複数の称呼が生じ，このうち「フフフ」の称呼については引用商標と同じである，と認定している点，②外観については互いに大きく異なる，と認定している点。また，外観が著しく異なっているため本件商標と引用商標とは非類似である，と判断している点についても共通している。

一方，審決と判決とで，観念について認定が異なる部分がある。この点については，自己の商標が他人の商標と非類似である旨を主張する際の参考になるのではないかと考える。

例えば，本件商標の観念について審決では，「「三つのとみ（富）」ほどの漠然とした意味合いを想起させる場合があるとしても，具体的な観念を有するとまではいえないものである。」と認定した。

一方，判決では，「「三つのとみ（富）」など，豊かであることや財産（及びそれが複数あること）に関連する漠然とした意味合いを想起させる」が，本件商標が「フフフ」と称呼されるときには「笑い」という観念を生ずることがあると認定した。

つまり，判決では本件商標を引用商標と同じ「フフフ」と称呼した場合には，引用商標と同様の観念を生ずることがあると認定している。一方，審決では本件商標を「フフフ」と称呼した場合を特に抜き出すことなく，観念について認定

を行っている。

　また，審決では，「本件商標と引用商標とは，称呼を共通にする場合がある
としても，……その外観における相違が顕著であることから，称呼の共通性が
外観における差異を凌駕するものとはいい難く，外観，称呼及び観念を総合し
て考察すると，両商標は，相紛れるおそれのない非類似の商標というべきもの
である。」と判断した。

　審決では，観念において相紛れるおそれはないと認定した上で本件商標は引
用商標とは非類似であると判断している。一方，判決では，「フフフ」と称呼し
た際に観念が共通する場合があると認定した上で共通するのは「「フフフ」と称
呼した限られた場合のみ」とし，結果本件商標は引用商標とは非類似であると
判断している。

（2）判決を踏まえた上での無効審判における被請求人の主張について

　自己の商標と他人の商標とが，①外観が明らかに相違し，②称呼が一部共通
し，③観念が一部共通し得る場合に自己の商標と他人の商標とが類似しない旨
を主張する際に，本件判決は参考になる。

　無効審判の被請求人としては，自己の商標から複数の称呼が生じ得る場合で，
かつ，その一部が引用商標と共通し得る場合には，まず需要者が取引上自然に
認識する音（商標審査基準4条1項11号2.(1)(イ)）であるか，周知性により
特定の称呼として需要者に認識されているか等を検討し，また需要者が取引上
自然に想起する意味又は意味合い（商標審査基準4条1項11号2.(1)(ウ)）な
どを検討することが重要である。その上で，本件商標と引用商標とは，外観に
おいて著しく異なっており，また，称呼や観念を共通にする場合があるものの，
複数生じる称呼のうちの「限られた場合のみ」であるため，本件商標は引用商標
と類似しないことを主張することが重要であると考える。

（瀧澤　匡則）

GUZZILLA事件

<table>
<tr><td>判　決　の
ポ イ ン ト</td><td>欧文字「GUZZILLA」から成る商標が商標法4条1項15号に該当すると判断した審決の後に，本件商標に係る商標権が分割されたことを理由として，本件審決の適否を争うことは原被告間の手続上の信義則に反し，権利の濫用に当たると判断した。</td></tr>
<tr><td>事件の表示</td><td>R 2.8.20　知財高裁　令和元年（行ケ）10167</td></tr>
<tr><td>参 照 条 文</td><td>商4①十五　商24②</td></tr>
<tr><td>Key Word</td><td>分割の効果，手続上の信義則，権利濫用</td></tr>
</table>

1．事実関係

（1）出願手続の経緯

　原告は，平成23年11月21日，下記の本件商標について指定商品を第7類「鉱山機械器具，土木機械器具，荷役機械器具，農業用機械器具，廃棄物圧縮装置，廃棄物破砕装置」として商標登録出願をし，平成24年4月27日，本件商標は登録された（商標登録第5490432号）。

[本件商標]

GUZZILLA

（2）無効審判の経緯

　被告は，平成29年2月22日，本件商標に対して，商標登録無効審判（無効2017-890010）を請求し，「GODZILLA」との文字から成る商標（以下「引用商標」と称する。）を引用して，商標法4条1項15号等に該当する旨主張した。

　特許庁は，平成29年10月16日，「本件審判の請求は成り立たない。」とする審決（＝登録維持審決）を行った（以下「第1次審決」と称する。）。

　被告は，同年11月22日，第1次審決の取消しを求める訴訟を提起した。知的財産高等裁判所は，第1次審決を取り消す旨の判決（以下「第1次判決」と称する。）（H30.6.12知財高裁平成29年（行ケ）10214）をし，同判決は令和元年6月14日付けの上告不受理決定により確定した。

　特許庁は，第1次判決の確定を受けて，無効審判について更に審理を行い，令和元年11月6日，本件商標の登録を無効とする旨の審決（以下「本件審決」と

称する。)をし，その謄本は同月14日，原告に送達された。

　原告は，同年12月12日，本件審決の取消しを求める本件訴えを提起した。原告は，下記（3）の商標権分割を前提として，分割後の本件商標2について商標法4条1項15号に該当しないと主張して本件審決の取消しを求めた。

（3）商標権の分割手続の経緯

　原告は，令和2年12月12日付けで本件商標権の分割を申請し，その結果，本件商標は，指定商品を第7類「鉱山機械器具，土木機械器具，荷役機械器具，農業用機械器具，廃棄物圧縮装置，廃棄物破砕装置但し，パワーショベル用の破砕機・切断機・掴み機・穿孔機等のアタッチメントを除く」とする本件商標1（登録第5490432号の1）と，指定商品を第7類「パワーショベル用の破砕機・切断機・掴み機・穿孔機等のアタッチメント」とする本件商標2に分割する旨の登録がされた（登録第5490432号の2）。

▌2．争点

　（1）本件審決後に原告が本件商標権の分割をしたことが，本件審決の判断の当否に影響するか否かが争われた。すなわち，商標権の分割の効果によって，分割後の本件商標2には本件審決の判断は及んでいないと解せるかどうかが争われた。

　（2）分割後の本件商標2が商標法4条1項15号に該当するか否かが争われた。

▌3．裁判所の判断

　（1）本件商標2が商標法4条1項15号に該当するかどうかについては判断を示さず，上告不受理決定により確定した第1次判決（平成29年（行ケ）第10214号）の判示について言及するにとどまった。

　（2）商標権の分割の効果については下記のように判示した。

　商標権の分割は登録しなければその効力を生じない（商35，特98①一）。登録によって生じる分割の効果が遡及することを定めた規定はないから，分割の効果は登録の時点から将来に向かって生じるものと解するのが相当である。また，複数の指定商品についてされた1件の審決は分割後のそれぞれの指定商品についてされたものと解すべきである（商69条，商46条の2）。原告が商標権の分割をしたことそれ自体は，本件審決の効力を左右するものではなく，その登録以前にされた本件審決の判断の当否に影響することはないというべきである。

　（3）本件商標に係る商標権が分割されたことを理由として，本件審決の適否を争うことについては下記のように判断した。

　これらの事情（分割の時期，分割内容と同一の別出願を先に行っていた事，本件商標の指定商品に含まれるか否かが直ちに明らかとはいえないものを含む

商品への分割を行った事)にかんがみると，本件商標について上記のような商標権の分割がされることはないとの被告の信頼の程度は大きいものということができる。よって，原告が本件訴訟において商標権の分割の効果を主張して，本件審決の取消しを求めることは原被告間の手続上の信義則に反し，又は権利を濫用するものとして許されない。

▎4．実務上の指針

（1）無効審判請求後に商標権の分割が許容される時期について

　本件判決においては，商標権を分割した時期が，第1次審決を取り消す旨の第1次判決が確定して特許庁が無効審判について更に審理を行って本件審決が送達された後であったため，分割された商標権に係る登録商標に本件審決の効果が及ばないことを理由として本件審決の適否を争うことは，原被告間の手続上の信義則に反し，権利の濫用に当たると判断されている。

　それではいずれの時期までに商標権の分割を行えば，手続上の信義則違反に問われないかについて検討するに，無効理由を有しない可能性のある指定商品（指定役務）が推測可能になった時期（本件においては第1次判決時）と思料する。

　なぜなら，無効理由を有しない可能性のある指定商品又は指定役務の推測が可能となれば，無効理由を有しない可能性のある指定商品又は指定役務に係る商標権について分割するかどうかを決定することができるようになるためである。

　本件においても，第1次判決で「本件指定商品に含まれる商品のうち，専門的・職業的な分野において使用される機械器具については，性質，用途又は目的において被告の業務に係る商品との関連性の程度は高くない」ことが認定判断されていて，原告（商標権者）と原告代理人は，第1次裁判の過程で，本件指定商品のうち，専門的・職業的な分野において使用される機械器具については無効理由を有さない可能性があることに気付けたと思われる。

　現に，原告は第1次判決後に本件商標2と商標及び指定商品（専門的・職業的な分野において使用される機械器具である「パワーショベル用の破砕機・切断機・掴み機・穿孔機等のアタッチメント」）を同じくする別件の商標出願を行っている。そうすると，遅くとも別件の商標出願時には本件商標権を分割することも可能であったと推測する。

（2）商標権の分割の効果について

　特許法98条1項（登録の効果）には「次に掲げる事項は，登録しなければその効力を生じない。」と明記され，同法同条同項1号の「移転（相続その他の一般承継によるものを除く。）」を商標法35条は「分割，移転（相続その他の一般承継によるものを除く。）」と読み替えて準用している。してみれば，商標権の分割は登録しなければその効力を生じないことは条文上明記されており，商標権の分

割の効果は(原簿)登録日より前に遡及せず，分割の効果は登録の時点から将来に向かって生じることは明白である。

（3）手続上の信義則違反及び権利濫用について

無効審判の請求がされた場合，商標権の分割がされないまま，無効審判の審理が進行すればするほど，審判請求人には商標権の分割がされることはないものとの信頼が生じる。本件においては，第1次審決を取り消す旨の第1次判決が確定し，特許庁が無効審判について更に審理を行って本件審決が送達された後に，商標権の分割が行われており，被告にとっては商標権の分割は不意打ちであった。

さらに，本件判決においては，商標権の分割の効果を主張して本件審決の取消しを求めることは権利濫用として許されないとの判断も示されている。確かに，商標登録を無効とする判断が示された後に商標権が分割された場合に，分割の効果によって審決の取消しを認めてしまうと，特許庁や裁判所に再審理や再判断を求めることとなるため，権利濫用と捉えられてしまうのであろう。

（4）まとめ

今後の実務においては，上述のとおり，無効理由を有さない可能性のある指定商品又は指定役務について推測可能となった時期に，当該指定商品又は指定役務に係る商標権について分割するかどうか検討し，分割する場合は速やかに行うべきと思料する。

（野崎　彩子）

ベガス事件

判 決 の ポイント	不使用取消審判の審決取消訴訟において，「ベガス北仙台店」の使用が登録商標「ベガス」の使用と判断された。
事件の表示	R 3.2.3　知財高裁　令和2年(行ケ)10091
参 照 条 文	商50①　商2③8
Key Word	不使用取消，結合商標，社会通念上同一，要部

1. 事実関係

（1）原告は，本件商標「ベガス」（登録5334030号）及び登録商標「ベガスベガス」（登録第5310661号）の商標権者である。被告は，平成28年3月9日，本件商標の指定役務中「娯楽施設の提供」に係る商標登録について，商標法50条1項所定の商標登録取消審判（以下「本件審判」という。）を請求した。

特許庁は，本件審判の請求は成り立たない旨の審決をした（取消2016-300169。第1次審決）。被告は，第1次審決の取消しを求める審決取消訴訟（H29.12.25知財高裁平成29年(行ケ)10126）を提起し，同裁判所は，同年12月25日，第1次審決を取り消す旨の判決（前訴判決）をした。原告は，前訴判決を不服として上告受理の申立てをしたが，平成30年9月25日に上告不受理決定がされ，前訴判決は確定した。

特許庁は，前訴判決の確定を受けて，取消2016-300169号事件の審理を再開し，「本件商標の指定役務中，第41類「娯楽施設の提供」についての商標登録を取り消す。」との審決（「本件審決」）をし，その謄本は，同年7月4日，原告に送達された。原告は，令和2年7月31日，本件審決の取消しを求める本件訴訟を提起した。

（2）前訴判決の理由の要旨は，以下のとおりである。①第1次審決は，原告の平成27年7月22日の発寒店の折込チラシ1記載の「ベガス発寒店ファンのお客様へ」の部分に使用された「ベガス」の文字部分が出所識別機能を果たし得るものと認定した上，本件折込チラシ1に本件商標と社会通念上同一と認められる商標が付されていると認定したが，上記文字部分は，店内改装のため一時休業する店舗の名称を一部省略した略称を表示したものにすぎず，娯楽施設の提供という役務の出所自体を示すものではないと理解するのが自然であるから，本件折込チラシ1に上記文字部分をする行為は，本件商標について商標法2条3項にいう「使用」をするものであると認めることはできない，②原告の同年1月5日の苫小牧店の折込チラシ2に本件商標と社会通念上同一と認められる商

標が付されていると認定した第1次審決の判断には誤りがある,③したがって,その余の点を判断するまでもなく,原告が本件審判の請求の登録前3年以内の期間(以下「要証期間」という。)内に本件審判の請求に係る指定役務について本件商標と社会通念上同一と認められる商標を使用していることを証明したものと認められるとした第1次審決の判断には誤りがあるというものである。

2.争点

標章「ベガス北仙台店」の使用が,本件商標「ベガス」の使用に該当するか否かが争われた。

3.裁判所の判断

本件折込チラシ3及び4における本件商標の使用の有無について判断された。本件折込チラシ4については紙面の都合上割愛する。

(1)本件折込チラシ3は,両面印刷の1枚のチラシである。本件折込チラシ3の表面には,上部において,「ベガスベガス北仙台店」との見出しが付され,中央部において,大きな文字で「本日6日FRI[金]午前11時開店予定」と記載され,その下には,「開店時間が通常と異なりますので お間違えの無いよう,ご案内申し上げます。」,「新台情報は裏面をチェック!」と記載され,下部に,赤色を背景とする白抜き文字で「ベガスベガス®」の文字が大きく記載され,さらに,その下には「VEGAS VEGAS」,「北仙台店」,その住所等の記載があり,その右側には「ベガスベガス北仙台店店舗マップが記載されている。

次に,本件折込チラシ3の裏面には,上部において,「ベガスベガス北仙台店」及び「新台入替しました」との2段書きの金色の大きな文字の見出しが付され,その左下側において,外側の線が太く,内側の線が細い二重の円の中に,3段書きで上から順に「ベガス北仙台店」の黒色の文字,「パチンコ・スロット」の赤色の文字及び「11機種導入」の赤色の文字が記載され,さらに,中央部から下部において,パチンコ台及びスロットマシンの図形が,3段にわたり,1段目は3台,2段目及び3段目は各4台掲載されている。

本件折込チラシ3の裏面に記載された二重の円のなかには,3段書きで上から順に「ベガス北仙台店」の黒色の文字,「パチンコ・スロット」の赤色の文字及び「11機種導入」の赤色の文字が記載されている。

二重の円の記載部分における最上段の「ベガス北仙台店」の文字は,色彩が異なる2段目及び3段目の各文字と分離して観察することができ,「ベガス」の片仮名の文字部分と「北仙台店」の漢字の文字部分からなる独立した標章として認識できる。

そして,二重の円の記載部分全体から,「ベガス北仙台店」の標章は,「パチ

ンコ・スロット」が「11機種導入」された店舗の名称を表示する標章であり，「ベガス北仙台店」において「パチンコ・スロット」の遊技機が設置され，その遊技機を提供する役務が受けられることを理解できることからすると，本件折込チラシ３は，「パチンコ・スロット」の遊技機の提供の役務に係るチラシであって，本件折込チラシ３に記載された「ベガス北仙台店」の標章は，需要者が何人かの業務に係る役務であることを認識することができる態様で使用されているものと認められる。

　次に，「ベガス北仙台店」の標章の構成中，「ベガス」の文字部分は，それ自体が「ラスベガス」を想起させる造語であるものと認められ，また，本件折込チラシ３の表面及び裏面に「ベガスベガス北仙台店」の文字が表示されていることからすると，本件折込チラシ３に接した需要者は，「ベガス」の文字部分は，「ベガスベガス」の略称としての意味合いも有するものと認識すると認められる。

　一方で，「ベガス北仙台店」の標章の構成中の「北仙台店」の文字部分は，「北仙台」の地域にある店舗の意味合いを有し，単に，上記役務の提供の場所を表示するものと認識され，役務の出所識別標識としての機能があるものとはいえないことからすると，「ベガス北仙台店」の標章の構成中の「ベガス」の文字部分は，その文字部分のみから役務の出所識別標識としての機能を有するものと認められるから，要部に相当するものである。

　そこで，「ベガス北仙台店」の標章中の「ベガス」の文字部分と「ベガス」の片仮名を横書きに書してなる本件商標とを対比すると，両者は，字体の違いはあるが，構成する文字が同一であり，「ベガス」という同一の称呼が生じること，「ラスベガス」を想起させる点において観念が共通することからすると，「ベガス北仙台店」の標章は，本件商標と社会通念上同一の商標であると認められる。よって，本件商標の使用に該当する。

　（２）一つの広告に特定のブランド名の商標とそのブランド名の略称の商標が記載されることは，取引上普通に行われており，そのいずれもが同一の事業者の出所識別標識として認識され得ることは，特段不自然ではないから，本件折込チラシ３に「ベガスベガス北仙台店」の標章の記載があり，これが出所識別標識としての機能を果たし得ることは，「ベガスベガス北仙台店」又は「ベガスベガス」の略称としての「ベガス北仙台店」の標章又はこれに含まれる「ベガス」の文字部分が出所識別標識としての機能を果たし得ることを打ち消し，又は否定すべき理由になるものとは認められない。

4．実務上の指針

　（１）本判決は，前訴判決の確定後の審決の取消しを求める審決取消訴訟である。前訴判決では，本件折込チラシ１及び本件折込チラシ２について判断され

たが，本判決では，原告である本件商標権者は，「本件商標の使用の事実に係る判断（本件折込チラシ１及び２に係る判断を除く。）の誤り」として，本件折込チラシ３及び本件折込チラシ４に係る判断を審決の取消事由とした。その結果，本件折込チラシ３及び本件折込チラシ４における本件商標の使用が認められた。

本判決では，使用証拠の要証期間について両当事者は争っていないが，使用証拠の提出時期については，「CHEY TOI」事件（H３.４.23最高裁第三小法廷昭和63年（行ツ）37）において，「商標登録の不使用取消審判で審理の対象となるのは，その審判請求の登録前３年以内における登録商標の使用の事実の存否であるが，その審決取消訴訟においては，右事実の立証は事実審の口頭弁論終結時に至るまで許されると解するのが相当である。」と判断されている。

よって，不使用取消審判を請求された商標権者は，上記時期までに要証期間内における折り込みチラシなどの証拠を丹念に探して，使用証拠となり得るかどうかを検討することが重要である。

（２）第１次審決では，本件商標の使用として認められ，その審決取消訴訟である前訴判決では，第１次審決の判断に誤りがあると判断されて前訴判決が確定した。その後の本件審決では，本件商標の使用が認められず，その審決取消訴訟である本件判決では，本件審決の判断に誤りがあると判断されて，本件商標の使用が認められた。判決では２度とも審決取消となっている。

本判決では，一つの広告に特定のブランド名の商標とそのブランド名の略称の商標が記載されることは，取引上普通に行われていると判断されている。出所識別標識としての機能を果たし得る商標は一つとは限らないという点が重要である。

本件折り込みチラシ３及び本件折り込みチラシ４では，「ベガスベガス」の右に登録商標を意味する「Ⓡ」が付されているのに対し，「ベガス北仙台店」の「ベガス」の後ろには「Ⓡ」が付されていなかった。

原告は，本件商標「ベガス」（登録5334030号）及び登録商標「ベガスベガス」（登録第5310661号）の両方の商標権者であるから，「ベガスベガス」だけでなく，仮に「ベガス」と「北仙台店」の間に「Ⓡ」を付して使用していれば，少なくとも「Ⓡ」がない「ベガス北仙台店」として使用するよりも，本件商標の使用として認められやすかったのではないかと考えられる。

（羽切　正治）

空調服事件

判 決 の ポイント	「空調風神服」(標準文字)なる商標の商標権者による「空調」「服」の部分を「風神」の部分の約2倍程度の太字とした横書きの商標の使用行為が、「空調服」なる商標との関係で、故意に、他人の業務に係る商品と混同を生ずるものとは認められず商標法51条1項に該当しないとした事例
事件の表示	R 2.10.13　知財高裁　令和2年(行ケ)10017
参照条文	商51①
Key Word	取引の実情，混同を生ずるおそれ，フリーライド，類似性

1. 事実関係

　原告Xは，指定商品を第25類「通気機能を備えた洋服」他とする「空調服」の商標権者である。被告Yは，指定商品を第25類「作業服，その他被服」とする「空調風神服」(標準文字)(登録第5903051号)

本件使用商標

の商標(本件商標)の商標権者である。原告Xは，特許庁に対し本件商標登録を取り消すことを求めて審判請求をした(取消2017-300275)。特許庁は，被告による「空調」「服」の部分を「風神」の部分の約2倍程度の太字とした横書きの商標(本件使用商標)の使用(本件使用行為)は，原告Xが使用する「空調服」なる商標(引用商標)との関係で，故意に，商品の品質の誤認又は他人の業務に係る商品と混同を生ずるものとは認められず，商標法51条1項に該当しないとして請求不成立の審決をしたため，原告Xは，本件審決の取消しを求める本件訴訟を提起した。

2. 争点

　商標法51条1項の「混同を生ずるもの」の該当性について争われた。

3. 裁判所の判断

　商標法51条1項の混同を生ずるか否かについては，①商標権者が使用する商標と引用する他人の商標との類似性の程度，②当該他人の商標の周知著名性及び独創性の程度，③商標権者が使用する商品等と当該他人の業務に係る商品等との間の性質，④用途又は目的における関連性の程度並びに商品等の取引者及び需要者の共通性その他取引の実情，の4つの観点から，当該商品等の取引者

及び需要者において普通に払われる注意力を基準として，総合的に判断されるべきものであるとし，②，③，④について以下のとおり判断したうえで，出所の混同については，被告商品と原告商品は，ファンを備えた作業服等であって同一の商品であるものの，本件使用商標と引用商標は類似せず，引用商標は原告Xを示すものとして周知著名とはいえず，独創性の程度が高いといえないうえ，証拠からは，本件使用商標が使用された被告商品と引用商標が使用された原告商品について，混同を生ずるおそれがあるような取引の実情は認められない，そうすると，両商標を同一の商品に使用した場合に，取引者及び需要者において普通に払われる注意力を基準として，出所の混同を生ずるとはいい難いとした。

（1）本件使用商標と引用商標の類似性の程度

　以下のとおり，本件使用商標と引用商標は，外観，称呼及び観念のいずれにおいても相違するものであり，両商標は類似しないと判断した。

①外観：本件使用商標は5文字，引用商標は3文字である。引用商標の3文字は本件使用商標に用いられているが，文字数及び使用されている文字からして両商標の外観は明らかに相違する。

②称呼：両商標は冒頭の「クウチョウ」と末尾の「フク」において共通するが，両商標は音数の差異により明らかに区別することが可能である。

③観念：本件使用商標からは「空気調節をする風神（風をつかさどる神）の服」，「空気調節の風神の服」程度の観念が生じ，引用商標は「空調」と「服」という語を組み合わせたものであると理解でき，「空気調節の服」，「空気調節をする服」程度の観念が生じる。両商標は「空気調節」，「服」という観念が共通するが，本件使用商標においては「服」とは通常結びつけられず，着目されやすい「風神」という観念が含まれており，両商標から生じる観念も，相紛らわしいものではない。

（2）引用商標の周知著名性及び独創性の程度

①周知著名性

　原告Xの親会社の登録商標が表示されたCMがウェブサイト上で多数回閲覧されたことを考慮しても，以下の点から引用商標が，原告Xの出所に係る商品を示すものとして周知著名であったと認めることはできないとした。

a．原告Xのカタログにおいて，「空調服」の文字は多くが記述的に用いられているうえ，その頒布部数を認めるに足りる的確な証拠はない。

b．原告Xのウェブサイトの閲覧者数も不明で，原告商品のシェアや売上げを認めるに足りる的確な証拠はない。

c．原告商品は，平成14年から本件使用時点までの間に，暑さ対策に有効な作業服等として，「空調服」との語とともに複数のメディアで取り上げられ，そのメディアに全国紙や全国ネットの著名なテレビ番組が含まれてはいるもの

の，大部分は全国紙，全国ネットではなく，頒布部数や視聴者数が不明のものであり，その回数もその期間に比して多いとまではいえない。

d．「空調服」の語は，ファンを備えた作業服等一般を示すものとして記述的に用いられ，あるいは，原告Xを出所とするものと解し得ない商品に関するカタログでも用いられている。

②独創性

引用商標は，「空調」と「服」という日常的に用いられる平易な言葉を組み合わせ，同一の書体及び大きさで等間隔に配置した構成であり，独創性の程度が高いとまではいえない。

（3）被告商品と原告商品との間の関連性の程度並びに商品等の取引者及び需要者の共通性その他取引の実情等

①商品の関連性並びに取引者及び需要者の共通性

被告が本件使用商標を使用する被告商品と，原告Xが引用商標を使用する原告商品は，いずれも電動のファンを備えた作業服であり，取引者及び需要者は共通するものと推認される。

②取引の実情等

原告商品の包装には，「空調服」の文字が付されており，原告商品が掲載されたカタログには「空調服」の文字が付されている。これに対し，被告商品のタグ及び包装には，「THE」の文字と組み合わせて本件使用商標が付され（ただし，包装においては色彩が反転している。），被告商品が掲載されたカタログ及び被告のウェブサイトには本件使用商標が表示されている。これらには，本件使用商標の末尾に「Ⓡ」が組み合わされたものもあり，取引者及び需要者において，本件使用商標が全体として商品の出所を示すことを理解するということができる。

▌4．実務上の指針

（1）商標法51条の審判の主張のポイント

商標法51条の審判は，商標をめぐる紛争の全体的な処理を図るため，商法権侵害事件，不正競争防止法事件などと同時平行的に行われることが多い（本事件もその様相がある）。取消の要件は，①使用権者の使用，②禁止権の範囲の使用，③故意であること，④品質・質の誤認，又は，他人の業務と混同を生ずるものをしたとき，であり，特に③，④が主張のポイントとなる。

③の「故意」の判断基準は求心事件（S56.2.24最高裁第三小法廷昭和55年（行ツ）139）で，また，④の「混同」の判断基準は本事件で裁判所にも引用されたユーハイムコンフェクト事件（S61.4.22最高裁第三小法廷昭和58年（行ツ）31）で示されている。商標法51条は制裁措置であり，一部の指定商品・役務についての禁止権の範囲での使用を行ったときでも，商標権の全体が取り消され，取消審

決確定日より5年間は再度登録を受けることができなくなる（商51②）ため商標権者にとっても影響が大きい。また、この規定は、商標の不当な使用によって一般公衆の利益が害されるような事態を防止し、そのような場合に当該商標権者に制裁を課す趣旨のものであり、需要者一般を保護するという公益的性格を有することから、③、④では、相手方の業務に係る商標の周知著名性の有無・程度が重視される（H22.1.13知財高裁平成21年（行ケ）10206）。主張としては、A：使用時点での周知著名性（H15.8.27東京高裁平成15年（行ケ）76、H24.12.26知財高裁平成24年（行ケ）10187など）、B：商標権者の他の商標の出願の経緯（H25.11.14知財高裁平成25年（行ケ）10084など）などがある。

（2）商標の選択と管理

原告Xは使用商品「電動ファンを備えた作業服」に商標「空調服」を使用している。この例のように、機能を連想させたり、商品コンセプトを連想させる商標はよく見受けられる。しかし、一般に独創性の程度は低く、識別力は弱く判断され、著名性の獲得や他社の使用の阻止はしにくくなり、権利者自らも記述的に用いやすくなるため、商標の識別力の強さという面では好ましくない。更に、商品そのものが優れていて、普及が進むと、一般名称化しやすい側面も持つ。従って、商標の選択時には「識別力の強さ」に対する留意が必要である。

商標の管理については、参考文献2に普通名称化と防止措置について詳しく紹介されているので参考にされたい。被告Yは原告Xの商標「空調服」はファン付き作業着の一般的名称であるとの主張を、裁判においてもウェブ上でも展開している。普通名称化防止策には限界があるため、識別力の強い商標の選択と紛争の発生を阻止する継続的な管理といった予防措置こそが重要である。

識別力の強さ

参考文献3より独自作成

強さ	分類	意味	登録可能性	例
強	独創的	商標の機能以外に意味を持たないオリジナルな言葉	可能	Xerox、Sony
	恣意的	商品やサービスの性質には関連しない一般用語を利用	可能	コンピュータにAPPLE タバコにCAMEL
	暗示的	言葉の意味と商品やサービスの性質に間接的な関連性が存在するもの	可能	CITIBANK、Microsoft、味の素
	記述的	商品やサービスの性質を直接表現するもの	識別性があれば可能	ステレオにSTEREO
弱	一般名称	商品やサービスの一般名称、または一般名称化したもの	不可能	ELEVATOR

【参考文献】
1．「知財ぷりずむ」経済産業調査会知的財産情報センター編、Vol.18 No.207（2019）p40-p51
2．「パテント」日本弁理士会、Vol.73 No.15（2020）（別冊No.25）p157-p180
3．「米国における事業進出マニュアル～知的財産権～」JETRO、2014年1月

（國井　久美子）

Tuché事件

判決の ポイント	防護標章登録を受けるためには，原登録商標がその指定商品の全部 又は一部の需要者間で全国的に著名であることが必要で，需要者は 原登録商標及び防護標章の指定商品の重複範囲の需要者に限定され ない，と判断された。
事件の表示	R 2.9.2　知財高裁　令和元年（行ケ）10166
参照条文	商64①
Key Word	防護標章登録，需要者，広く認識

1．事実関係

　原告は，右記標章（称呼は「トゥシェ」
である。）につき，第25類「被服，履物，
運動用特殊衣服，運動用特殊靴」を指定

Tuché

商品とする登録第4509260号商標（以下，原登録商標という。）の防護標章として，
第5類，第18類等に属する商品及び役務を指定して防護標章登録出願をした（商
願2014-99711）。同出願は拒絶査定されたため，原告は指定商品を第5類「生理
用パンティ，生理用ショーツ」に補正して拒絶査定不服審判を請求した（不服
2017-8819）が，特許庁は令和元年10月29日に請求不成立の旨を審決した。そこ
で，原告は同審決の取消しを求めて本件訴訟を提起した。

　審決の要旨は，原登録商標に関し，原告の業務に係る女性用靴下，タイツ，
ストッキング等の商品を表示するものとして需要者の間に広く認識されている
とはいえないから，出所の混同を生ずるおそれがない，というものであった。

2．争点

　原登録商標が需要者の間に広く認識されているか否かが争われた。

3．裁判所の判断

　裁判所は，概ね以下の論旨により原告の請求を棄却した。

　（1）「需要者の間に広く認識されている」ことの意義

　裁判所は，商標法64条1項の「需要者の間に広く認識されている」の意義につ
いて，「防護標章登録制度は，原登録商標の禁止権の及ぶ範囲を非類似の商品
又は役務について拡張する制度であり，一方で，第三者による商標の選択，使
用を制約するおそれがあることに鑑みると，……原登録商標の指定商品の全部

又は一部の需要者の間において，原登録商標がその商標権者の業務に係る指定
商品を表示するものとして，全国的に認識されており，その認識の程度が著名
の程度に至っていることをいうものと解するのが相当」と判示した。

　原告は，本願に係る指定商品の需要者が10代から40代の女性であることから，
原登録商標の指定商品「ストッキング」，「婦人用ソックス・タイツ」，「女性用
下着」につき同世代の女性間で著名であれば「需要者の間に広く認識されてい
る」ことになる旨を主張した。しかし，裁判所は，「原登録商標の指定商品は，
第25類「被服，履物，運動用特殊衣服，運動用特殊靴」であるところ，「ストッ
キング」，「婦人用ソックス・タイツ」及び「女性用下着」は，「被服」に含まれる
から，これらの商品の需要者は，原登録商標の指定商品の需要者に該当する。」
とし，続けて，ストッキングに関する新聞記事等からみて，ストッキングの需
要者が「10代から40代に限らず，幅広い年齢層の女性が需要者である」とし，商
標法64条1項の文言及び趣旨からみて「需要者」は原登録商標の需要者と解され
るから，需要者の範囲を，「防護標章登録出願である本願の指定商品の需要者
と重なる範囲に限定すべき理由はない。」として原告の主張を退けた。

（2）原登録商標が「需要者の間に広く認識されている」か否かについて

　次に，裁判所は，原登録商標が「需要者の間に広く認識されている」か否かを，
①原登録商標の構成態様及び使用態様，②原登録商標を使用した商品の販売状
況，広告宣伝等，並びに③原登録商標の著名性に関して実施されたアンケート
（本件アンケート）に基づいて検討した。その結果，裁判所は，「原告使用商品は，
2000年（平成12年）から19年以上にわたり，全国的に継続的に販売され，その売
上高及び市場シェアから，原登録商標は相当数の需要者において原告の業務に
係るストッキングを表示するものとして認識されていたものと認められるもの
の，一方で，原告使用商品の売上高は，毎年減少傾向にあり，2017年度（平成
29年度）売上高は2010年度（平成22年度）の売上高の3分の1程度であり，その
市場シェアも減少傾向にあること，原告使用商品のパッケージに表示された原
登録商標は，記憶や印象に強く残りやすいものとは直ちには認められないこと，
原告使用商品の広告宣伝は，大規模なものとはいえず，その広告宣伝効果は限
定的であること，本件アンケートは，実施時期が古く，アンケートの調査対象
者もストッキングの需要者の一部にとどまっているため，本件審決時における
原登録商標に係る需要者の認識の程度を判断する資料としては，適切なもので
はないのみならず，本件アンケートの結果においても，大半の需要者が原登録
商標を認識していることを示すものとはいえないことを併せ考慮すると，本件
審決時において，大半の需要者が原登録商標を原告の業務に係るストッキング
を表示するものとして認識しているものとはいえず，原登録商標に係る需要者
の認識の程度は，著名の程度に至っているものと認めることはできない。また，

本件においては，ストッキング以外の婦人用ソックス・タイツ及び婦人用下着
の商品の関係においても，本件審決時において，原登録商標が需要者の間で原
告の業務に係るこれらの商品を表示するものとして認識され，その認識の程度
が著名の程度に至っていることを認めるに足りる証拠はない。」として，原登録
商標は，本件審決時において「需要者の間に広く認識されている」ものと認める
ことはできないと判断した。

4．実務上の指針
（1）「需要者」の範囲について
商標法64条1項の「需要者の間に広く認識されている」の要件については，非
類似商品等の範囲まで禁止権を拡張する制度趣旨から，商標法4条1項10号の
周知性では足りず，著名性が必要と解することが通説的であった。商標審査基
準の「第14　第64条(防護標章登録の要件)」では，原登録商標が全国的に認識さ
れていること，審決又は判決で著名性が認定されていること等が著名性の判断
要素に挙げられている。
一方，原登録商標の著名性が争われた裁判例は，JOURNAL STANDARD
事件(H22.2.25知財高裁平成21年(行ケ)10189)，及び同裁判所が同日に判決し
た3件(平成21年(行ケ)10196，同10197，同10198(同原告による)）の4例が見当
たるのみである。それらの裁判例では，「広く認識されている」というためには
著名性が必要であることが示されているが，需要者の地理的範囲，人的範囲ま
では必ずしも明確ではなかった。本判決は，全国の需要者に認識されている必
要があること，及び原登録商標の指定商品の「全部又は一部の需要者」に認識さ
れていることが必要であって，需要者は防護標章に係る指定商品の需要者と重
なる範囲に限られないこと，を明らかにした点で，先例よりも踏み込んだ基準
を示したものである。需要者の範囲は，原登録商標の著名性を立証すべき範囲
と密接に関連する。実務では，本判決を踏まえて，著名性を立証すべき需要者
の範囲を正しく判断することが重要であろう。
もっとも，需要者の人的範囲に関して，本判決は，原登録商標に係る指定商
品の需要者と，防護標章に係る指定商品の需要者との重複範囲に限定されない
旨を指摘するにとどまる。すなわち，本判決は，原登録商標に係る指定商品等
の「全部又は一部の需要者」が対象となることを示しつつも，原登録商標の指定
商品「被服」のうちストッキングに関しての需要者の年齢層が防護標章の指定商
品の需要者の年齢層よりも広いこと，及びストッキング以外の婦人用ソックス
等との関係で著名性が立証されていないことを指摘するのみである。需要者を
防護標章に係る指定商品の需要者よりも広く捉えるべきであるとは読み取れる
ものの，どの程度まで広げるべきかは必ずしも明らかではない。最大限に広げ

れば，原登録商標に係る指定商品等のすべての需要者間で著名であることが必要となろうが，判決はそこまで求めてもいないし，現実問題としてもその必要はないであろう。例えば，男性用のスーツ（「被服」に含まれる。）の需要者を想定した場合，その需要者間で原登録商標が著名であったとしても，同一需要者が本件防護標章に係る指定商品との関連で混同を生ずるおそれは想定し難い。防護標章制度が非類似商品間での出所混同のおそれを排除することを目的とする以上，需要者の範囲は，防護標章に係る指定商品と無縁に定まるものではなく，原登録商標の指定商品のうち，防護標章の指定商品との関係で出所混同が生ずるおそれがあるか否かを考慮して定まるべきものと解される。実務では，この点を意識して，原登録商標の指定商品から著名性が必要な商品等の範囲を抽出し，その需要者間での著名性を主張立証することになろう。

（2）「需要者に広く認識されている」か否かの具体的な主張立証について

本判決では，原登録商標の使用態様，原告使用商品の販売状況等との関連で原登録商標の著名性を否定する理由が種々指摘されている。それらの理由は，需要者の範囲の解釈の齟齬に起因するものと，原告使用商品の販売状況等の事実問題に起因するものとに大別することが可能である。例えば，本件アンケートは首都圏の20代ないし50代の女性を調査対象としたにすぎず，地理的にも人的にもストッキングの需要者の全体を網羅できていない点で前者に属するし，婦人用ソックス等の需要者間の著名性の立証がなされていないことも同様である。この種の不備は，需要者の範囲を適切に把握することによって回避することが可能である。一方，後者は事実問題であることから，実態に即して可能な限りの立証を試みるより他にない。本件では，出願当時こそ相応の販売実績，シェアがあったようであるが，それらが年々減少し，本件審決時点では著名性を肯定する程の事実が消失していたことが結果に結びついた感がある。本判決から明らかなように，防護標章登録で求められる著名性について裁判所は厳格であるといえる。よって，十分な実績等を事実で示せない場合には，商標登録出願を選択して禁止権を確保することも検討されるべきである。

（3）本判決の意義

防護標章制度の利用度は低く，その著名性要件の充足性が争われることは今後も少ないことが予想される。防護標章制度の廃止すらも議論されているようである。しかしながら，著名商標の保護の必要性は高まる一方であり，その保護の仕組みがどのような形になったとしても，本判決が示した判断基準，判断手法は先例的価値を維持するものと思料する。

（山本　晃司）

第2部
その他行政訴訟

化粧料用容器事件

判　決　の ポ　イ　ン　ト	特許料の追納期間内に控訴人らが特許料等を納付できなかったこと について，特許料納付の手続を代理人に依頼していたとしても，自 らの特許権に関する管理を行うのは特許権者の基本的な業務である として，「正当な理由」があったとは認められないと判示された。
事件の表示	R 2.7.22　知財高裁　令和2年(行コ)10002 (原審　R 2.1.22　東京地裁　令和元年(行ウ)278)
参　照　条　文	特112の2①
Key Word	追納期間，正当な理由

1．事実関係

　控訴人Xは，A弁理士を代理人として本件特許の出願をし，設定登録を受け(特許第5181035号)，第1年から第3年までの各年分の特許料を納付した。

　控訴人Yは，本件特許について無効審判の請求をした。控訴人Xは，無効審判に係る手続の代理人としてA弁理士を選任した。控訴人Xは，本件特許を無効とする旨の審決の予告を受けた後，無効審判に係る手続の代理人として新たにB弁理士を選任し，A弁理士を解任した。控訴人Xは，本件特許を無効とする旨の審決の取消しを求める審決取消訴訟を提起した。この間に，本件特許に係る第4年分の特許料の納付がないまま納付期限日が経過した。

　控訴人X，Yは，控訴人Xは控訴人Yに対して本件特許権の持分1％を譲渡すること，控訴人Yは無効審判を取り下げること，控訴人Xは審決取消訴訟を取り下げること等を内容とする和解契約を締結した。この和解契約に基づき，控訴人Yは無効審判を取り下げ，控訴人Xは審決取消訴訟を取り下げた。なお，本件特許に係る第4年分の特許料等の追納期間の末日までに，特許料等の納付がされなかった。

　その後，控訴人らは特許庁長官に対し，本件特許に係る第4年分の特許料及び割増特許料(併せて「特許料等」という。)を追納するための特許料納付書，及び，追納期間内に特許料等を納付することができなかったことについて特許法112条の2第1項に規定する「正当な理由」がある旨を記載した回復理由書を提出した。

　特許庁長官は，控訴人らが追納期間内に特許料等を納付することができなかったことについて「正当な理由」があるものと認められないとして，特許料納付書に係る手続を却下する処分をした。控訴人らは，その取消しを求めて訴え

を提起したが，原審において特許庁長官によりされた却下処分に違法はないとして棄却された。

控訴人らは，原審判決を不服として本件控訴をした。

▌2．争点

控訴人らが追納期間内に特許料等を納付できなかったことについて，特許法112条の2第1項に規定する「正当な理由」があるかが争われた。

▌3．裁判所の判断

裁判所は，令和元年6月17日の知財高裁判決（平成30年（行コ）10006）を参照し，「法112条の2第1項所定の「正当な理由」があるときとは，原特許権者（代理人を含む。以下同じ。）として，相当な注意を尽くしていたにもかかわらず，客観的にみて追納期間内に特許料等を納付することができなかったときをいうものと解するのが相当である」としたうえで，本件においては，追納期間内に控訴人らが第4年分の特許料等を納付することができなかったことについて，「正当な理由」があったとは認められないと判示した。

（1）控訴人Xについて

控訴人らは，追納期間の徒過は，A弁理士が，無効審判に係る手続の委任だけでなく年金管理に係る委任についても解任されたと誤認したという人為的なミスに起因するものであることを前提としたうえで，年金管理につきA弁理士という適切な代理人を選任した時点で控訴人Xとしては追納期間の徒過を回避するために必要な注意義務を尽くしていたと主張した。

これに対し，裁判所は，A弁理士に対して委任していた事務の一部のみを解除するのであれば，その旨の説明があってしかるべきであるが，控訴人XからA弁理士に対してそのような説明がされた証拠が存在しないと認定し，「年金管理事務が特許出願等の手続代理に付随する事務としての性質を有し，出願，無効審判など各種の手続代理と年金管理事務とを異なる代理人に依頼するとは通常考え難い」ので，控訴人Xが解除したA弁理士による委任事務は，無効審判に係る手続のみにとどまらず，本件特許に係るすべての事務を包括するものであったと解するのが自然であると認定した。このため，「本件特許の管理業務も解除された委任事務に含まれるとのA弁理士の認識が誤信であるということはできず，本件追納期間の徒過がA弁理士の人為的ミスに基づくものであったということもできない」と判示した。

さらに，裁判所は，「特許料の納付をするかどうかの判断，その支払期限の管理，特許料の支出の確認を含め，自らの特許権に関する管理を行うのは，特許料納付の手続を代理人に依頼していたとしても，特許権者の基本的な業務で

あり，かつ，容易になし得ることである」としたうえで，（a）控訴人Xが本件特許の原特許権者であること，（b）控訴人Yとの間で本件特許の有効性をめぐり係争中であったこと，（c）控訴人Xが追納期間内に本件特許権の持分1％を控訴人Yに譲渡する和解契約を締結するにあたり，本件特許権の特許料の支払が未了である場合には追納期間内に特許料等を納付すべき取引上の注意義務を負っていたこと，を例示し，控訴人Xは本件特許の第4年分の特許料の納付期限及び追納期間の末日を認識し，各期限までに特許料等が支払われているかどうかを容易に確認し得たというべきであると認定した。そして，控訴人Xはそれにもかかわらず，自ら又はA弁理士に確認するなどして支払期限の管理，確認など特許権者として行うべき基本的な管理を行うことなく各期限を徒過させたものであって，特許権者としての相当な注意を尽くしていたということはできないと判示した。また，控訴人XがA弁理士に年金管理事務を委任したことをもって，特許料の納付期限の徒過を回避するために相当な注意を尽くしたということはできないと判示した。

（2）控訴人Yについて

　控訴人らは，和解契約において年金管理の義務が控訴人Xにあって控訴人Yにはないことを合意するなどして年金管理の義務が控訴人Yにないことを明確にしているから，控訴人Yは，追納期間の徒過を回避するために必要な注意義務を尽くしたと主張した。

　これに対し，裁判所は，（d）控訴人Yが無効審判手続の当事者であること，（e）控訴人Yが控訴人Xとの間で締結した和解契約において本件特許権の持分1％を取得したこと，を例示し，控訴人Yが本件特許に係る第4年分の特許料の納付期限を認識しており，和解契約に当たって特許料が支払済みであるかどうかを控訴人Xに確認し，未払である場合には，追納期間中に特許料等の納付を求めることは容易であったと認定した。そして，控訴人Yが控訴人Xに第4年分の特許料の支払に関して照会し，あるいは，その点について自ら調査した証拠が存在しない以上，控訴人Yは，自ら特許料の納付の時期について適切に管理すべき立場にありながら，控訴人Xが年金管理を行うものと軽信し，追納期間中にも自らの不注意によって追納期間内に特許料等の納付をすべきことを認識しないまま，漫然と，追納期間の末日を経過したのであるから，相当な注意を尽くしたにもかかわらず，客観的にみて追納期間内に特許料等を納付することができなかったということはできないと判示した。

┃ 4．実務上の指針

　令和元年6月17日の知財高裁判決（平成30年（行コ）10006）では，特許料納付期間の徒過があった場合における特許権者の柔軟な救済を図りつつ，第三者が

負うこととなる過大な監視負担を考慮し，「相当な注意を尽くしていたにもかかわらず，客観的にみて追納期間内に特許料等を納付することができなかったとき」を，「正当な理由」の要件とした。本判決は，「相当な注意」「客観的に見て」の判断手法の具体例を示すものとして，参考になる。

特許庁が公表する「期間徒過後の救済規定に係るガイドライン」によれば，「正当な理由」の要件を満たすためには，期間徒過の原因となった事象が出願人等にとって予測不可能であることを前提としたうえで，期間徒過の原因となった事象の発生前及び発生後に出願人等が講じた措置が，相応の措置であることが必要となる。また，相応の措置であるかを判断する際に考慮される観点の一例として「人為的なミスを起因とする場合」が挙げられているが，特殊な事情を除き「通常の注意力を有する者であれば，当該ミスによる事象の発生を回避すべく措置を講ずべきであることから，その事象の発生を回避できなかったことをもって，原則，出願人等は，相応の措置を講じていなかったものとされ」ると規定されている。したがって，本判決ではA弁理士の人為的ミスが否定されているものの，たとえ人為的ミスが肯定された場合でも，「正当な理由」の要件を満たさないと判断された可能性が高いものと思われる。

また，ガイドラインでは，出願人等が特許庁に対する手続を代理人に委任している場合でも，「出願人等が期間徒過の可能性を知っていた場合等，出願人等が自ら期間徒過を回避すべく手続をすることが求められる事情があるといえるときは，……出願人等が期間内に手続をしなかったことをもって，相応の措置を講じていなかったものとされ，それにより「正当な理由」が否定されることとな」ると規定されている。なお，本判決において認定された控訴人らの（a）〜（e）の事実は，「出願人等が自ら期間徒過を回避すべく手続をすることが求められる事情」の具体例に対応する。このことから，特に係争中の事件に関連する特許権については，たとえ出願人等が特許庁に対する手続を代理人に委任している場合でも，出願人等が自ら期限の確認を行わなければ，相当な注意を尽くしたと判断されない可能性が高いものと思われる。

本判決及びガイドラインによれば，出願人等は，期間徒過に対する救済を得ようとするにあたり，相当な管理責任を負うものと思われる。このため，特許庁に対する手続を出願人等から委任された代理人としては，期限徒過が発生しないように細心の注意を払うことは当然のことであるが，例えば，継続中の特許権についての各種期限の通知を出願人等に対してこまめに行ったり，特に知的財産に関する知識が乏しい出願人等に対して各種期限に関する啓発を行ったりすることにより，出願人等が期限管理に対する意識を維持できるよう心がけるのがよいと思われる。

（稲山　朋宏）

手続却下処分取消等請求事件

判 決 の ポイント	国内書面提出期間内に明細書等翻訳文を提出できなかったことにつき，「正当な理由」が認められなかった。
事 件 の 表 示	R 2.8.20　東京地裁　令和元年(行ウ)527
参 照 条 文	特184の4④
Key Word	正当な理由，明細書等翻訳文

1．事実関係

（1）手続の経緯

　特許協力条約に基づく外国語でされた国際特許出願(「血小板保存方法およびそのための組成物」との名称の発明に関する，PCT／US2015／066252であり，「本件国際出願」という。)をした原告が，国内書面に係る手続をし，その後，二度にわたり手続補正書を提出したほか，出願審査請求書を提出した。

　これに対し，特許庁長官から，国内書面提出期間内に明細書及び請求の範囲の翻訳文の提出がなく指定国である我が国における本件国際出願は取り下げられたものとみなされるとして，本件各手続を却下する処分を行った。これに関し，原告は，国内書面提出期間内に明細書等翻訳文を提出することができなかったことについて，特許法184条の4第4項所定の「正当な理由」があるとして，本件各却下処分の取消しを求めた。

（2）日本への国内移行のための米国事務所での処理の流れ

　①出願人から本件国際出願の手続を受任した米国事務所は，平成27年12月17日に本件国際出願を米国特許商標庁に対し行い，同出願の国内移行手続の期間管理を開始し，国内移行手続の期限を出願人に報告した。

　②米国事務所の事務員は，平成28年4月20日及び平成29年10月14日，出願人に対し，国内移行手続の期限に関するリマインダーを送信した。

　③上記事務員は，日本以外の移行国分も含め，各移行国の代理人に対する移行手続のドラフトを作成し，米国事務所代理人に対し，その内容確認及びその送信の承認を求める電子メールを送信し，同人の承認を得た。

　④上記事務員は，平成29年12月12日午前9時23分に，日本事務所に対し，国内移行手続の指示書等を添付した指示メールを送信した(同メールのカーボンコピーには，上記米国事務所代理人が含まれている)。しかし，指示メールの添付ファイルの容量が日本事務所のサーバの許容容量を超えていたため，サーバに拒否され日本事務所には到達しなかった。その結果，指示メールを送信し

てから4分後の平成29年12月12日午前9時27分，上記事務員宛てに，日本事務所のサーバから送信エラー通知が自動送信された。また，上記事務員は，日本への指示メールの送信と近接した時刻に，他の移行国の各代理人に対しても，同様の指示メールを送信し，同日中に全代理人から受領した旨の電子メールが送信されてきた。

⑤上記事務員は，指示メールを送信した平成29年12月12日，米国事務所の業務手順に従い，所定の紙フォルダを作成し，同フォルダをドケット管理部署に手渡した。同部署は，事務所内システムに指示メール送付の旨を記録した。

⑥上記事務員は，上記⑤の紙フォルダの返却を受けた後，日本事務所から指示メール受領報告の記録がドケット管理部署で見つからない旨のメモに気付いた。しかし，事務員は，それまでに5年間，日本事務所と仕事をしてきた経験上，同事務所から書類の提出報告を受領するまでに3か月から4か月かかることが通常であったため，特に懸念する理由はないと考えた。

⑦上記事務員は，平成30年2月5日，ドケット管理部署からの問い合わせに答えるために，日本事務所に対し，指示メールの添付資料を添付した形で本件国際出願の国内移行手続の完了報告を依頼する電子メールを送信したところ，同電子メールに対する送信エラー通知を受信した。これを契機に，事務員は，本件指示メールの送信完了に懸念を抱き，上記添付資料を添付しない形で日本事務所に対し，本件国際出願の国内移行手続の完了報告を依頼する電子メールを再送し，同事務所から，同月6日，本件指示メールを受領していない旨の返信を受け，期間徒過に気付いた。

▌2．争点

原告が国内書面提出期間内に明細書等翻訳文を提出できなかったことにつき，特許法184条の4第4項所定の「正当な理由」の有無について争われた。

▌3．裁判所の判断

裁判所は，概略以下のように述べて，請求を棄却した。

（1）「法184条の4第4項所定の「正当な理由」があるときとは，特段の事情のない限り，国際特許出願を行う出願人（代理人を含む。以下同じ。）として，相当な注意を尽くしていたにもかかわらず，客観的にみて国内書面提出期間内に明細書等翻訳文を提出することができなかったときをいうものと解するのが相当である（H29.3.7知財高裁平成28年（行コ）10002）。」

（2）「これを本件について見るに，本件事務員は，本件日本事務所に対し本件メールを送信後，数分後に送信の不奏功を告知する本件送信エラー通知を受けていたにもかかわらず，また，ほぼ同時刻に送信した他の5箇所の代理人事

その他行政訴訟

務所からは送信と同日中に受信確認メールの送信を受けた一方で本件日本事務
所からは受信確認メールの送信を受けていなかったにもかかわらず，国内提出
期間が徒過するまで，本件日本事務所に対して，本件指示メールの受信確認等
を一切行わなかったものである。さらに，本件事務員を監督する立場にあった
本件現地事務所代理人は，本件指示メールのカーボンコピーの送信先となって
おり，同メールを受信できなかった事情が特段見当たらない以上は同メールを
受信していたものと認められるが，その後，国内書面提出期間の徒過を回避す
るための具体的な役割を果たした形跡が見当たらない。これらによれば，本件
事務員及び本件現地事務所代理人が相当な注意を尽くしていたとは認められな
いし，本件において「正当な理由」の有無の判断を左右するに足りる特段の事情
があったとも認められない。」

（3）「法184条の4第4項の適用の有無は，国内移行手続において判断される
ものであるから，同項の「正当な理由」の有無については，日本における規範・
社会通念等を基準に判断されるべきである。」

▌4．実務上の指針

特許協力条約に基づく外国語でされた国際特許出願の出願人は，原則として，
国内書面提出期間内に明細書等翻訳文を提出することが求められているが，平
成23年の特許法改正により，正当な理由がある場合に期間徒過が救済されるこ
とになった。当時，我が国は特許法条約に未加盟であったが，国際的調和の観
点から，国際特許出願の出願人による期限徒過の救済を柔軟に図るようにした
ものである。なお，特許法条約に規定される，期限徒過の救済としての「権利
の回復」については，それを認める要件としてDue Care（相当な注意）基準，又
はUnintentional（故意でないこと）基準の何れかを選択することが認められて
おり，平成23年の特許法改正は，概ねDue Care基準を採用したものというこ
とができる。したがって，現行の特許法は，期限徒過の救済に関しては要件緩
和の流れを汲んでいるものとなる。

しかし，「正当な理由」が認められるには，出願人として相当な注意を尽くし
ていたにもかかわらず，客観的にみて期限徒過してしまったことを証明しなけ
ればならないことになるが，本件事案を踏まえると，その証明は容易ではない。
本件事案での事実関係を踏まえ，裁判所は，「本件現地事務所が期限管理システ
ムや業務規則により期限徒過を防止する態勢を企図していたとしても，本件の
事実経過のとおり，本件事務員が本件送信エラー通知を受信していたにもかか
わらず，本件日本事務所に対して本件指示メールの受信確認等を一切行わず，
期限徒過を生じさせたことからすれば，結局のところ，本件事務員が業務を適
切に行っている限りは問題が生じないが，見落としや錯誤など何らかの過誤を

発生させた場合，何らの監督機能や是正機能が働くこともなく，問題の発生を抑止できない態勢にとどまっていたと言わざるを得ない。」とも指摘している。このことは，出願人や代理人には，監督機能や是正機能によって問題の発生を抑止することが当然に求められるということであり，問題の発生を抑止できない程度の監督機能等であるならば，それは相当な注意を尽くしていないということを意味する。そのため，出願人や代理人は，見落としや錯誤等の人為的なミスが生じる可能性は十分にあるということを受け入れたうえでそれを抑止する監督機能等の維持に努める義務があり，その義務の遂行を阻害される程度に深刻な原因でなければ「正当な理由」としては認められないと認識する必要がある。

　また，特許庁が出している「期間徒過後の救済規定に係るガイドライン」によると，「正当な理由」であるか否かの判断は，期間徒過の原因となった事象の観点，出願人等が手続をするために講じた措置の観点，等から行われるとされている。そして，期間徒過の原因となった事象が予測可能であるといえる場合は，「出願人等は，当該事象により期間徒過に至ることのないように事前に措置を講ずべきであるといえることから」，「正当な理由」は認められないと判断される。また，期間徒過の原因となった事象が予測不可能であり人為的なミスにより発生した場合は，特殊な事情がある場合を除き，「通常の注意力を有する者であれば，当該ミスによる事象の発生を回避すべく措置を講ずべきであることから，その事象の発生を回避できなかったことをもって，原則，出願人等は，相応の措置を講じていなかったものとされ」，「正当な理由」は認められないと判断される。このことからも，出願人等に求められる監督機能や是正機能は極めて高いことに留意しなければならない。

　なお，令和３年の特許法等改正により，期限徒過の救済規定が大きく見直されることとなった。外国語特許出願については，明細書等翻訳文の提出に関する期限徒過が故意でないと認められる場合には，一定の期間内に限って当該翻訳文の提出が認められることになる。すなわち，救済の基準が，Due Care基準からUnintentional基準に大きく切り替えられることになる。実務上は，要件が緩和されて救済の可能性が高まることが期待されるものであるが，気を緩めてはならない。法改正は，出願人等の監督義務等を軽減させることを目的とするものではなく，これまでと変わらず高度な監督機能等の発揮は期待されるのであり，また，改正による期間徒過の救済を事実上の期間延長と解釈して管理するようなことは好ましくないことはいうまでもない。

（今堀　克彦）

■グループリーダーの付言

特許・実用新案審決取消訴訟（電気）グループリーダー
弁理士　稲山　朋宏（いなやま　ともひろ）

（特定侵害訴訟代理付記登録）
オアシス国際特許事務所　勤務（実務経験14年）
電気，制御，通信分野を中心とした特許実務に広く携わっている。又，中部地区の弁理士クラブ委員を主な対象とした月例勉強会にも長年にわたり参画し，委員間で積極的な判例研究や情報交換を行っている。

　今回，電気系の審決取消訴訟事件としてあげられた事件を分類すると，進歩性の判断に関する案件が3件，発明成立性，サポート要件，発明の要旨認定の判断に関する案件がそれぞれ1件ずつであった。特に興味を引く判決について，以下に紹介する。

　「デッキ型対戦ゲーム事件」（p24）では，「ゲームの取決めを変更することに過ぎない」との理由で容易想到であると判断された審決の誤りが指摘された。ゲーム市場は，昨今のコロナ禍でも高い成長が見込まれている分野として注目されているものの，その知的財産としての価値については，これまであまり重要視されてきていないように思われる。これまで埋もれがちであったゲーム関連技術の価値を適切に評価して権利化を図っていくために，本判決は大変参考になる。更に，ゲーム分野は，AR，VR，MR，クラウド，AIといった先端技術がいち早く導入され，且つ，ヘルスケア分野や教育分野等への展開の可能性が示唆されており，すそ野の広い分野であるといえる。ゲーム分野の動向には今後も注目するべきであると同時に，実務の傾向についても判例等を通じてフォローすることが必要であると思われる。

　「電子記録債権の決済方法事件」（p4）では，人為的な取決めを含む発明について，発明該当性を確保する為に必要な事項が示唆された。最近では，市場シェアを獲得する商品やシステムの特徴として，技術的な優位性でなくビジネスモデルの優位性が大きな影響を及ぼしていることがあげられる。このため，他者との差別化を図るためにも，技術だけでなくビジネスモデルについても知的財産として積極的に保護を目指していくべきである。人為的な取決め等を含む発明において発明該当性を確保するため，本判決を参考にして請求項及び明細書を記載するよう心がけるのがよいと思われる。

　「発光装置事件」（p80）にて示されたサポート要件に関する判断手法，及び，「医薬品相互作用チェックシステム事件」（p32）にて示された発明の要旨認定の手法については，いずれも，電気分野に限定されず他の分野の案件においても適用可能なものとして参考になる。

　最後に，掲載件数の制約で取りあげることができなかったものの，電気，ソフトウエア分野に特有の興味深い事件として，人為的取決めに関する相違点が引用文献に基づき想到容易と判断された令和元年（行ケ）10114「動画配信システム事件」を紹介する。今後の判例研究の参考になれば幸いである。

第1部
侵害訴訟

第1章
特許・実用新案

ウイルス療法事件

判　決　の ポ　イ　ン　ト	医薬品の承認を得るための治験（臨床試験）は，特許法69条1項の「試験又は研究のためにする特許発明の実施」にあたり，特許権の侵害とはならない。
事件の表示	R 2 .7 .22　東京地裁　平成31年（ワ）1409
参 照 条 文	特69①
Key Word	試験又は研究，治験（臨床試験）

1．事実関係

　原告は，発明の名称を「ウイルスおよび治療法におけるそれらの使用」とする，がんのウイルス療法に係る特許第4212897号の特許権者である。がんのウイルス療法とは，がん細胞でのみ増殖するように改変されたウイルスを感染させ，ウイルス感染によりがん細胞を破壊する治療方法である。原告は，本治療方法の日本における先駆的研究者であり，判決日時点において，本件特許発明に係る変異ウイルスを用いた膠芽腫（悪性脳腫瘍の一種）の治療剤に関する治験を行っていた。なお，本特許権の満了日は令和4年3月27日である。

　被告は，米国製薬企業の子会社であり，日本国内において，平成29年頃から，原告が開発しているウイルスとは異なる変異ウイルスを含む悪性黒色腫の治療剤に関する治験を行っている。被告治験は，米国及び欧州で既に承認を受けた製品を国内で販売するためのものであり，外国の臨床試験データをもとに治験を進めるブリッジング試験である。ここでブリッジング試験とは，外国での治験データを，人種差や民族差を考慮して日本人に外挿するために実施される臨床試験であり，日本人における有効性，安全性及び用法・用量に関する臨床データ等を得ることを目的として行われる試験である。なお，被告治験の完了予定日は令和3年4月16日である。

　原告は，被告が日本国内で行っている治験は，原告特許発明の実施にあたり，同特許権を侵害するとして，同ウイルスの使用差止め等を請求して，本件訴訟を提起した。

　なお，被告治験対象ウイルスが原告特許発明の技術的範囲に属することについては，争いはない。

2．争点

　被告治験が，特許法69条1項の「試験又は研究のためにする特許発明の実施」

に該当するか否かが争われた。

▌3．裁判所の判断

　原告は，特許法69条1項の立法趣旨及び平成11年4月16日の最高裁判決（平成10年（受）153）を引用して，「試験又は研究のためにする特許発明の実施」に該当するためには，技術の進歩を目的とするものであるか，又は後発医薬品の製造承認のためのものであることを要すると主張した。そして，本件治験が先発医薬品の治験であり，また，既に欧米で承認された医薬品につき日本での承認を得ようとするものであるから，後発医薬品でもなく，技術の進歩を目的とするものではないため，特許法69条1項の「試験又は研究のためにする特許発明の実施」に該当せず，本件治験を実施する行為は本特許権の侵害であると主張した。

　それに対し，裁判所は「平成11年最判は，後発医薬品が特許法69条1項にいう「試験又は研究のためにする特許発明の実施」に当たる理由として，後発医薬品についても，他の医薬品と同様，その製造の承認を申請するためには，あらかじめ一定の期間をかけて所定の試験を行うことを要し，その試験のためには，特許権者の特許発明の技術的範囲に属する化学物質ないし医薬品を生産し，使用する必要がある……，特許権存続期間中に，特許発明の技術的範囲に属する化学物質ないし医薬品の生産等を行えないとすると，特許権の存続期間が終了した後も，なお相当の期間，第三者が当該発明を自由に利用し得ない結果となるが，この結果は，特許権の存続期間が終了した後は，何人でも自由にその発明を利用することができ，それによって社会一般が広く益されるようにするという特許制度の根幹に反するとしている。……（被告治験に係る製品についても（筆者加筆））その製造販売の承認を申請するためには，あらかじめ一定の期間をかけて所定の試験を行うことを要するので，本件特許権の存続期間中に，本件発明の技術的範囲に属する医薬品の生産等を行えないとすると，特許権の存続期間が終了した後も，なお相当の期間，本件発明を自由に利用し得ない結果となるが，この結果が特許制度の根幹に反するものであることは，平成11年最判の判示するとおりである。」として，本件治験を特許法69条1項の「試験又は研究のためにする特許発明の実施」に該当するとした。

　さらに原告の「技術の進歩を目的とするものに限られる」という主張に対しては，裁判所は「特許法69条1項に該当するかどうかは，特許法の目的や医薬品医療機器等法による規律も考慮しつつ，特許権者と一般公共の利益との調和という観点から決すべきところ，一般公共の利益に資する「試験又は研究」には様々な目的，内容等のものが考えられることからすると，特許法69条1項の「試験又は研究」を必ずしも技術の進歩を目的とするものに限定すべき理由はなく，

事案に応じてその目的や内容等を考慮しつつ，特許権者の利益との衡量をすれば足りる」と退けた。さらに，裁判所は「仮に，特許法69条1項にいう「試験又は研究」が技術の進歩を目的とするものであることを要するという解釈を採った場合であっても，本件治験は（日本人における有効性及び安全性を評価するための試験であるから（筆者加筆））技術の進歩を目的とするものに該当し，同項にいう「試験又は研究のためにする特許発明の実施」に当たるというべきである。」と判示した。

なお，本件判決については，原告により控訴され（控訴審：R3.2.9　知財高裁　令和2年（ネ）10051），本件地裁判決と同様の判断がなされている。

┃4．実務上の指針
（1）本件判決の医薬品開発に与える影響

本件の医薬品開発は，先行する開発品が存在するなかで，類薬を開発しようとしたものである。医薬品開発は長期にわたる臨床試験（治験）が必要であり，自己の開発品が他社の特許発明の技術的範囲に属してしまう場合，その満了を待ってから臨床試験を開始しようとすると，特許満了後長期にわたって類薬が開発されず，公共の利益に大きく反することとなる。本判決で，平成11年最高裁判決の射程範囲が後発品に限定されず，あらゆる医薬品開発に適用される旨判示されたことは，医薬品開発の促進につながる可能性がある。類薬が複数存在する状況は，競争の激化につながるものではあるが，医師・患者側から見れば，選択肢が広がることとなり，歓迎すべきことだろう。

一方，裁判内で原告が主張しているように，昨今開発競争が盛んな先進的なバイオ医薬については，先駆者は薬事制度が整備されていないなかで承認を目指すため，製品化時点では特許が満了しているという事態も容易に想像できる。

それに追随する類薬の開発者は，先駆者ほどには時間をかけずに製品化に至る可能性を持っている。先駆者の保護が不十分であるとの原告主張も首肯できる。実際，原告らの日本における治験は2009年から行われており，10年を超える長い期間を経て，2021年6月に医薬品として承認された。承認された時点では特許期間は1年弱しか残されていない。なお，原告は特許権存続期間の延長は得られるが，延長の期間に入れば，特許権の効力は承認を得たものの範囲に限られるため，被告製品は効力範囲外となる。

裁判所も明確に説示しているが，特許発明は権利満了後は何人も自由にその発明を利用できるわけであるから，製品化が遅れたことにより残存する特許期間が短くなっても特許法の解釈には影響しない。ただ，規制当局との対応を進めながら開発をする先駆者を保護しなければ，発明の奨励や産業の発達に結びつかないことを考えると，何かしらの制度改革の必要性を感じる。

（2）特許権存続期間中の準備行為について

　本判決でも，上記平成11年4月16日最高裁判決での判示事項である，「特許権存続期間中に，薬事法（当時）に基づく製造承認申請のための試験に必要な範囲を超えて，同期間終了後に譲渡する後発医薬品を生産し，又はその成分とするため特許発明に係る化学物質を生産・使用することは，特許権を侵害するものとして許されない」が引用されている。本判決では，被告の実施行為が試験又は研究の範囲を超える証拠はないと判断されているが，当然「試験に必要な範囲を超えて」いる行為は侵害となる。

（3）諸外国の制度との対比

　米国や英国では，条文上，医薬品の承認を得るための臨床試験は特許権の侵害とならないと明記されている。一方で，「試験又は研究」の例外についての規定はあるものの，その範囲が明確ではない国も多い。また，それらの国のなかには，裁判例により，後発医薬品の臨床試験が該当するとの判断が出ている国もあるが，全く判断されていない場合も多い。医薬品開発は，世界各国で行うことが想定されるが，開発を行う国の特許制度を都度精査し，臨床試験が「試験又は研究」の例外に該当するか，すなわち特許権の効力が及ばない範囲に該当するかを判断しなければいけない。

（4）医薬品開発以外に対する影響について

　今回の判決で，裁判所は，特許法69条1項の「試験又は研究」を必ずしも技術の進歩を目的とするものに限定すべき理由はないとしている。一見すると，特許法69条1項の「試験又は研究」が拡大されたようにも見えるが，その範囲は定かではない。特許権者が失う利益と公共の利益を比較衡量することとなるが，どこまでが許容範囲なのかはさらなる裁判例の蓄積を待たなければならないだろう。現状では，学説による3つの類型である，特許性評価・機能調査・改良発展を目的とする試験（参考文献1）のいずれかに該当するかを第一の判断基準とすることになると思われる。

【参考文献】
「特許研究」INPIT，No.43（2007）p32-p43

（澤田　孝之）

情報処理装置事件

<table>
<tr><td>判　決　の
ポイント</td><td>発明の意義を根拠に特許請求の範囲の記載が広く解釈され，引用例
における具体的記載の欠除を根拠に引用発明が狭く解釈された。</td></tr>
<tr><td>事件の表示</td><td>R 2.8.11　東京地裁　平成31年(ワ)2210</td></tr>
<tr><td>参　照　条　文</td><td>特70　特104の3</td></tr>
<tr><td>Key Word</td><td>発明の意義，解決課題</td></tr>
</table>

1．事実関係

　原告は，医療関係の情報処理装置に関する本件特許1（特許第6407464号），本件特許2（特許第6309504号）に係る各特許権を保有している。被告は，国内の医療機関向けに医療看護支援ピクトグラムシステムやそれらの構成装置(以下「被告製品」と総称する。)を提供している。原告は，被告製品が本件特許1，2に係る各特許権を侵害するとして本件訴訟を提起した。

　以下は，本件特許1の請求項1である。

　「患者を識別するための第1患者識別情報を端末装置より取得する第1取得部と，前記第1患者識別情報と，患者を識別する情報としてあらかじめ記憶された第2患者識別情報とが一致するか否かを判定する第1判定部と，前記第1判定部が一致すると判定した場合，前記第2患者識別情報に対応する患者の医療情報を，前記端末装置へ出力する第1出力部と，前記第1判定部で一致すると判定された場合に，看護師または医師を識別するための第1医師等識別情報を前記端末装置から取得する第2取得部と，前記第1医師等識別情報と，看護師または医師を識別する情報としてあらかじめ記憶された第2医師等識別情報とが一致するか否か判定する第2判定部と，前記第2判定部が一致すると判定した場合，前記第2患者識別情報に対応する患者の医療情報のうち前記看護師または前記医師が必要とする医療情報を含む表示画面を，前記端末装置へ出力する第2出力部と，を備える情報処理装置。」

　本件特許2の請求項1は，本件特許1の請求項1における第2出力部の内容を，「前記第2識別情報が一致すると判定した場合に，前記患者の状態に関する状態情報の入力を受け付けるための入力画面を前記端末装置へ出力する第2出力部」とした点が，本件特許1の請求項1と異なっている。

2．争点

　本件では，被告製品は本件特許1，2の各発明の各技術的範囲に属するか(争

点1），本件特許1及び本件特許2は無効理由を有するか（争点2），が争われた。

▌3．裁判所の判断

（1）争点1について

　被告は，本件特許1の請求項1の発明（以下「本件発明1」という。）において，第1判定と第2判定は患者の医療情報にアクセスするための情報処理制御として連続した処理であるから，医療スタッフが医療情報にアクセスしようとする場合には，その都度第1判定を行ったうえで医療スタッフ認証を行うことが必須であり，本件発明1にいう第1判定とはそのように理解されるべきであって，被告製品にはそのような連続性はないと主張したが，裁判所は，発明の意義を根拠に退けた。すなわち，「本件明細書1における背景技術や発明が解決しようとする課題の記載によれば，医療情報を医療用サーバから取得し，取得した医療情報に基づいてピクトグラムを表示する端末装置という従来技術ではセキュリティを確保することが難しかったところ，本件発明1-1は，セキュリティを従来技術より向上させることができるというものである」と発明の意義を説示し，第2判定は第1判定で一致すると判定された場合にされるものであることを認めつつも，本件特許1の明細書に「第1判定で一致するとされた後に患者による一定の操作がされ，その後に第2判定がされることや，第1判定で一致すると判定されて第2判定がされて第2判定で一致するとされて看護師等が必要とする医療情報を含む表示画面が出力された後に，第1判定で一致すると判定された後と同じ，患者の医療情報を表示する患者用画面に戻り，その状態から再び第2判定がされることがあり得ることが記載されているといい得る。」とし，「第1判定がされるのは第2判定がされる直前に限られるとか，第2判定がされる前にその都度第1判定がされるとは限らないと解するのが相当である。」とした。そのうえで，裁判所は，「このように解したとしても，第1判定がされてそこで一致すると判定されない限り第2判定はされず，第2判定において一致すると判定されない限り看護師等が必要とする医療情報を含む表示画面が表示されることはないから，本件明細書1に記載されたセキュリティの向上という効果を奏するといえる。」と判示した。

　本件発明2についても，上記情報処理の連続性が必須ではないとの解釈を前提に，被告製品も患者のバイタル情報の受付画面を端末装置に出力することを認定して技術的範囲に属するとした。

（2）争点2について

　被告は，乙1の電子カルテサーバでは，ベッドサイド端末識別子と患者名が対応しており，「ベッドサイド端末識別子」が「第1患者識別情報」及び「第2患者識別情報」に相当するとして，相違点は存在しないと主張したが，裁判所は，

「本件発明1-1の患者識別情報は，患者を識別するための情報であり，患者名や患者IDなどの当該患者に固有の情報である。これに対し，乙1公報のベッドサイド端末識別子は，ベッドサイド端末を識別するためのものであり，当該ベッドサイド端末に固有の情報といる。したがって，両者は異なる概念であり，乙1公報のベッドサイド端末識別子は「患者識別情報」には該当するとはいえない。」とし，「乙1電子カルテサーバにおいては，あらかじめベッドサイド端末識別子と患者名（患者識別子）が関連付けられているところ，そのベッドサイド端末識別子と患者識別子の関連付けやその判定に係る構成については何ら開示していない」として，退けた。

　また，被告は，乙1の実施例2において「状態情報」が患者ごとに記録されていることを根拠に，本件特許1の第2判定が乙1に開示されていると主張したが，裁判所は，乙1では医療スタッフ識別子と患者名の組合せに対応する状態情報が存在するか否かを判定しているから相違すると判示した。

　裁判所は，本件発明2についても同様の理由で無効の抗弁を退けている。

▍4．実務上の指針
（1）特許請求の範囲の解釈における課題解決原理
　技術的範囲の属否において今回争われた「前記第1判定部で一致すると判定された場合に，……一致するか否か判定する第2判定部」の解釈について，被告は，第1判定と第2判定とが連続して行われる場合に限定されると主張したが，裁判所は，必ずしも連続的に行われない場合も明細書に開示されているとし，被告の主張を退けた。この点は，広く解釈したとしても発明の効果を奏し得る，すなわち課題を解決できる，としたものであり，特許請求の範囲の解釈における課題解決原理ともいうべきものである。

　課題解決原理は，均等論における発明の本質的部分認定などにおいて採用されているが，発明の外延を解釈する基準としても採用され得ることが本判決において示された。課題をどのように設定するかは，特許後の権利範囲の解釈に大きく影響する場合があり，明細書作成の実務においてその点に留意すべきことを本判決は示している。

（2）無効の抗弁における立証活動
　本件発明1の「第1判定部」は，端末装置から取得された第1患者識別情報と予め記憶された第2患者識別情報とが一致するか判定する判定部である。この点につき，乙1には，ベッドサイド端末識別子と患者名が対応付けされて予め記憶されており，ベッドサイド端末から送られたベッドサイド端末識別子により患者名を取得し，取得された患者名の診療情報を電子カルテデータベースから取得してベッドサイド端末に送信する点が記載されている。この相違点に関

し，被告は，対応関係の存在を根拠に，「ベッドサイド端末識別子」が「第1患者識別情報」及び「第2患者識別情報」に相当するとのみ主張しており，判決文を見る限り，より詳細な主張立証はしていないようである。

　裁判所は，この点につき，上記のとおり，「患者識別情報」と「ベッドサイド端末識別子」との概念上の相違を強調し，乙1にベッドサイド端末識別子と患者識別子の関連付けやその判定に係る構成についての具体的な開示がないことを指摘して被告の反論を退けている。

　「ベッドサイド端末識別子」が「患者識別情報」とは異なる概念であったとしても，ベッドサイド端末識別子が個々の患者と一意に対応して管理されていれば，ベッドサイド端末識別子は患者識別情報として機能する。被告がいいたかったのは，この点であろう。乙1は，ベッドサイド端末識別子はベッドサイド端末を一意に識別するものであるとし，患者一人に1台のベッドサイド端末が割り当てられるとしている。そして，患者名はベッドサイド端末識別子と対応付けられているとされ，患者名は患者を一意に識別するとしている。そうすると，ベッドサイド端末識別子は，結果として患者を一意に識別することになる。無論，ベッドサイド端末識別子のみでは，患者が使用するベッドが変わった場合，取り違えが発生してしまう。したがって，患者識別情報と対応付けて管理する必要がある。乙1も，医師が患者名を入力してベッドサイド端末識別子と患者名との対応に誤りがないかチェックする態様に言及している。

　また，乙1は，ベッドサイド端末識別部及びベッドサイド端末情報記憶部がベッドサイド端末に設けられている態様も記載しており，この態様では，裁判所がいう患者識別情報がベッドサイド端末から電子カルテサーバに送信されることになる。

　そして，電子カルテデータベースを参照して診療情報を取得することは，患者識別情報で検索して該当するレコードの診療情報を取得することを意味するから，「判定」がされていることになる。

　裁判所の指摘のとおり，ベッドサイド端末識別子と患者名との関連付けの構成について乙1は詳しく記載していないが，データベースファイルにおける情報の関連付けやレコードの検索などの技術常識について詳細に主張立証すれば，結果が変わったかもしれない。引用例に具体的な記載がない場合，引用発明が狭く解釈されてしまう可能性があるから，その部分を埋める補充的な立証活動が必要なことを本判決は示しているように思われる。「裁判所において顕著な事実」(民訴179)は，こと特許訴訟においては存在しないということを肝に命じたいものである。

(保立　浩一)

無線通信サービス提供システム控訴事件

判 決 の ポ イ ン ト	原審は,本件発明は被控訴人システムを権利範囲に含まないとした。控訴審は,用語「ても」に基づく解釈により,このシステムを権利範囲に含むとしたが,本件発明は進歩性を欠き,無効理由を有するとして,権利行使を認めなかった。
事件の表示	R 3.2.10　知財高裁　令和元年（ネ）10074 （原審　R 1.10.24　大阪地裁　平成30年（ワ）7123）
参 照 条 文	特29②　特70①　特101①　特104の3①　特123①
Key Word	発明の進歩性,出願経過

1．事実関係

（1）手続の経緯

控訴人は,無線通信サービス提供システムに係る特許権（特許第3245836号,本件特許）を有する。被控訴人は,インターネット上の広告配信サービス（被控訴人サービス）を提供するシステム（被控訴人システム）を生産し,それを使用して被控訴人サービスを提供している。

控訴人は,被控訴人システムの生産及び使用が本件特許の侵害に当たるとして,被控訴人サービスの提供の差止め等を請求したが,原審では被控訴人システムは本件特許の権利範囲に含まれないとして棄却されたため,控訴した。

（2）本件特許の請求項1に係る発明（本件発明1）の内容

以下に,本件発明1を示す。なお,下線は,筆者が追記したものである。

A　無線通信装置の利用者が,無線通信ネットワークを経由して,通信事業者から無線通信サービスの提供を受けることにより,所定の利用料金を支払う無線通信サービス提供システムにおいて,

B　前記無線通信装置の現在位置を測定する位置測定手段と,

C　配信すべき広告情報および配信先情報を入手するとともに,前記広告情報を前記無線通信装置に送信する広告情報管理サーバとを具備し,

D　前記広告情報管理サーバは,前記位置測定手段が測定した前記無線通信装置の現在位置と前記配信先情報に含まれる位置情報に基づいて,指定地域内の前記無線通信装置に対して前記広告情報を送信し,前記無線通信装置は,前記広告情報管理サーバが送信した前記広告情報の配信を受ける一方,

E　<u>前記広告情報管理サーバは,前記無線通信装置が一旦前記指定地域の外に出た後,再び前記指定地域内に戻っても,同じ前記広告情報を前記無線通信</u>

装置に送信しないこと，を特徴とする無線通信サービス提供システム。

▌2．争点

本件発明1への被告システムの属否及び本件発明1の進歩性等が争われた。

▌3．裁判所の判断

以下，本件発明1に対する裁判所の判断を示す。

（1）構成要件Eの解釈

構成要件Eの「戻っても」の「ても」は，国語辞典によれば，①仮定の条件をあげて，後に述べる事がそれに拘束されないこと，又は②事実をあげて。それから当然予想されることと逆の事柄を述べることを意味する。ここでは，「ても」の前後が逆の事柄とはいえないから，「ても」は①を意味する。

したがって，構成要件Eは，「広告情報管理サーバが，無線通信装置が一旦指定地域の外に出た後再び指定地域内に戻った場合であっても，指定地域内にとどまり続けた場合であっても，同じ広告情報を無線通信装置に送信しないこと」を意味する。

この解釈は，本件明細書の記載とも整合する。すなわち，本件明細書（段落［0070］）には，「送信済フラグを立てる。これにより，同じユーザに対して同一の広告メッセージを重複して送信することがなくなる。即ち，携帯端末1Aが一旦指定地域の外に出た後，再び指定地域内に戻っても，この送信済フラグが立っていれば，同じ広告メッセージを送信しない。」との記載がある。国語辞典によれば，「即ち」は「その意を再び明らかにする」意味であるから，この明細書の記載は，無線通信装置が一旦指定地域の外に出た後，再び指定地域内に戻った場合でも，指定地域内に存在し続けた場合でも，同じ広告情報を無線通信装置に送信しないことを意味すると解釈できる。

一方，この記載の前（段落［0069］）に，広告情報管理サーバは，携帯端末1Aの位置を把握することが記載されている。このため，広告情報管理サーバは，携帯端末1Aが指定地域外に出た後，再び指定地域内に戻ったことを把握すると考えられる。しかし，広告情報を再度送信するかの決定に，この情報を利用するかが示されていない。このため，広告情報管理サーバは，「無線装置が一旦指定地域の外に出た後，再び指定地域内に戻ったことを把握して，当該無線通信装置に同じ広告情報を再送信しないようにする」とはいえない。

（2）構成要件Eの充足性

被控訴人システムは，広告主が配信期間を1日以内とし，1人のスマートフォンのユーザーに対して1日に配信する回数を1回に制限する設定をした場合，スマートフォンが，配信エリア外に出た後再び配信エリア内に戻っても，配信

エリアにとどまり続けても，同じ広告データを送信しない。この場合，被控訴人システムは，構成要件Ｅを充足する。被控訴人は，この設定はまれだと主張するが，設定できる以上，構成要件Ｅの充足性を否定できない。

（3）本件発明1の進歩性

公知発明（特開2000-222331）は，本件発明の構成Ａ～Ｄを備え，送信先情報に含まれる位置情報及び時刻に基づいて広告情報を送信するウェブ・サーバに係る。

インターネット広告配信の技術分野において，同じ広告を必要以上に見せることで起きる「バナーバーンアウト」（広告に反応しなくなる）を防ぐために，利用者への広告配信の回数をコントロールすることは周知技術であった。

公知発明は，技術分野及び課題（広告の効力を高める）が，周知技術と共通する。そのため，公知発明に周知技術を組み合わせる動機付けがある。

したがって，公知発明に，特定の広告を利用者に配信する回数を1回に制限するという周知技術を適用することで，本件発明1を容易に想到できた。

（4）結論

被控訴人システムは構成要件Ｅを充足し，本件発明1の権利範囲に属する。しかし，本件発明1は，当業者が公知発明及び周知技術に基づいて容易に発明できたものであり，無効理由を有する。したがって，控訴人は，本件発明1の特許権を行使できない。

▌4．実務上の指針

（1）出願経過

多くの場合，特許出願は，そのまま特許されることはなく，拒絶理由が発せられ，出願人が拒絶理由に対応して拒絶理由を解消すると，特許に至る。この経過は，後の侵害訴訟時等に問題となることが多い。本件では，進歩性を問う拒絶理由に応じて追加された構成要件Ｅの解釈が争われた。

（2）構成要件Ｅの解釈の手法

本件判決では，構成要件Ｅ中の用語「ても」及び明細書中の用語「即ち」について，国語辞典の語義に即して，構成要件Ｅを解釈している。本件判決は，本来の語義に即して，用語を適切に使用し，解釈することが重要であることをあらためて教えている。

（3）原判決

原判決では，次のように，構成要件Ｅを限定的に解釈して，非侵害とした。

構成要件Ｅは，無線通信装置が指定地域外に出た後，再び指定地域内に戻った場合に，広告情報管理サーバが，<u>無線通信装置が指定地域外に出た後，再び指定地域内に戻ったことを把握して</u>，同じ広告情報を無線通信装置に送信しな

いことを意味する（下線は筆者による）。以下この理由を示す。

　まず，構成要件Eは，無線通信装置が指定地域内に存在し続けた場合をあえて記載しておらず，このような場合を含まない。さらに，構成要件Eは，広告情報管理サーバが，無線通信装置が指定地域外に出た後，再び指定地域内に戻ったことを把握して，同じ広告情報を再送信しないことを意味する。構成要件Eは，構成要件Cを踏まえて，広告情報管理サーバが，広告情報を無線通信装置に再送信するか否かという機能に着目したものだからである。

　原告（控訴人）は，被告システムでは，広告主が広告データの配信期間を1日以内とし，1人の無線通信装置のユーザに対して1日に配信する回数を1回に制限すると，同じ広告情報を再送信せず，構成要件Eを充足すると主張する。しかし，この構成は，無線通信装置が指定地域外に出た後，再び指定地域内に戻ったことを把握するものではないので，構成要件Eを充足しない。

（4）本件判決と原判決の相違

　本件判決と原判決は，非侵害との結論は同じであるが，構成要件Eの解釈が異なる。本件判決では，用語「ても」の語義に基づき，構成要件Eは，無線通信装置が，指定地域外に出た後，指定地域内に戻った場合，指定地域内に存在し続けた場合の双方を含むとして，広く解釈された。一方，原判決では，構成要件Eは，無線通信装置が指定地域外に出た後，再び指定地域内に戻ったことを広告情報管理サーバが把握することを要するとして狭く解釈された。

（5）構成要件Eの解釈が相違する理由

　原判決は，構成要件Eをあえて狭く解釈したと考える。原審では，本件発明1の進歩性自体は争点になっていない。このため，構成要件Eを限定解釈して，見かけ上は進歩性を問うことなく判決を行ったものと考える。

　既述のように，本件判決において本件発明1の進歩性は周知技術によって否定されている。原審においても，この周知技術の存在を前提として，構成要件Eは解釈された。すなわち，構成要件Eは，周知技術と異なる構成を強調するために追加されたとして，出願経過上からも限定した解釈が妥当としている。

　なお，本件判決では，この周知技術を示す文献は拒絶理由通知で示されないとして，構成要件Eは周知技術を除外するためのものではないとした。どちらかといえば，こちらの方が通常の解釈かと思われる。

（川原　行雄）

ピストン式圧縮機における冷媒吸入構造事件

判　決　の　ポ　イ　ン　ト	被疑侵害品は本件発明とは異なる原理で課題を解決しているから本件発明の技術的範囲に属さないとの被告の主張が，被疑侵害品においても本件発明の解決原理を利用しているとして退けられた。
事件の表示	R 2.12.1　東京地裁　平成29年（ワ）28541
参照条文	特70①　特126⑤　特134の2①
Key Word	技術的範囲，訂正要件違反

1．事実関係

（1）手続の経緯

　原告は，被告に対し，本件特許（特許第4304544号）に係る特許権に基づき，被告製品の製造等が本件特許権の侵害行為であるとして，損害の賠償を求めて本訴を提起した。被告は，本件特許について無効審判の請求をした（無効2015-800122）ところ，原告は，本件訂正をし，特許庁は，本件訂正を認め，請求不成立の第1審決をした。被告は第1審決の取消しを求める審決取消訴訟を提起した（H29.10.26知財高裁平成28年（行ケ）10231）が，知的財産高等裁判所は，被告の請求を棄却する判決をし，第1審決は確定した。被告は，本件訂正後の本件特許について無効審判の請求をした（無効2018-800013）ところ，特許庁は，本件審判の請求不成立の審決をした。被告は，当該審決の取消しを求める訴訟を提起した（R 2.1.29知財高裁平成31年（行ケ）10016）が，知的財産高等裁判所は，被告の請求を棄却する判決をした。

（2）本件発明の要旨

以下に本件発明を分説する。下線は本件訂正による訂正部分である。

A　シリンダブロックにおける回転軸の周囲に配列された複数のシリンダボア内にピストンを収容し，前記回転軸の回転にカム体を介して前記ピストンを連動させ，……前記シリンダボア内に区画される圧縮室に冷媒を導入するための導入通路を有するロータリバルブを備えたピストン式圧縮機において，

B　前記シリンダボアに連通……する吸入通路と，

C　吐出行程にある前記シリンダボア内の前記ピストンに対する圧縮反力を前記ロータリバルブに伝達して，吐出行程にある……前記吸入通路の入口に向けて前記ロータリバルブを付勢する圧縮反力伝達手段とを有し，

D　前記シリンダブロックは，前記ロータリバルブを回転可能に収容する軸

孔を有し,

E　前記導入通路の出口は, 前記ロータリバルブの外周面上にあり, 前記ロータリバルブの外局面は, 前記導入通路の出口を除いて円筒形状とされ, 前記吸入通路の入口は, 前記軸孔の内周面上にあり, 前記軸孔の内周面に前記ロータリバルブの外周面が直接支持されることによって前記ロータリバルブを介して前記回転軸を支持するラジアル軸受手段となっており, 前記ラジアル軸受手段は, 前記カム体から前記ロータリバルブ側における前記回転軸の部分に関する唯一のラジアル軸受手段であり,

F　前記ピストン……を収容する前後一対のシリンダボアに対応する一対のロータリバルブが前記回転軸と一体的に回転し, 前記ロータリバルブの各導入通路は前記回転軸内に形成された通路を介して連通し, 前記カム体は, 前後一対のスラスト軸受手段によって挟まれて前記回転軸の軸線の方向の位置を規制されており, 前記一対のスラスト軸受手段の少なくとも一方は前記圧縮反力伝達手段の一部をなし, ……

G　ピストン式圧縮機における冷媒吸入構造。

▌2. 争点

侵害論において, 構成要件A, C, E, Fの充足性が争われた。また, 無効論において, 本件訂正が訂正要件違反であるか否かが争われた。本稿では, その余の無効論, 損害論に係る争点についての紹介を省略する。

▌3. 裁判所の判断

(1) 構成要件A, C, Fの充足性について

被告製品は, シャフト50を支持するシャフト用孔21, 31の周囲のシリンダボア22, 32内にピストン60を収容し, シャフト50の回転に斜板51を介してピストン60を連動させるものであり, ピストン60にてシリンダボア22, 32内に圧縮室24, 34が区画されており, シャフト50には, 圧縮室24, 34に冷媒を導入するフロント側開口52及びリヤ側開口53が形成されている。これらによれば, シャフト50は, 回転弁として機能し, 構成要件Aの「ロータリバルブ」に該当する。

被告製品では, ピストン60に作用した圧縮反力Fが斜板やスラスト荷重吸収機能が付与されたフロント側スラスト軸受70に伝達され, このスラスト荷重吸収により斜板51の動きを許容することで斜板51の径中心部を中心としてシャフト50を傾かせようと作用しており, これによりシャフト50は, 吐出行程中のシリングボア22に連通するフロント側通路23の入口に向けて付勢され, シャフト50が変位する。したがって, 被告各製品は, 構成要件Cの「ロータリバルブを付勢する圧縮反力伝達手段」及び構成要件Fの「圧線反力伝達手段の一部をなす

スラスト軸受手段」を充足する。「圧縮反力伝達手段」について，被告が主張するような付勢動作を行う構成を前提とすべき記載はない。また，構成要件Cの「圧縮反力伝達手段」を採用することによりロータリバルブの外周面が吸入通路の入口に近づき，圧縮室内の冷媒が吸入通路から漏れ難くなり，体積効率が向上するという本件訂正発明の効果が奏せられるから，「圧縮反力伝達手段」について，被告主張のように解釈すべき理由はない。また，被告製品にはシャフトの変位が生じるのであり，仮に被告各製品がシャフトの変位を抑制する構造を有していたとしても，そのことが構成要件C，Fの充足性を左右するものではない。また仮に，被告製品のクリアランスを小さく設定した構成が冷媒漏れの防止に対する効果を奏することがあるとしても，被告製品は，吐出行程にあるシリンダボアのフロント側通路に向けて近づくようにシャフトの外照面が変位することによっても，冷媒漏れが防止されるものといえる。

　被告製品のシャフト用孔21，31の内周面とシャフト50の外周面との間には，他の部材がなく，上記内周面にて上記外周面が直接支持されており，この支持構造がシャフト50の斜板51よりも前側及び後側に関する唯一のラジアル軸受手段であって，他にラジアル方向の軸受手段は存在しない。そうすると，シャフト50は，シャフト用孔21，31の内周面とシャフト50の外局面とからなるラジアル軸受手段のみよって支持され，この支持構造がシャフト50の斜板51よりも前側及び後側に関する唯一のラジアル軸受手段といえる。したがって，被告各製品は，構成要件の「ロータリバルブを付勢する圧縮反力伝達手段」及び構成要件Fの「圧線反力伝達手段の一部をなすスラスト軸受手段」を充足する。

（2）訂正要件違反について

　特許庁は，本件訂正を認めたうえで被告による無効審判請求は成り立たないとの第1審決をし，被告は審決取消訴訟を提起したが請求棄却判決がされ，その後，第1審決が確定した。上記審決取消訴訟において，被告は，本件訂正が新規事項を追加するものであり許されないと主張したが，その主張が排斥されて被告の誇求が棄却されていた。このことに照らすと，本件訴訟において，本件訂正が訂正要件に違反すると被告が主張することは信義則上，許されない。念のために訂正要件違反の有無について判断しても，訂正要件違反は認められない。

▌4．実務上の指針

（1）構成要件A，C，Fの充足性について

　特許発明の技術的範囲は，特許請求の範囲の記載に基づいて定められる。この場合，明細書の記載及び図面を考慮して，特許請求の範囲に記載された用語の意義を解釈することとされる。そして，特許発明の技術的範囲の解釈に当たっては，一般的に，特許請求の範囲の対象となる請求項の記載を要件ごとに分説

し，構成要件ごとに被疑侵害品の構造による充足性が判断される。すべての構成要件を被疑侵害品が充足する場合，被疑侵害品は，対象発明の技術的範囲に属し，文言侵害を構成にすることになるのである。

　ここで，文言上は，構成要件を充足していても，被疑侵害品に他の構成が付加されることにより，対象発明の構成要件の機能や対象発明自体の作用効果を奏することが阻害される場合や対象発明の課題解決原理を利用しない場合などにおいては，構成要件の充足性，文言侵害の成立が否定される場合がある。本件において被告は，被告製品において厳密にクリアランス管理により冷媒漏れを防止しており，本件発明を実施する必要がない旨を主張したものの，原告によってシャフト（ロータリバルブ）が変位することを主張立証され，本件発明の実施により冷媒漏れの課題解決をしている，との判断により被告の主張は退けられている。被疑侵害品における付加的な構成により対象発明の課題が一部解決されていたとしても，なお，解決しきれない部分につき対象発明の技術思想を利用して課題解決を図っている場合には，文言侵害が否定されることはないことが示された例といえよう。

　被疑侵害者となり得る製品等の開発者において，開発品がどのような工夫，原理で課題を解決するのかを，把握しておくことが重要であることが分かる。開発者においては，無意識で課題を解決する工夫を採用することもままあり，例えば本件におけるクリアランス管理のような課題解決手段が本命の工夫であった場合に，課題抑制効果を向上する付加的な工夫が無意識のまま行われやすいのであろう。このような工夫を意識しておくことで，自らの技術の権利化の機会を得ることができ，また，逆に他者の権利に注意を払うことが可能になるのである。一方で，被疑侵害品において対象発明によって解決されるべき課題を生じる前提構成がない等の場合には，対象発明の技術思想を利用していないとして文言侵害が否定される場合もある。このような主張立証も，自らの技術を深く理解することで可能になるのである。

（2）訂正要件違反について

　確定した裁判で判断された事項を別の裁判で争うことは，信義則上許されない。
　本件訴訟では，第1審決の取消訴訟で主張し，退けられた訂正要件違反を主張することが信義則上許されないとして退けられている。また，被告は，新規性及び進歩性欠如の無効理由についても，基本的には前訴等と同様の先行技術を用いた主張を展開している。被告の立場としてはやむを得ないといえるが，本件のように被疑侵害品の設計変更によって被疑侵害行為を停止した後にあっては，いたずらに争点を増し，訴訟を長引かせる主張立証を行うことが必ずしも被疑侵害人の利益にならない場合もあろう。

（坂手　英博）

エクオール含有大豆胚軸発酵物事件

判 決 の ポイント	被告製品の構成要件1-Cの充足性及び本件発明との均等が否定された。
事件の表示	R 2.6.24　知財高裁　平成31年(ネ)10015
参 照 条 文	特70②
Key Word	技術的範囲，均等論の第1要件

┃1．事実関係

（1）事案の概要

　本件は，発明の名称を「エクオール含有大豆胚軸発酵物，及びその製造方法」とする特許第5946489号(以下「本件特許」という。)に係る特許権を有する控訴人(原審(H31.1.24東京高裁平成29年(ワ)35663)の原告。以下，「原告」とする。)が，被控訴人(原審の被告。以下，「被告」とする。)による被告製品の生産，販売等が上記特許権の侵害に当たると主張して，被告に対し，侵害の差止め等を求めた事案である。

　原審は，被告製品は本件特許に係る発明の構成要件を充足しないとして，原告の請求を棄却した。原告は，原判決を不服として本件控訴を提起した。

（2）本件発明の内容

　本件特許の請求項1に係る発明(以下「本件発明1」とする。)は以下のとおり分説される。

　構成要件1-A：オルニチン及び
　構成要件1-B：エクオールを含有する
　構成要件1-C：大豆胚軸発酵物。

　なお，本件判決では本件特許の請求項3に係る発明(以下「本件発明3」とする。)についても判断しているが，争点に係る構成は本件発明1と同様であるため，発明の内容は割愛する。

（3）被告製品

　被告製品は，被告補助参加人が被告に供給する「EQ-9」(大豆胚軸から抽出された大豆胚軸抽出物であるイソフラボンに種菌を加えて発酵させて得られた発酵物)を原材料とし，これにビール酵母等を配合しカプセルに封入した経口摂取型のサプリメントである。なお，被告製品が構成要件1-A及び1-Bを充足することについては争いはない。

▎2．争点

　本件発明１及び本件発明３の構成要件充足性(それぞれ争点１-１及び争点１
-２)及び均等論(争点１-３)，並びに本件発明１及び本件発明３に係る本件特
許の無効の抗弁の成否(それぞれ争点２及び争点３)が争われた。

▎3．裁判所の判断

（1）争点1-1について

　裁判所は，本件発明１の構成要件１-Ｃについて，特許請求の範囲及び本件
明細書の記載に基づき，「本件発明１の特許請求の範囲(請求項１)には，本件
発明１の「大豆胚軸発酵物」(構成要件１-Ｃ)を定義した記載はなく，その発酵
原料となる「大豆胚軸」を特定の成分のものに限定する記載もないが，一方で，
本件明細書では，「大豆胚軸発酵物」の発酵原料として「大豆胚軸抽出物」と「大
豆胚軸」とを明確に区別した上で，コストが高く，エクオール産生菌による発
酵のために別途栄養素が必要になる「大豆胚軸抽出物」は，発酵原料に適さない
ことの開示があることに照らすと，かかる「大豆胚軸抽出物」を発酵原料とする
発酵物は，本件発明１の「大豆胚軸発酵物」に該当しないものと解するのが相当
である。」と説示した。また，「大豆胚軸からイソフラボンを含有する成分の抽
出処理は，一般に，水，アルコール(エタノール等)又は含水アルコールなどの
溶媒を用いた抽出によって行われるが，大豆胚軸から高濃度のイソフラボンを
含有する「大豆胚軸抽出物」を得るには，このような抽出処理に加え，合成吸着
樹脂を用いた濃縮操作等の精製処理が必要であることは，本件特許の優先日当
時の技術常識であったことが認められる」としたうえで，「高濃度のイソフラボ
ンを含有する「大豆胚軸抽出物」は，コストが高く，エクオール産生菌による発
酵のために別途栄養素が必要になることは自明であるから，かかる「大豆胚軸
抽出物」を発酵原料とする発酵物は，本件発明１の「大豆胚軸発酵物」に該当し
ないものと認めるのが相当である。」と判断した。

　一方，被告製品については，「被告製品に用いられている「EQ-5」は，大豆
胚軸から抽出された原料イソフラボンに種菌を加えて発酵させて得られた発酵
物であり」，「原料イソフラボンは，高濃度のイソフラボンを含有する「大豆胚
軸抽出物」に該当することは明らかである」と指摘し，「「EQ-5」は，コストが
高く，発酵のために別途栄養素が必要となるような「大豆胚軸抽出物」を発酵原
料とする発酵物に当たるから，本件発明１の「大豆胚軸発酵物」に該当しない」
と認定し，被告製品の構成要件１-Ｃの充足性を否定した。

（2）争点1-2について

　争点１-２についても，裁判所は争点１-１と同様に判断した。

（3）争点1-3について

　原告は，構成要件1-Cの「大豆胚軸発酵物」が被告製品の「大豆胚軸抽出物の発酵物」とは相違するとしても，被告製品が均等論の第1要件から第3要件までを充足すると主張した。

　この主張に対し，裁判所は，第1要件について，被告製品には本件発明1の構成に対し原告の主張するような相違部分（本件相違部分）があることを認めたうえで，「本件発明1の技術的意義は，エクオール含有大豆胚軸発酵物を得るために，コストが高く，エクオール産生菌による発酵のために別途栄養素が必要になる「大豆胚軸抽出物」を発酵原料とするのではなく，大豆の食品加工時に廃棄されていた大豆胚軸を発酵原料として選択し，エクオールを産生する微生物を用いて発酵させることによって，高い効率でエクオールが生成された，エクオール含有大豆胚軸発酵物が得られ，かかるエクオール含有大豆胚軸発酵物には，大豆胚軸に含まれるアレルゲンが低減されているので，低アレルゲンの素材としても有用であることにあり，本件発明1の本質的部分は，エクオール産生菌による発酵のために別途栄養素が必要になる「大豆胚軸抽出物」を発酵原料とするのではなく，大豆の食品加工時に廃棄されていた大豆胚軸を発酵原料として選択し，エクオールを産生する微生物を用いて発酵させることによって，高い効率でエクオールが生成された，エクオール含有大豆胚軸発酵物が得られるようにした点にある」と認めた。そして，「被告製品に用いられている「EQ-5」は，（中略）コストが高く，エクオール産生菌による発酵のために別途栄養素が必要になる「大豆胚軸抽出物」を発酵原料とする発酵物であるから，被告製品は，本件発明1（中略）の本質的部分を備えているものと認めることはできない。」とした。

　以上により，被告製品における本件発明1との本件相違部分は本件発明1の構成の本質的部分でないということはできないとして，均等論の第1要件の充足性を否定し，その他の要件を判断することなく，被告製品と本件発明1の構成との均等を否定した。本件発明3についても裁判所は同様に判断した。

（4）結論

　以上のとおり，裁判所は，被告製品は本件発明1及び本件発明3の技術的範囲に属さないとして，争点2及び争点3について判断することなく，原告の請求を退けた。

▎4．実務上の指針

　（1）本件の原審については，「実務家のための知的財産権判例70選 2019年度版」（以下「70選」）p204-p207で解説されている。本件の争点は，原審と同様，構成要件1-Cの「大豆胚軸発酵物」の解釈に尽きると思われる。本件特許の請

求項1には，判決も認定するように「大豆胚軸発酵物」を定義する記載はない。この「大豆胚軸発酵物」を文言通り解釈すると，「大豆胚軸を発酵した物」ということになり，これ自体は，被告製品に使用されている「EQ-5」のような，「大豆胚軸抽出物の発酵物」を包含すると解釈する余地はある。しかしながら，判決でも摘示しているように，本件特許明細書の段落【0007】に，「しかしながら，大豆胚軸抽出物は，それ自体コストが高いという欠点がある。また，大豆胚軸抽出物は，エクオールの製造原料とする場合には，エクオール産生菌による発酵のために別途栄養素の添加が必要になるという問題点がある。このような理由から，大豆胚軸抽出物は，エクオールを工業的に製造する上で，原料として使用できないのが現状である(下線は筆者による)。」とあり，出願人自らが，エクオール製造原料としての「大豆胚軸抽出物」は本件発明が克服すべき課題であると認めているに等しい。本件特許での原告は，多くの場合廃棄される大豆胚軸を原料としてエクオールを安価かつ大量に生産することができた，との思いから，このような課題を提示してきたのではないかと推察される。日々の特許実務では，発明提案書等や特許明細書起案前のヒアリングでは，出願人は発明の実施品に即して，より実際的で限定的な課題を提示してくることが往々にしてある。しかし，代理人としてはそれに囚われずに，より包括的な課題を提示するか，あるいは，そのような課題を記載する場合には，従来技術で問題点があるとされたものについては，特許発明の技術的範囲の解釈の際，意識的に除外したものと解釈される可能性がある点を指摘すべきであると思われる。

（2）本件で原告は新たな争点として，被告製品と本件発明1との均等(第1要件〜第3要件)を主張した。均等論の第1要件でいう「本質的部分」については，「マキサカルシトール製造方法大合議事件」(H28.3.25知財高裁大合議平成27年(ネ)10014，「70選 2016年度版」p198-p201参照)で「本質的部分は，特許請求の範囲及び明細書の記載に基づいて，特許発明の課題及び解決手段(中略)とその効果(中略)を把握した上で，特許発明の特許請求の範囲の記載のうち，従来技術に見られない特有の技術的思想を構成する特徴的部分が何であるかを確定することによって認定されるべきである。」と判示されている。本件判決もこの大合議判決と軌を一にしており，上記のとおり，多くの場合廃棄される大豆胚軸をエクオール原料とすることがこの大合議判決でいう「特徴的部分」と認定され，それゆえ構成要件1-Cの「大豆胚軸発酵物」は「本質的部分」に他ならず，結論として第1要件の充足が否定されたものと思われる。

（北口　智英）

ドットパターン控訴事件

判 決 の ポ イ ン ト	同一明細書記載の共通課題解決のための実施例を組み合わせることは自明であるとはいえないので，本件補正は補正要件に違反し，本件特許は特許無効審判において無効とされるべきものであり，本件特許権を行使することができない。
事件の表示	Ｒ３.３.４　知財高裁　令和２年（ネ）10045 （原審　Ｒ２.６.30　東京地裁　平成30年（ワ）10126）
参 照 条 文	特17の２③　特36⑥　特104の３①
Key Word	新規事項，新たな技術的事項の導入，特許無効の抗弁

1．事実関係

（1）事案の概要

　本件は，本件特許１（特許第4392521号）の特許権者である控訴人が，被控訴人の製品製造等が本件特許１に係る特許権を侵害する旨主張し，被控訴人に対し，製品の製造等の差止め等，及び，損害賠償を求めた事案である。原審は，本件特許１の請求項１（本件発明１）に係る特許請求の範囲等の補正はいずれも特許法17条の２第３項に違反し，特許無効審判により無効にされるべきものであり（特123①一），同特許権を行使することができないとして（特104の３①），控訴人の請求を棄却した。控訴人は，原判決を不服として本件控訴を提起した。

（2）本件発明１の内容

　本件発明１（補正後）を構成要件に分説すると次のとおりである。

　（Ａ１）媒体面上に形成され，且つデータ内容が定義できる情報ドットが配置されたドットパターンであって，

　（Ｂ１）前記ドットパターンは，縦横方向に等間隔に設けられた格子線の交点である格子点を中心に，前記情報ドットを前記格子点の中心から等距離で45°ずつずらした方向のうちいずれかの方向に，どの程度ずらすかによってデータ内容を定義し，

　（Ｃ１）前記情報ドットが配置されて情報を表現する部分を囲むように，前記縦方向の所定の格子点間隔ごとに水平方向に引いた第一方向ライン上と，該第一方向ラインと交差するように前記横方向の所定の格子点間隔ごとに垂直方向に引いた第二方向ライン上とにおいて，該縦横方向の複数の格子点上に格子ドットが配置された

　（Ｄ１）ことを特徴とするドットパターン。」（下線は筆者による。）

（3）控訴人がした補正（補正1）の内容

上記「（2）本件発明1の内容」の構成要件（B1）の下線部分が補正1のうちの「補正1①部分」であり，同じく構成要件（C1）の下線部分が補正1のうちの「補正1②部分」である。

2．争点

争点は，補正1が補正要件に違反しているか（争点4-2）である。

争点4-2について，控訴人は以下の主張をした。補正1は，図105及び図5の実施例のドットパターン「601」が同一の符号を用いて示されていること，格子ドットを結ぶ線の交点をドットのあるべき位置と定義し，情報ドットを格子点の中心から等距離で所定角度ずつずらした方向のうちいずれかの方向に，どの程度ずらすかによってデータ内容を定義するという点で共通の技術思想を有し，極小領域であってもコード情報やXY座標情報が定義可能なドットパターンを提案するという共通課題を解決するものであることを理由として，当業者であれば，図5において，45°ずつずらした方向に情報ドットが配置されたものとすることは，出願当初明細書1（以下，当初明細書1）に記載されているのと同然と理解できる事項であるから，新たな技術的事項を導入するものではなく，特許法17条の2第3項の補正要件に違反しない。

3．裁判所の判断

（1）本件補正1①部分について

裁判所は，当初明細書1等の記載から，「格子ドットは等間隔に配置されたドットにより構成された水平ラインと垂直ラインの交点」であり，「図105に示された各格子線の中間に引かれた線は格子ドットで囲まれた領域の中心を示すために参考として引かれた補助線にすぎず，格子線とは認められない。」「そうすると，「縦横方向に等間隔に設けられた格子線の交点である格子点の中心」を基点として情報ドットが位置付けられることを構成要件とする本件補正1①部分は，図105のドットパターンとは似て非なるものであり」「図105ドットパターンに基づく補正であるとは認められない」と判断した。また，「構成要件B1の情報ドットは「格子点の中心から等距離で45°ずつずらした方向のうちいずれかの方向」に配置されるものであるから，本件補正1①部分は，図5ドットパターンに基づく補正であるとは認められない」と判断した。

（2）本件補正1②部分について

裁判所は，「図5ドットパターンは，図105ドットパターンでは情報ドットを囲むものであった格子線の交点にあるドットそれ自体に情報ドットとしての役割を持たせ，情報を表現する部分を，情報ドットとは異なるドットで構成され

る水平及び垂直方向に引かれたラインによって囲むものである。両ドットパターンは，相容れない情報の定義方法を用いているのであり，両ドットパターンの組合せは全く新たな情報の定義方法を創作することにほかならない。」「当初明細書1には，図105ドットパターンと図5ドットパターンの両構成を組み合わせたドットパターンについての記載はないし，当初明細書1の全ての記載を総合したとしても，このような記載がされているに等しいともいえず，また，このような組合わせが当業者に自明であるともいえない。」「同一明細書に記載された共通の課題を解決するために示された実施例であっても，それらを組み合わせることができない場合もあり，また，仮に，組み合わせることができたとしても当該課題が解決できるとは限らない。そうすると，それら実施例を組み合わせることが自明であるとはいえ」ない。「両ドットパターンの相違が本質的なものであることは……判示したとおりであり，……単にずらされる方向が量的に相違するだけであるなどと軽々に評価することはできないから，」「図5ドットパターンを見れば，」「図105ドットパターンは自明である」との主張は採用できない。「別個の図に共通の符号が用いられている部分があるからといって，両図を組み合わせて適用することが自明であるなどということはできないから，」「図105ドットパターンと図5ドットパターンとに共通の「601」の符号が用いられているから図105ドットパターンを図5ドットパターンに適用することは自明である」との主張は採用できないと判断した。

（3）以上より，裁判所は，本件補正1は，「特許法17条の2第3項の補正要件に違反し，本件発明1に係る本件特許1は特許無効審判において無効とされるべきものである。したがって，控訴人は被控訴人に対して本件発明1に係る本件特許権1を行使することができない。」と判断した。

4．実務上の指針

（1）特許・実用新案審査基準（以下，審査基準）における新規事項の判断

　特許法は，出願人のために補正を許容する一方，先願主義の原則を実質的に確保し，第三者との利害の調整を図るため，明細書等の補正について，当初明細書等に記載した事項の範囲内において実施すべきこと，すなわち，新規事項追加の禁止を規定した（特17の2③）。新規事項の追加であるか否かの判断は，補正により新たな技術的事項を導入するものであるか否かにより判断され，審査基準によれば，当初明細書等に明示的に記載された事項，及び当初明細書等の記載から自明な事項の範囲内で行う補正については新規事項を追加する補正に該当しないと判断される。しかし，自明な事項であるか否かの判断について，審査基準では「当初明細書等の記載に接した当業者であれば，出願時の技術常識に照らして，補正された事項が当初明細書等に記載されているのと同然であ

ると理解する事項でなければならない」との考え方，及び，2点の留意事項と「各種の補正」に類型化した例が示されているのみであり，自明であるか否かそのものの具体的な判断基準は示されていない。したがって，本件のように審査基準に参考例示がない場合，自明でないことの理論立ては自ら構築する必要がある。

（2）本件から得られる指針

本件補正1が新規事項を含むか否かの判断は，同一明細書等に記載された図105ドットパターンに図5ドットパターンを組み合わせた本件補正1が新たな技術事項を含むか否かに帰着する。控訴人は，両ドットパターンを組み合わせた本件補正1が自明であることの理由付けとして，両者が共通の技術思想を有し，同一課題を解決するものであるが故に両者を組み合わせることが自明であることを主張した。裁判所は，これに対し，「両ドットパターンの相違が本質的なもの」，「両ドットパターンの組合せは全く新たな情報の定義方法を創作することにほかならない」ものであるとし，両ドットパターンに共通の技術的思想が存在しないと認定して控訴人の主張を否定した。実務において，同一明細書に記載された2つの実施例が，共通課題を解決するために示された場合であっても，共通の技術的思想を有していない場合には，それらを組み合わせることができない場合もあり，組み合わせることができたとしても当該課題が解決できるとは限らないので，それら実施例を組み合わせることが自明であるとはいえず，したがって，これらを組み合わせた補正事項が当初明細書から自明であるとの主張は認められない可能性があると考えられる。

（3）審査官の補正示唆について

本件特許1の審査における最後の拒絶理由通知において，審査官は「前記情報ドットを前記格子点の中心から等距離で45°ずつずらした方向のうちいずれかの方向に，どの程度ずらすかによってデータ内容を定義し」(下線は拒絶理由通知において示された)との補正案を示した。控訴人は審査官に示唆された補正内容を含む補正書を提出し，進歩性が認められて特許査定を得た。本件では控訴人は審査官の補正示唆に従って補正し特許査定を得たにもかかわらず，侵害訴訟において，当該補正箇所が新規事項の追加を含むと判断され，これによって本件特許1は無効理由を有するために権利行使できないと判断された。

実務においては，審査官が示唆した補正事項であっても，それが新規事項の追加などの他の無効理由を含むか否かについて確認する必要がある。

（川口　眞輝）

アンテナ装置控訴事件

判　決　の ポ　イ　ン　ト	背景技術の課題である第1の課題が解決されても生じる第2の課題 が発明の課題であると認定され，本件特許発明は，第2の課題を解 決できると認識できる範囲を超えているため，サポート要件を充足 しないと判断され，権利行使が制限された。
事件の表示	R 2.12.1　知財高裁　令和2年（ネ）10039 （原審　東京地裁　平成30年（ワ）5506）
参　照　条　文	特36⑥一　特104の3①
Key Word	サポート要件，特許無効の抗弁

1．事実関係

（1）手続の経緯

本件は，本件特許（特許第5237617号）の特許権者である控訴人が，被控訴人製品が本特許権を侵害していると主張し，被控訴人製品の生産等の差止め，被控訴人製品の廃棄，及び損害賠償の支払を求めた事案である。原審は，請求項1に係る特許は，サポート要件を充足せず，無効審判により無効にされるべきものと認められるとして請求を棄却した。なお，原審の訴えの前に，被控訴人により本件特許に対し無効審判（無効2015-800040）が請求され，控訴人は訂正請求した。特許庁は，訂正を認めたうえで請求不成立審決をした。

（2）本件特許発明の要旨

訂正後の本件特許の請求項1に係る発明（以下「本件特許発明1」という。）は，次のとおりである。

【請求項1】

車両に取り付けられた際に，車両から約70mm以下の高さで突出するアンテナケースと，該アンテナケース内に収納されるアンテナ部からなるアンテナ装置であって，

前記アンテナ部は，面状であり，上縁が前記アンテナケースの内部空間の形状に合わせた形状であるアンテナ素子と，該アンテナ素子により受信されたFM放送及びAM放送の信号を増幅するアンプを有するアンプ基板とからなり，

前記アンテナ素子の給電点が前記アンプの入力に高さ方向において前記アンテナ素子と前記アンプ基板との間に位置するアンテナコイルを介して接続され，

前記アンテナ素子と前記アンテナコイルとが接続されることによりFM波帯で共振し，前記アンテナ素子を用いてAM波帯を受信し，前記アンテナコイル

を介して接続される前記アンプによってFM放送及びAM放送の信号を増幅することを特徴とするアンテナ装置。

2．争点
本件特許発明1のサポート要件違反について争われた。

3．裁判所の判断
裁判所は，サポート要件の判断手法として，「特許請求の範囲の記載が明細書のサポート要件に適合するか否かは，特許請求の範囲の記載と発明の詳細な説明の記載とを対比し，特許請求の範囲に記載された発明が，発明の詳細な説明に記載された発明で，発明の詳細な説明の記載又はその示唆により当業者が当該発明の課題を解決できると認識できる範囲のものであるか否か，また，その記載や示唆がなくとも当業者が出願時の技術常識に照らし当該発明の課題を解決できると認識できる範囲のものであるか否かを検討して判断すべきである。」と示したうえで，本件特許発明1のサポート要件の充足について，以下のとおり判示した。

（1）発明の詳細な説明に記載された発明の課題について
発明の詳細な説明の記載によれば，背景技術の課題は，アンテナを70mm以下の低姿勢とすると放射抵抗Rradが小さくなってしまうことから，アンテナの導体損失の影響により放射効率が低下しやすくなって，感度劣化の原因になるということであったが，出願人は，他の出願において，70mm以下の低姿勢としても感度劣化を極力抑制することのできるアンテナ装置を提案することにより，そのような課題を解決したことが記載されていると認められる。そして，そのような背景技術の課題が解決されても，さらに，車両には多種多様な用途に応じたアンテナが搭載されていることがあり，車両に搭載するアンテナの数が増大すると車両の美観が損なわれるとともに取り付けるための作業時間も増大するため，アンテナ装置に複数のアンテナを組み込むことが考えられるが，限られた空間しか有していないアンテナケースを備えるアンテナ装置に，既設の立設されたアンテナ素子に加えてさらに平面アンテナユニットを組み込むと相互に他のアンテナの影響を受けて良好な電気的特性を得ることができないという課題が発明の詳細な説明に記載れていると認められる。

（2）発明の詳細な説明に記載された発明について
課題を解決するための手段の記載によれば，発明の詳細な説明に記載された発明は，前記課題を解決するために，アンテナ素子と，アンテナ素子の直下であって，前記アンテナ素子の面とほぼ直交するよう配置されている平面アンテナユニットとを備えるアンテナにおいて，平面アンテナユニットの上面とアン

テナ素子の下端との間隔を約0.25λ以上とするものであると認められる。

（3）本件特許発明1は，発明の詳細な説明に記載された発明かについて

本件特許発明1は，①アンテナ素子に加えて別のアンテナである平面アンテナユニットを組み込むこと，②仮にアンテナ素子に加えて平面アンテナユニットを組み込んだ場合に，アンテナ素子の下縁と平面アンテナユニットの上面との間隔が約0.25λ以上であることは構成要件とされていない。そのため，本件特許発明1は，①そもそもアンテナ素子以外に平面アンテナユニットが組み込まれていないアンテナ装置の発明を含み，また，②アンテナ素子に加えて平面アンテナユニットが組み込まれてはいるものの，アンテナ素子の下縁と平面アンテナユニットの上面との間隔が約0.25λ未満であるアンテナ装置の発明を含む。そうすると，本件特許発明1のうち上記①及び②の発明は，発明の詳細な説明に記載された発明ではないため，本件特許発明1は，発明の詳細な説明に記載された発明以外の発明を含むものであり，発明の詳細な説明に記載された発明であるとは認められない。

（4）本件特許発明1は，発明の詳細な説明の記載若しくは示唆又は出願時の技術常識に照らし，当業者が課題を解決できると認識できる範囲のものであるかについて

発明の詳細な説明に記載された前記課題を当業者が認識するためには，限られた空間しか有しないアンテナ装置において，既設の立設されたアンテナ素子に加えて新たに平面アンテナユニットを組み込むことが前提となる。しかし，本件特許発明1は，そもそもアンテナ素子以外に平面アンテナユニットが組み込まれていないアンテナ装置の発明を含み，そのような構成の発明の課題は，発明の詳細な説明には記載されていない。そのため，本件特許発明1は，当業者が発明の詳細な説明の記載によって課題を認識できない発明を含むものであり，当業者が課題を解決できると認識できる範囲を超えたものである。

4．実務上の指針

本件特許の明細書では，【発明が解決しようとする課題】に「限られた空間しか有していないアンテナケースを備えるアンテナ装置にさらにアンテナを組み込むと既設のアンテナの影響を受けて良好な電気的特性を得ることができないという問題点があった。」との問題点が記載され，続けて「そこで，本発明は限られた空間しか有していないアンテナケースを備えるアンテナ装置にさらにアンテナを組み込んでも良好な電気的特性を得ることができるアンテナ装置を提供することを目的としている。」との課題が記載され，【課題を解決するための手段】に「上記目的を達成するために，本発明は，……アンテナ素子の直下であって，前記アンテナ素子の面とほぼ直交するよう配置されている平面アンテナユ

ニットとを備え，平面アンテナユニットの動作周波数帯の中心周波数の波長を
λとした際に，平面アンテナユニットの上面とアンテナ素子の下端との間隔が
約0.25λ以上とされていることを最も主要な特徴としている。」と記載され，問
題点，課題，及び解決手段のストーリーに一貫性がある。一方で，本件特許発
明1の内容は，本件特許の明細書に記載の上記ストーリーと一致しておらず，
「平面アンテナユニット」を備えること及び「平面アンテナユニットの上面とア
ンテナ素子の下端との間隔が約0.25λ以上とされていること」の構成を有さず，
上記ストーリーとは一致しない広い内容となっている。

　このように，本件特許の明細書に記載の上記ストーリーと本件特許発明1の
内容とは一致しておらず，この不一致がサポート要件違反の大きな要因になっ
たといえる。控訴人は，この不一致に基づくサポート要件違反を解消するため
に，高さ約70mm以下のアンテナケース内に収納されながらも，受信性能が良
好なFM・AM共用アンテナを提供する旨の第1の課題が本件特許の明細書に
記載されており，上記ストーリーの課題を第2の課題とし，本件特許発明1は
第1の課題を解決するものであると主張した。しかし，裁判所は，本件明細書
の記載によれば，第1の課題は，控訴人の他の出願において解決されている，
本件特許の背景技術の課題であり，そのような第1の課題が解決されてもなお
生じる第2の課題が発明の課題であると認定した。

　サポート要件を充足するようにするためには，問題点，課題，及び解決手段
のストーリーは，権利化を望む発明内容に沿った記載にする必要があること，
また，明細書に記載されたある構成が課題解決のための必須の構成でない場合
には，それがわかるような明細書の記載にする必要がある。本事案は，出願時
の請求の範囲は上記ストーリーと一致する内容であったが，自発補正により，
上記ストーリーと一致しない広い内容に補正され，その後，特許査定となった
特殊なケースである。ただ，本事案のように，出願時の発明内容よりも広い内
容に補正することは，自社及び競合他社の技術開発動向等によっては，知財戦
略上，起こり得る。本事案も侵害訴訟であることから，被控訴人製品を包含さ
せることを意図した戦略的な補正だったと考えられる。将来的に発明内容を広
げる補正を行ってもサポート要件違反とならないよう，問題点及び課題は記載
し過ぎないようにする（具体的に記載し過ぎないようにする）ことは，権利行使
に強い明細書として重要であるといえる。一方，権利化の観点からは，問題点
及び課題は具体的に記載した方が進歩性を主張しやすい側面があることも考慮
する必要がある。

（須藤　淳）

基礎パッキン用スペーサ控訴事件

判 決 の ポイント	特許発明が侵害品の部分にのみ実施されている場合の推定の覆滅の判断が示された。
事件の表示	R 2.6.18　知財高裁　令和元年（ネ）10067 （原審　R 1.9.19　大阪地裁　平成29年（ワ）7576）
参 照 条 文	特102②
Key Word	損害額の推定，推定の覆滅

1．事実関係

（1）はじめに

本件は，平成元年9月19日の大阪地裁判決（平成29年（ワ）7576）を一審とする控訴審であり，一審原告及び一審被告の双方が，それぞれ一審判決を不服として控訴したものである。以下，当事者については一審原告及び一審被告と表記する。

（2）一審原告

一審原告は，スペーサ等の建材を製造販売する株式会社であり，特許第3113831号（発明の名称：基礎パッキン用スペーサ）に係る特許権（以下「第1特許権」とし，これに係る特許を「第1特許」とする。）を有している。原告はまた，特許第3870019号（発明の名称：台輪，台輪の設置構造，台輪の設置方法及び建造物本体の設置方法）に係る特許権（以下「第2特許権」とし，これに係る特許を「第2特許」とする。）及び特許第4589502号（発明の名称：台輪，台輪の設置構造及び設置方法）に係る特許権（以下「第3特許権」とし，これに係る特許を「第3特許」とする。）を訴外会社と共有している。

（3）特許の内容

第1特許の請求項1は，以下のとおりである。

「板状で，左右の2分体からなり，基礎パッキンと土台との間に介挿される基礎パッキン用スペーサにおいて，前記基礎パッキンの上面凹所と係合するために前記基礎パッキンの下面方向に出没可能な突出構成を含み，該突出構成は弾性により介挿時には没入すると共にセット時には前記上面凹所内に突出して前記上面凹所と係合するようにした基礎パッキン用スペーサ。」

第2特許の請求項1の構成要件は，次のとおり分説される。

2 A：アンカーボルトを介して結合される布基礎と該布基礎上に構築される建造物本体との間に介在させるとともに，前記布基礎の長手方向に沿って複数隣接して配置される台輪において，

２Ｂ：前記布基礎天端面に該布基礎の長手方向に沿って配置される台輪本体
　　　と，

２Ｃ：前記台輪本体をその幅方向に貫通するようにして形成された換気孔と，

２Ｄ：前記台輪本体に上下方向に貫通し且つ，該台輪本体の長手方向に細長
　　　い形状に形成されたアンカーボルト挿通用のアンカー用長孔とを備え，

２Ｅ：台輪本体の下面縁部と，前記台輪本体の側面縁部との間に下面または
　　　側面に対して傾斜するテーパ部が前記台輪本体の延在方向に沿って設
　　　けられていることを特徴とする

２Ｆ：台輪。

なお，第３特許の内容は割愛する。

（4）一審被告

　一審被告は，プラスチック製品の製造販売等を目的とする株式会社であり，被告第１製品を製造し，平成27年１月～平成29年１月28日の間，第三者に販売し，また，被告第２製品を製造し，平成20年４月～平成30年10月の間，第三者に販売していた。

（5）一審判決

　一審判決では，一審被告に対し，被告第２製品の製造，販売及び販売の申出の差止め，被告第２製品の廃棄，並びに損害賠償及び遅延損害金の支払を命じた。

▌２．争点

　技術的範囲の属否（争点１），第１特許権の侵害による一審原告の損害額（争点２），第２及び第３特許権の侵害による一審原告の損害額（争点３）が争われた。なお，消滅時効の成否並びに差止め請求及び廃棄請求の必要性も争われたが，裁判所は前者は認めず，後者は認めた。

▌３．裁判所の判断

（1）争点１について

　一審では，被告第１製品が第１発明の技術的範囲に属すること，被告第２製品が第３発明の技術的範囲に属すること，及び被告第２製品が第２発明の構成要件２Ａ～２Ｄ及び２Ｆを充足することについて当事者間に争いはなく，第２製品が第２発明のうち構成要件２Ｅを充足するか否かのみが争点（争点１）となっていたが，一審判決では第２製品が構成要件２Ｅを充足することを認め，第２製品は第２発明の技術的範囲に属すると判断された。本件の争点１は一審の争点１と同じであり，裁判所は一審の判断を維持した。

（2）争点２について

　一審では，被告第１製品の売上額及びそれにかかるに係る被告の利益（税抜）

については当事者間に争いはなかったが，一審被告は，利益額に消費税を加算すべきではないこと，また，代替品の存在及び被告製品の性能の事情による特許法102条2項による推定覆滅を主張したが（争点2），一審判決ではこれを認めず，一審原告の損害額が推定された。

　本件の争点2は一審の争点2と同じであり，裁判所は一審の判断を維持したが，以下の点を補足した。すなわち，「特許法102条2項に基づく推定の覆滅については，侵害者が主張立証責任を負い，侵害者が得た利益と特許権者が受けた損害との相当因果関係を阻害する事情がこれに当たると解される。例えば，①特許権者と侵害者の業務態様等に相違が存在すること（市場の非同一性），②市場における競合品の存在，③侵害者の営業努力（ブランド力，宣伝広告），④侵害品の性能（機能，デザイン等特許発明以外の特徴）などの事情について，推定覆滅の事情として考慮することができるものと解される。」と，一審判決と同様の基本的な考え方を示したうえで，「特許発明が侵害品の部分のみに実施されている場合においても，推定覆滅の事情として考慮することができるが，特許発明が侵害品の部分のみに実施されていることから直ちに上記推定の覆滅が認められるのではなく，特許発明が実施されている部分の侵害品中における位置付け，当該特許発明の顧客誘引力等の事情を総合的に考慮してこれを決するのが相当である。」と新たな判断を示した。そのうえで，一審被告の主張する，「「出没可能な突出構成」による抜け止め機構は製品にとって不可欠な機能とはいえず顧客誘引力は乏しい」との主張を，この第1特許の技術的特徴である「出没可能な突出構成」による需要喚起を指摘して，被告第1製品については推定覆滅を認めなかった。

　（3）争点3

　第2及び第3特許権の侵害による一審原告の損害額についても，裁判所は一審の判断を維持した。なお，推定の覆滅について裁判所は以下の点を補足した。まず，特許発明が侵害品の部分のみに実施されている場合において推定覆滅が認められるかどうかは，「特許発明が実施されている部分の侵害品中における位置付け，当該特許発明の顧客誘引力等の事情を総合的に考慮して判断すべきものである。」としたうえで，第2及び第3特許の顧客誘引力について，第2特許の技術的特徴である構成要件2Eの「テーパ部」の被告第2製品に占める範囲が極めて小さいこと，また，「仮に第2特許そのものには相応の顧客誘引力があるとしても，被告第2製品のテーパ部は，その顧客誘引力を十分に発揮しているとはいい難い。このように考えると，被告第2製品における第2特許の顧客誘引力は，極めて限定されたものであるというべきである。」として，7割の推定覆滅を認めた。第3特許権についても同様の判断を示した。

▌4．実務上の指針

　特許法102条2項の推定の覆滅については，令和元年6月7日の知財高裁判決（平成30年（ネ）10063）である二酸化炭素含有粘性組成物大合議事件」（「実務家のための知的財産権判例70選　2020年度版　p210-p213参照）で示された判断基準が採用されており，以後，この判断基準が踏襲されていくものと思われる。

　本件判決は，上記大合議判決の「特許発明が実施されている部分の侵害品中における位置付け，当該特許発明の顧客誘引力等の事情」について具体的な判断が示されている点で興味深い。すなわち，特許発明が侵害品の部分にのみ実施されている場合，その部分における位置づけによって第1特許では推定覆滅が認められなかったのに対し，第2特許及び第3特許では7割の推定覆滅が認められたという，対称的な判断が示された。

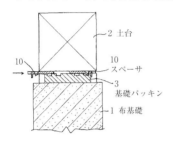

　まず，第1特許では，左図（第1特許権の図1）に示すように，技術的特徴である「出没可能な突出構成」としての「スペーサ10」が製品としての「基礎パッキン3」に対して占める割合が大きく，顧客誘引力に占める寄与の割合が大きいと考えられたことから，推定を覆滅する方向へは働かなかったと考えられる。

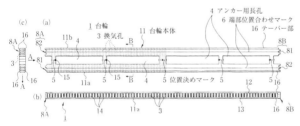

　一方，第2特許では，上左図（第2特許権の図1）及び上右図（図1中の（c）の拡大）に示すように，技術的特徴部分である「テーパー部16」が，製品としての「台輪1」のごく一部を占めるにすぎず，第1特許の「出没可能な突出構成」が「基礎パッキン3」に対して占める割合に対して著しく小さいことにより，第2特許の技術的特徴部分は顧客誘引力に占める寄与の割合がわずかであると考えられたことから，第1特許とは逆に推定を覆滅する方向へ働いたと考えられる。

　以上より，本件判決は，損害論の場に立たされる被告の立場として，推定覆滅を主張できるかどうかの判断基準としての意義があると思われる。

（北口　智英）

光照射装置控訴事件

判　決　の ポ　イ　ン　ト	特許法102条2項の損害額の算定にあたって，特許権の他の共有者 の持分による実施料相当額の損害額を推定覆滅事由として認めた。
事件の表示	R 2.9.30　知財高裁　令和2年(ネ)10004 (原審　R 1.12.16　大阪地裁　平成29年(ワ)7532)
参　照　条　文	特102②　特73②
Key Word	損害額の推定，推定覆滅事由，共有持分

1．事実関係

　（1）控訴人は，発明の名称を「光照射装置」とする特許第4366431号（以下「本件特許」という。）の特許権者である。一審判決（R 1.12.16大阪地裁平成29年（ワ）7532）は，一審原告（控訴人）が求めた被告各製品の差止めを認め，特許法102条2項に基づく損害賠償請求を一部認容した。本件は，その控訴審であり，控訴人が，特許法102条2項の推定覆滅事由に係る判断に誤りがあるとして，一審判決を不服として控訴したのに対し，一審被告（被控訴人）は，一審被告敗訴部分を全部不服として控訴した事案である。

　（2）なお，控訴人は，一時期，X社に本件特許権の共有持分2分の1を譲渡しており，その後，X社から上記共有持分を譲受している。

　（3）また，本件特許権者である控訴人は，2回の訂正審判を請求し，いずれも訂正を認容する審決がなされ，確定している。一方，被控訴人は，本件特許について特許無効審判を請求したが，請求不成立審決がなされ，審決取消訴訟でも棄却され，確定している。本判決は，2回目の訂正審判後の特許発明（以下「本件再訂正発明」という。）に基づいて，特許権侵害について判断されている。なお，本件再訂正発明の内容については割愛する。

2．争点

　多数の争点について争われたが，本稿では，一審原告の損害額（争点6）について説明し，他は割愛する。

3．裁判所の判断

　（1）本判決では，一審判決の補足及び訂正が行われつつ，基本的に一審判決が維持された。裁判所は，特許法102条2項に基づく損害額の算定にあたって，被控訴人が被告各製品の販売により受けた限界利益の額を，控訴人の受けた損

害額と推定した(本件推定)。そして，被控訴人が販売した被告各製品中，本件再訂正発明の効果を奏する被告製品の販売実績が乏しいこと，本件再訂正発明の顧客吸引力，被告各製品の競合品の存在，本件特許権が一審原告とX社との共有であったことが本件推定を覆す事情に該当すると判断し，損害額を算定した。

　(2)具体的には，裁判所は，本件再訂正発明の技術的意義(課題及び効果)を確認した後，本件再訂正発明の効果を奏する被告製品の販売実績が乏しいことから，「被告各製品の売上げに対する本件再訂正発明の寄与ないし貢献の程度が相当低いことを示すものといえる。」と述べ，これを本件推定を覆す事情に該当すると判断した。また，裁判所は，本件再訂正発明の顧客吸引力に関し，一審判決を引用しつつ，「被告各製品のカタログ……には，被告各製品において本件再訂正発明を実施していることやその実施により光照射装置としての性能が向上し，部品点数及び製造コストの削減を図ることができることなどをうかがわせる記載は見当たらず，他方で，「業界最高クラスの光量を実現」，「驚異の明るさを実現」など被告各製品の光量の大きさに関する機能を宣伝文言としていることに照らすと，被告各製品において本件再訂正発明が実施されていることが大きな顧客吸引力となっていたということはできない。」と補足した。さらに，裁判所は，「他社のライン光照射装置は，被告各製品の競合品に該当し，このような被告各製品の競合品の存在は，本件推定を覆す事情に該当する」と認定した。裁判所は，上記の推定覆滅事由を考慮し，被告各製品の限界利益の形成に対する本件再訂正発明の寄与割合を算定し，「前記寄与割合を超える部分については被告各製品の限界利益の額と控訴人の受けた損害額との間に相当因果関係がないものと認められる。」と判断した。

　(3)また，本件特許権に係る共有者の存在について，裁判所は，共有特許権について規定する特許法73条2項の記載から，各共有者は，契約で別段の定めをした場合を除き，無制限に特許発明を実施できることを確認したうえで，「特許権の共有者は，自己の共有持分権の侵害による損害を被った場合には，侵害者に対し，特許発明の実施の程度に応じて特許法102条2項に基づく損害額の損害賠償を請求できるものと解される。また，同条3項は特許権侵害の際に特許権者が請求し得る最低限度の損害額を法定した規定であると解されることに鑑みると，特許権の共有者に侵害者による侵害行為がなかったならば利益が得られたであろうという事情が存在しないため，同条2項の適用が認められない場合であっても，自己の共有持分割合に応じて，同条3項に基づく実施料相当額の損害額の損害賠償を請求できるものと解される。」，「例えば，2名の共有者の一方が単独で同条2項に基づく損害額の損害賠償請求をする場合，侵害者が侵害行為により受けた利益は，一方の共有者の共有持分権の侵害のみならず，他方の共有者の共有者持分権の侵害によるものであるといえるから，上記利益

の額のうち，他方の共有者の共有持分権の侵害に係る損害額に相当する部分については，一方の共有者の受けた損害額との間に相当因果関係はないものと認められ，この限度で同条2項による推定は覆滅されるものと解するのが相当である。」とし，この解釈に基づき，「特許権が他の共有者との共有であること及び他の共有者が特許発明の実施により利益を受けていることは，同項による推定の覆滅事由となり得るものであり，侵害者が，特許権が他の共有者との共有であることを主張立証したときは，同項による推定は他の共有者の共有持分割合による同条3項に基づく実施料相当額の損害額の限度で覆滅され，また，侵害者が，他の共有者が特許発明を実施していることを主張立証したときは，同条2項による推定は他の共有者の実施の程度（共有者間の実施による利益額の比）に応じて按分した損害額の限度で覆滅されるものと解するのが相当である。」との判断基準を示した。この判断基準に従い，裁判所は，本件特許権の共有者であったX社が本件再訂正発明を実施したことについての立証がなかったことから，本件推定は，X社の共有持分割合による同条3項に基づく実施料相当額の損害額の限度で覆滅されると判断し，控訴人の損害額からX社の共有持分割合の実施料相当額を控除した。

▍4．実務上の指針

（1）特許権侵害に係る損害額を規定する特許法102条は，令和元年に法改正されている（令和2年4月1日施行）。また，同条については，二酸化炭素含有粘性組成物大合議事件（R1.6.7知財高裁平成30年（ネ）10063，「実務家のための知的財産権判例70選 2020年度版 p210-p213掲載。）及び美容器大合議事件（R2.2.28知財高裁平成31年（ネ）10003，同p202-p205掲載。）といった重要判決が出ている。本件の一審判決は，特許法102条2項の損害額の推定及び推定覆滅事由について判示した二酸化炭素含有粘性組成物大合議事件後の判決であり，控訴審である本判決も，上記大合議事件の判示事項に沿って，一審判決を支持する内容となっている。

（2）特許法102条2項は，侵害者が侵害の行為により受けた利益の額をその請求する者が立証すれば，その利益の額が損害の額と推定される旨を規定している。二酸化炭素含有粘性組成物大合議事件では，侵害者が得た利益とは限界利益であること，侵害者が得た利益と特許権者が受けた損害との相当因果関係を阻害する事情があるときは損害額の推定は覆滅すること，その立証責任は侵害者が負うことが示された。要するに，侵害者が得た利益のうち，特許発明以外の他の要因によるものについては，その事情を侵害者が主張立証することにより損害額が減額され得る。上記大合議事件では，推定覆滅事由は認められなかったが，判決文中，推定覆滅事由の具体例が複数示された。

（3）本判決では，上記大合議事件における推定覆滅事由の具体例になかった共有特許権者の持分の実施料相当額が，推定覆滅の事情として認められた。特許権に共有者が存在する場合，あるいは存在した場合は，他の共有者の共有持分に応じて損害額が減額される点や，他の共有者が特許発明を実施していない場合でも，その実施料相当額分が減額され得る点に留意する必要がある。

（4）また，本判決では，市場における競合品の存在や，侵害品の性能（本件再訂正発明以外の顧客吸引力）といった，上記大合議事件で例示された推定覆滅事由も認められている。さらに，特許発明の効果が発揮される被告製品の販売実績に基づき，特許発明の寄与割合が算定され，これも推定覆滅の事情として認められている。上記大合議事件により，特許権侵害の損害額算定に関する判断基準が示され，本判決を含め，令和2年3月19日の東京地裁判決（平成29年（ワ）32839，「実務家のための知的財産権判例70選　2020年度版　p174-p177掲載。）や令和2年9月25日の東京地裁判決（平成29年（ワ）24210）など，推定覆滅事由が認められる事例が蓄積されつつある。特許権侵害における損害額の主張に際しては，これらの裁判例を参考に，特許権者側，侵害者側ともに，各々の立証責任を確認し，漏れなく主張立証に努めるよう注意したい。特に，本判決では，被告製品が特許発明の効果をどの程度発揮しているかや，被告製品の顧客吸引力と特許発明の効果との関係が再検討された結果，一審判決から損害額が減額されている。その一方で，裁判所は，被控訴人がした本件再訂正発明に顧客吸引力がないことの主張を，その根拠となる証拠不足を理由に退けており，また，控訴人がした主張（控訴人の業界シェアや，控訴人製品の種類の多さに基づく逸失利益の主張等）も退けている。侵害品の機能表示，宣伝内容，販売形態等と，特許発明の技術的意義との関連性や，被告製品における特許発明の顧客吸引力をよく検討して証拠をそろえ，推定覆滅の攻防に利用することが重要と思われる。

（5）なお，詳しく説明しないが，本判決では，公然実施発明及び周知技術に基づく進歩性欠如の主張に対して，公然実施発明に周知技術を適用する動機付けはないとして，無効理由はないとの判断が示されており，興味深い。他社特許対策等の場面において，課題や効果に関する記載のない公然実施発明に基づく進歩性欠如を検討する場合には参考にすべき点があると思われる。

（谷　征史）

発光装置控訴事件

判 決 の ポ イ ン ト	特許発明の実施に対し受けるべき金銭の額は，実際の実施契約における実施料率や相場，特許発明の価値，特許発明の売上げや利益への貢献，侵害の態様，競合関係など諸事情を総合考慮して合理的に定めるべきであるとした。
事件の表示	R 2.11.18　知財高裁　令和2年（ネ）10025 （原審　R 2.2.28　東京地裁　平成29年（ワ）27238）
参 照 条 文	特102③
Key Word	損害賠償額の推定，実施に対し受けるべき金銭の額

1．事実関係

　本件は，発明の名称を「発光装置と表示装置」とする本件特許権1（特許第5177317号），発明の名称を「発光装置，樹脂パッケージ，樹脂成形体並びにこれらの製造方法」とする本件特許権2（特許第6056934号）及び発明の名称を「発光装置，樹脂パッケージ，樹脂成形体並びにこれらの製造方法」とする本件特許権3（特許第5825390号）（本件特許権1～3を「本件特許権等」と総称する。）の特許権者である一審原告が，液晶テレビ（一審被告製品）を輸入，譲渡等する一審被告に対し，特許法100条1項及び2項に基づき，差止め等を請求するとともに，民法709条に基づく損害賠償金を請求した事案である。

　一審判決（R 2.2.28東京地裁平成29年（ワ）27238）では，一審被告製品が本件特許権等の技術的範囲に属するとして特許権の侵害の成立を認容したうえで，一審被告製品の実施の差止め等を棄却したのに対し，原告が請求する1億3,200万円の損害賠償請求のうち，その一部である1,795万6,641円を損害額として認容した。

　この一審判決に対して，双方が不服として本件控訴を提起した。

2．争点

　一審被告製品が本件特許権等の技術的範囲に属するか否か，一審判決における損害額の算定が妥当であるか否かが争点となった。

3．裁判所の判断

　裁判所は，一審判決において1,795万6,641円とした損害額を，1億3,200万円として一審原告が請求するその全額を損害額として認容した。

　一審原告は，一審において，損害賠償金として，特許法第102条３項に基づく損害額１億2,466万8,436円に，弁護士費用1,200万円及び消費税相当額683万3,421円を加えた１億4,350万1,857円のうち，１億3,200万円を請求していた。したがって，本件控訴では，一審原告が請求する損害賠償金の全部が認められたことになる。

　裁判所が損害賠償金の全額を認めた理由は，以下のとおりである。

　裁判所は，「特許法102条３項は，特許権侵害の際に特許権者が請求し得る最低限度の損害額を法定した規定であり，同項による損害は，原則として，侵害品の売上高を基準とし，そこに，実施に対し受けるべき料率を乗じて算定すべきである。」と原則論を述べたうえで，「同項所定の「その特許発明の実施に対し受けるべき金銭の額に相当する額」については，技術的範囲への属否や当該特許が無効にされるべきものか否かが明らかではない段階で，被許諾者が最低保証額を支払い，当該特許が無効にされた場合であっても支払済みの実施料の返還を求めることができないなどさまざまな契約上の制約を受けるのが通常である状況の下で事前に実施料率が決定される特許発明の実施許諾契約の場合と異なり，技術的範囲に属し当該特許が無効にされるべきものとはいえないとして特許権侵害に当たるとされた場合には，侵害者が上記のような契約上の制約を負わないことや，……同項の改正の経緯に照らし，同項に基づく損害の算定に当たっては，必ずしも当該特許権についての実施許諾契約における実施料率に基づかなければならない必然性はない。」ことから，「特許権侵害をした者に対して事後的に定められるべき，実施に対し受けるべき料率は，通常の実施料率に比べて自ずと高額になるであろうことを考慮すべきであり，①当該特許発明の実際の実施許諾契約における実施料率や，それが明らかでない場合には業界における実施料の相場等も考慮に入れつつ，②当該特許発明自体の価値すなわち特許発明の技術内容や重要性，他のものによる代替可能性，③当該特許発明を当該製品に用いた場合の売上げ及び利益への貢献や侵害の態様，④特許権者と侵害者との競業関係や特許権者の営業方針等訴訟に現れた諸事情を総合考慮して，合理的な実施料率を定めるべきである。」と具体的に示した。

　そして，裁判所は，実施料率の設定に以下の点を考慮すべきと判示した。

　（１）一審原告は，「ライセンス収入には頼らず，特許はあくまでも自社の技術を保護する手段と考え，自社製品の販売によって利益を得るという経営方針による」として，「クロスライセンス以外の形態でLEDメーカーにライセンスを供与することは，一部の例外を除いてなかった。」こと。

　（２）一審被告は，「本件LEDがより高価な最終製品に搭載されるほど実施料が高額になる」と主張するが，「本件LEDがより高額な製品に搭載されてより高額な収入をもたらしたのであれば，その製品の売上げに対する本件LEDの

貢献度に応じて実施料を請求することができるとしても不合理ではない。」こと。

（3）一審原告は，「クロスライセンス以外の形態でLEDメーカーにライセンスを供与することは，一部の例外を除いてはなく……，特許権が侵害された場合，一審原告の製造するLEDへの置換えが可能な場合にはそれを前提に5％前後の実施料率を用いて，置換えが難しい場合にはより高い実施料率を用いて和解をしており，……，本件特許1を含む二つの特許権を侵害するLED電球の販売に係る事案において，10％の実施料率を想定し，それに8％の消費税相当額を付加して，裁判上の和解をした……。」こと。

これらに基づき，裁判所は，「特許法102条3項の実施料率について述べたところや，……他の事情を総合すると，……本件発明1～3の実施料率は，10％を下回ることのない相当に高い数値となるものと認められる。」とし，最終製品である液晶テレビの売上げを基礎とした場合，「一審被告製品の売上げを基礎とした場合の実施料率は，0.5％を下回るものではないと認めるのが相当である。」とした。

その結果，裁判所は，損害額としての実施料相当額について，「一審被告製品の総売上高は，一審被告製品1が147億1,230万5,518円，一審被告製品2が102億2,138万1,519円で，合計249億3,368万7,037円であり，……実施料率0.5％を乗じると，1億2,466万8,435円（1円未満四捨五入）となる。」とした。

▎4．実務上の指針

損害賠償額の算定は，権利者としても権利を侵害する実施者としても悩ましい問題である。特許権をはじめとする知的財産権は，実体のない無体物であることから，物品や金銭などの有体物と異なり，権利の侵害が生じても，その行為によって直接的な損害を算定することは困難である。そこで，特許法等の知的財産に関する法律では，損害額を推定するための規定を定め，これにより権利の侵害によって権利者に生じた金銭的な損害を推定することとしている。

しかし，このような規定があっても，権利者及び実施者の双方が納得する妥当な金額を算定するのは困難である。つまり，権利者であればできるだけ多額の損害額を算定したいのが当然であるのに対し，実施者であればできるだけ小額の損害額を算定したいものである。そうすると，特許法等に損害額の推定に関する規定が定められていたとしても，この規定の字義の解釈を巡って権利者と実施者とが双方が対立することになる。

本件で争点となっている特許法102条3項は，「特許発明の実施に対し受けるべき金銭の額に相当する額の金銭を，自己が受けた損害の額としてその賠償を請求することができる。」と規定している。すなわち，同項は，特許権者と実施者との間に正当なライセンス契約が締結されているとき，実施者から特許権者

に支払われる金銭の額つまりライセンス料を，特許権者の損害額として当該特許権を侵害した者に対して請求することができるとするものである。ただし，この規定では，故意又は過失による侵害者であっても，侵害を未然に防ぐために特許権者との間で実施契約を締結した正当な実施権者のライセンス料に相当する額を支払うことで特許権の侵害が容認されることとなり，未然に交渉する必要がある正当な実施権者と，その労を必要としない事後的な侵害者とが同等に扱われることになるという不合理が生じる。そこで，同条4項において，同条3項に規定する金額を超える損害の賠償の請求も妨げない，と規定している。これにより，悪意のある侵害者に対しては，正当な実施権者のライセンス料を基準として，このライセンス料を超える額を損害額として認定することができるようになっている。

　一方，この特許法102条3項では，「実施に対し受けるべき金銭の額」を請求することができると規定するにとどまり，この金銭の額つまりライセンス料について具体的なことは規定されていない。そのため，知的財産権の侵害訴訟においては，このライセンス料がしばしば争点となる。すなわち，ライセンス料を算定するに際し，例えば料率をどう設定するのか，料率を乗ずる対象が特許発明を用いた部品の売上げとするのか，その部品を用いた最終製品の売上げとするのか，等々，多くの争点が存在する。

　本件も，損害額の算定に際し，ライセンス料の算定の基礎となる料率，そしてこの料率を乗ずる対象となる売上げが争点となっている。本件では，この料率について，侵害者に対する料率は，正当な実施権者のようにあらかじめ締結された実施契約に基づく料率に比較して高額となることを認める旨を判示している。

　また，本件では，侵害者の部品が最終製品に搭載されることで侵害者に高額な収入をもたらしている以上，この最終製品の売上げに基づいて部品の貢献度に応じた実施料を算定することも合理的であると判示している。

　他にも，本件では，一般的な特許の実施にともなう料率が数％に設定されているとしても，特許権者が他の事件において10％という条件で裁判上の和解をしている実績を勘案できることも判示している。

　結果として，本件では，一審原告の主張のとおり，一審被告の最終製品の売上に対して0.5％の料率を乗じて損害額を算定した。

　このように，本件は，特許法102条3項における「実施に対し受けるべき金銭の額」の算定について，考慮すべき事情を詳細に検討し，判示している点において，実務に役立つものと思われる。

（南島　昇）

再生トナーカートリッジ事件

<table>
<tr>
<td>判 決 の
ポ イ ン ト</td>
<td>使用済原告製品に装着されている特許製品である原告情報記憶装置を取り換える行為によって特許権の消尽は成立しないが，その行為の原因となった原告情報記憶装置への書換制限措置は消尽を妨害し競争を制限するものであるから，特許権の行使は権利濫用であると認めた。</td>
</tr>
<tr>
<td>事件の表示</td>
<td>R 2.7.22 東京地裁 平成29年(ワ)40337</td>
</tr>
<tr>
<td>参 照 条 文</td>
<td>民1③ 独禁法21 独禁法19</td>
</tr>
<tr>
<td>Key Word</td>
<td>権利濫用，消尽</td>
</tr>
</table>

1．事実関係

（1）原告は，名称を「情報記憶装置，着脱可能装置，現像剤容器，及び，画像形成装置」とする特許第4886084号と，名称を「情報記憶装置及び着脱可能装置」とする特許第5780375号及び特許第5780376号を有する。これらの特許発明は，画像形成装置本体（プリンタ）に対して着脱可能に構成された着脱可能装置（トナーカートリッジ）に設置される情報記憶装置（電子部品）の物理的な構造や部品の配置に関する発明である。

（2）原告は，一部の原告プリンタ用のトナーカートリッジ（原告製品）の情報記憶装置（原告電子装置）についてデータの書換えを制限する措置（本件書換制限措置）をする一方で，訴外の他の原告プリンタ用のトナーカートリッジの情報記憶装置について本件制限措置をとっていない。

（3）原告プリンタにおいては，「トナーが少なくなりました」～「トナーを補給してください」とトナー残量に応じて段階的に表示される。使用済原告製品にトナーを再充填して原告プリンタに装着すると，トナーの残量表示が「？」と表示されるが，印刷は可能である。

（4）被告は，本件制限装置がとられた使用済原告製品に装着されている原告電子装置を，被告の情報記憶装置（被告電子装置）に取り換えたうえで，原告製品にトナーを充填した再生品（被告製品）を製造・販売した。一方被告は，本件制限措置がとられていない訴外の他の原告プリンタ用のトナーカートリッジの情報記憶装置のデータを書き換えたうえで，トナーを充填した再生品を製造・販売した。

▌2．争点

（1）原告電子部品を被告電子部品に取り替えて被告製品を販売等する被告の行為は本件各特許権を侵害するものであるか否かが争われた。

（2）本件書換制限措置の下で，原告が原告電子部品を被告電子部品に取り替えて被告製品を販売等する場合，本件各特許権の消尽が成立するか否かが争われた。

（3）本件書換制限措置の下での本件各特許権の行使は，権利濫用であるか否かが争わされた。

▌3．裁判所の判断

（1）消尽

インクタンク事件最高裁判決（H19.11.8最高裁第一小法廷平成18年（受）826）の「特許権の消尽により特許権の行使が制限される対象となるのは，飽くまで特許権者等が我が国において譲渡した特許製品そのものに限られる」を挙げたうえで，「特許製品である「情報記憶装置」そのものを取り替える行為については，消尽は成立しないと解される。」と判示した。

（2）原告による本件書換制限措置と被告の競争上の不利益との関係

裁判所は，再生品について純正品と同等の品質が求められているところ，トナーの残量表示を「？」とすることによる競争制限の程度が大きいと認めたうえで，「本件書換制限措置により，被告らがトナーの残量の表示が「？」であるトナーカートリッジを市場で販売した場合，被告らは，競争上著しく不利益を被ることとなるというべきである。」と判示した。

（3）特許権の侵害を回避し，かつ，競争上の不利益を被らない方策の存否

裁判所は，「設計変更後の被告電子部品がなお本件各発明の技術的範囲に属することは前記判示のとおりであり，その他の方法により本件各特許の侵害を回避することが可能であることをうかがわせる証拠は存在しない。」と判示したうえで，「本件書換制限措置のされた原告製プリンタについて，トナー残量表示がされるトナーカートリッジを製造，販売するには，原告電子部品を被告電子部品に取り替えるほかに手段はないと認められる。」と判示した。

（4）本件書換制限措置の必要性及び合理性

裁判所は，「譲渡等により対価をひとたび回収した特許製品が市場において円滑に流通することを保護する必要性があることに照らすと，特許製品を搭載した使用済みのトナーカートリッジの円滑な流通や利用を特許権者自身が制限する措置については，その必要性及び合理性の程度が，当該措置により発生する競争制限の程度や製品の自由な流通等の制限を肯認するに足りるものであることを要するというべきである。」としたうえで，原告が主張したトナーの残量

表示の正確性担保と，品質管理・改善への活用との主張を退けた。

（5）権利濫用

裁判所は，「独占禁止法21条は，「この法律の規定は，……特許法……による権利の行使と認められる行為にはこれを適用しない。」と規定しているが，特許権の行使が，その目的，態様，競争に与える影響の大きさなどに照らし，「発明を奨励し，産業の発達に寄与する」との特許法の目的（特許法１条）に反し，又は特許制度の趣旨を逸脱する場合については，独占禁止法21条の「権利の行使と認められる行為」には該当しないものとして，同法が適用されると解される。」と認定したうえで，次のとおり権利濫用を認めた。

裁判所は，本件書換制限措置及び本件特許権の行使は，「トナーカートリッジのリサイクル事業者である被告が自らトナーの残量表示をした製品をユーザー等に販売することを妨げるものであり，トナーカートリッジ市場において原告と競争関係にあるリサイクル事業者である被告らとそのユーザーの取引を不当に妨害し，公正な競争を阻害するものとして，独占禁止法（独占禁止法19条，２条９項６号，一般指定14項）と抵触する。」本件各特許権に基づき被告製品の販売等の差止めを求めることは，特許法の目的である「産業の発達」を阻害し又は特許制度の趣旨を逸脱するものとして，権利濫用（民法１条３項）に当たるというべきである。」と判示した。

▌4．実務上の指針

（1）メーカーにとって，製品の製造・販売のみで終了するのでなく，本体製品の製造販売後も本体製品に不可欠な消耗品が売れ続けることは，ビジネス上大きな魅力である。この消耗品ビジネスは，トナーカートリッジに代表されるが，プリンタメーカー以外の第三者にとっては再生トナーカートリッジを製造・販売することがビジネスチャンスとなった。

（2）プリンタメーカーは，トナーカートリッジ等について特許権を取得して，第三者が消耗品ビジネスに参入することを排除しようとするが，そのことを２つの要因が困難にしている。一つは特許権の消尽であり，他の一つは権利濫用である。

（3）消尽について，本判決でも，被告行為について消尽が成立することを本判決の前提として認め，「被告が行っている原告電子部品のメモリの書換えは，情報記憶装置の物理的構造等に改変を加え，又は部材の交換等をするものではなく，情報記憶装置の物理的な構造はそのまま利用した上で，同装置に記録された情報の書換えを行うにすぎないので，当該書換えにより原告電子部品と同一性を欠く特許製品が新たに製造されたものと評価することはできない。」と判示している。

（4）再生品に対する権利濫用について，本判決では公正取引委員会による過去の審査事例に言及している。その審査事例とは，カラーレーザープリンタに使用されるトナーカートリッジのICタグに搭載されたICチップに記録された情報の書き換え等を困難にして，当該カートリッジの再生品が作動しないようにすることにより，当該再生品の販売を困難にさせている疑いがあるとされた事例である。独占禁止法の規定に基づき審査を行ってきたところ，プリンタメーカーのその後の措置により再生業者が再生品を再生販売することが可能になったことから，上記審査は終了された。

（5）ここで，消耗品の構造等について特許権を取得しても，消耗品が再生された後も物理的な構造がそのまま利用されると，特許権は消尽したことになり，特許権の行使は妨げられる。本件の事案で，仮に被告が原告電子部品をそのまま利用して再生品を製造販売すれば，特許権は消尽しているので権利行使を免れる余地があった点で，上述の審査事例とは異なる。つまり，被告には原告電子部品をそのまま利用して，特許権が消尽した再生品を製造する自由度は残されていた。しかし，原告の「本件書換制限措置」により，原告電子部品をそのまま利用するとトナー残量表示が「？」となって競争力を低下することから，被告は原告電子部品を被告電子部品に取り換えざるを得なかった。しかも，その「本件書換制限措置」は，原告による技術上の必要性及び合理性が乏しい，消尽を妨げるための措置であるから，特許権の行使は権利濫用として許容されないものとされた。

（6）消耗品の有効な保護は，消尽と権利濫用の双方を阻止できる技術について特許権を取得する他ない。その一つは，消尽を否定したインクタンク事件最高裁判決（H19.11.8最高裁第一小法廷平成18年（受）826）の判示から，特許製品の重要な一部の構成要件（例えば「毛管力」及び「液体の量」）が，使用済により欠落され，再充填により再構築されるものである。残りの一つは，本判決からの知恵として，特許製品の重要な一部の構成要件が，再生する際に取り換えざるを得ないように制限措置されており，その制限措置の必要性及び合理性の程度が，当該措置により発生する競争制限の程度や製品の自由な流通等の制限を肯認するに足りるものであることである。消耗品の有効な保護は，確立された市場で消尽と権利濫用の双方を阻止できる特許権を，知的創造サイクルの逆回し（市場で消耗品を有効に保護する戦略→特許権の創造→技術の創造）で取得するほかなく，知的財産にかかわる者の力量の発揮しどころであるといえる。

（井上　一）

第2編　民事訴訟編
第1部　侵害訴訟

第2章
意匠

組立家屋事件

判 決 の ポ イ ン ト	意匠権侵害における類否判断において，既に土地と一体化した建物であっても，工業的な量産可能性が認められ，動産的に取り扱われ得る物である場合に限り，意匠法上の「物品」として認められ，組立家屋の意匠権に基づく意匠権侵害が成立し，権利行使が可能であることが示された。
事件の表示	R 2.11.30　東京地裁　平成30年(ワ)26166
参 照 条 文	意2①　意3①3
Key Word	意匠法上の物品，類否判断

1．事実関係

　原告は，意匠に係る物品を組立家屋(本件意匠)とする部分意匠について平成28年6月7日に意匠登録出願をし，平成29年2月10日に意匠登録(登録第1571668号)を受けた。原告は，不動産の売買，賃貸，管理及び仲介等を目的とする株式会社である。一方，被告は，被告建物(被告意匠)を，平成30年7月26日までに顧客に販売及び販売の申出等をしていた。本件は，原告が，被告意匠販売行為等に関し，本件意匠権侵害等を理由として，被告意匠に係る建物の製造，販売等の差止め及び除去，損害賠償金等を請求したものである。

本件意匠　　　　　　　　　　　　被告意匠

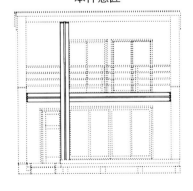

2．争点

　被告意匠は本件意匠と類似するか等について争われた。そのなかで，原告及び被告の意匠に係る物品が同一なのか，すなわち，被告意匠に係る製品である

被告建物は，本件意匠に係る物品である組立家屋に該当するのかも争点となった。また，本件意匠出願前に係る引用意匠（公知意匠）の存在を理由として，本件意匠権に無効理由があるか否か（無効の抗弁の成否）も争われた。

3．裁判所の判断

　裁判所は，「本件意匠と被告意匠は，意匠に係る物品が同一であり，形状が類似することから，被告意匠は本件意匠に類似するものと認められる」，その結果，「被告が，組立て家屋である別紙被告製品目録1記載の建物を製造，販売等する行為は，本件意匠権を侵害する」と判断した。以下にその理由を説明する。まず，被告建物が意匠法2条1項の物品に該当するかについて，裁判所は，当該物品とは，有体物のうち，市場で流通する動産と解されるから，不動産は物品には該当しないが，使用される時点において不動産として取り扱われる物であっても，工業的な量産可能性が認められ，動産的に取り扱われ得る物である限り，物品に該当すると判断した。この解釈はほぼ通説（例えば，高田忠「意匠」（有斐閣，2000年）p35等）どおりである。これに対して被告は，「被告各建物は，土地と合わせて不動産として販売されており，動産として流通させたものでもないから「物品」に該当しない」と主張したが，裁判所は，被告建物は，工場等で量産された木材及び構造用合板を現場に運搬し，同所で組み立てて建築する「枠組壁工法」であり，土地と一体となって「不動産」として使用される前の時点においては動産的に取り扱うことが可能であるため，その後，土地と一体として販売されたという事実によって直ちにその動産としての性質が失われるものではなく，被告建物は組立家屋に該当すると認定した。次に，両意匠の類否について，裁判所は，本件意匠と被告意匠とは，家屋の正面視において，地面と垂直に設けられた柱部（縦棒）及び地面と平行に設けられた梁部（横棒）によって，略十字の模様が形成されている点，梁部が柱部を挟み込む態様によって梁部と柱部の交差部が形成されている点，当該略十字は，1つの柱部と，前記交差部で梁部を左右2つに分けた3つの矩形から構成されている点等で共通すると認めた。一方，本件意匠の柱部が左寄りであるのに対し，被告意匠の柱部は右寄りである点については差異点を認めた。そのうえで，組立家屋は，通常玄関の存在する正面視のデザインが，看者（本判決では木造の戸建て住宅の購入に関心がある一般消費者）となる需要者の注意や関心を惹くため，上記共通点は両意匠の要部であると認定した。一方，上記差異点については，柱部が中心からみて右寄りに位置するか，左寄りに位置するかによって両意匠の美感に決定的な影響を与える差異ではないから，差異点は共通点を凌駕せず，本件意匠と被告意匠は，意匠に係る物品が同一であり，形状が類似するため，両意匠は類似であると判断した。さらに被告は，本件意匠出願前に係る下記引用意

匠（公知意匠）の存在を理由として，本件意匠登録には，新規性の欠如及び創作が容易である無効理由がある旨を主張した（無効の抗弁）。この成否に関する裁判所の判断を以下に説明する。

本件意匠

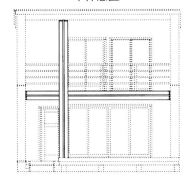

引用意匠

　　まず，新規性の欠如について，裁判所は，本件意匠と引用意匠は，家屋の正面視において，略十字の模様が形成される等の基本的構成態様が共通し，美感が共通することを認める一方で，本件意匠は，柱部及び梁部がそれぞれ3つの矩形から形成されているため，看者に対し，メリハリの効いた，かつシャープな印象を与えるのに対し，引用意匠は，梁部が柱部を挟み込む態様でないことから，梁部と柱部がこのような3つの矩形から形成されておらず，1本の太い棒状の構成要素を形成しているため，看者に対し，のっぺりとした，かつ重みのある印象を与える点等で差異があり，両意匠は異なる美感を起こさせると認定した。その結果，本件意匠は引用意匠と同一でも類似でもないから，本件意匠権に新規性欠如の無効理由があるとは認められないとした。次に，創作が容易であるか否かについて，裁判所は，家屋の正面視に略十字の形状を配置する場合に，柱部及び梁部をどのようなデザインとするかについて，当業者には，新しい着想に基づく独創性を発揮する余地があるというべきであり，上記差異点が，両意匠に異なる美感を看者に起こさせ，意匠的効果が大きく異なるに至っているから，本件意匠を創作することは，家屋の設計を担当する当業者において容易であったとまでは認められない。したがって，本件意匠権に創作が容易であるとする無効理由は認められないとした。

▎4．実務上の指針

　　本判決は，組立家屋の意匠権について，被告意匠との類否（侵害の成否）が争われたものである。当該類否が成り立つ前提として，両意匠の意匠に係る物品

が同一（又は類似）であることが必要であるが，被告建物が既に土地に定着後の不動産であったため，組立家屋の意匠権の効力が及ぶかについて争われた，あまり類を見ないケースであった。そこで今回の実務上の指針としては，この点を中心に解説する。組立家屋の意匠出願については，土地に定着する前は動産であることを理由として，意匠法第2条第1項の物品に該当し，他に拒絶の理由がない限り，実務上も意匠登録が認められてきた。しかしながら，実際の権利行使の場面において，果たして実効性があるのかという疑問もあった。というのは，市場での流通を経て，現場で組み立てられ，最終的に土地に定着した組立家屋（「元」組立家屋というべきか）は，既に不動産であるから物品に該当せず，意匠の類否判断において物品が同一（又は類似）であるか否かの範疇にはもはやない。それゆえ，組立家屋として取得した意匠権を持って，土地に定着後の建物に権利行使することは，そもそも意匠の類否が成立しないため不可能とも考えられるためである（ただし，この疑問は令和2年4月1日より施行された改正意匠法において，土地の定着物であることを要件とする建築物が意匠の保護対象に含められたことで，今後は組立家屋ではなく建築物としての意匠出願が増えることにより解消していくであろう）。また，意匠権侵害が認められたとしても，土地に定着した建物には，既に所有権者等が存在する場合もあるため，意匠権の行使によって，このような建物を「除去」することが現実的に可能なのかについても疑問があった。これら疑問について，本判決では，土地とあわせて販売される建物であっても，その前段階で工業的な量産可能性が認められ，動産的に取り扱われる工法である限り，まず土地ありきの在来工法とは異なり，意匠法第2条第1項の物品として成立し，意匠権侵害が成立することが明確となった。一方で侵害が認められた建物の除去については，裁判所は，当該除去は，意匠法第37条第2項に定める侵害行為を組成した物品の「廃棄」の請求に該当するとの解釈をしつつも，被告建物のうち既に顧客に販売されたものについては，その所有権が移転したから，本判決の対象となる被告製品そのものが既に存在しないという理由で認められなかった。また，顧客に販売される前の被告建物については，被告が，原告から意匠権侵害の通知書を受け取った時点で，被告意匠の柱部に該当する部分を除去する工事を行っていたことから，もはや両意匠は同一でも類似でもなくなったため，対象となる被告製品そのものが既に存在しないという理由で認められなかった。結局，被告意匠に係る建物の製造，販売等の差止めと，損害賠償金の請求のみが認められたが，この論理に基づけば，所有権移転前の建物については，該当箇所を除去しない限り，建物自体の土地からの除去が認められる余地もあろう。

（茅野　直勝）

データ記憶機控訴事件

判 決 の ポ イ ン ト	意匠の類否の判断にあたり，複数の姿勢で使用状態が想定される場合でも，視覚を通じて与える印象が強い特徴的な形状が共通していれば，全体として美感を共通にすると判断された。
事件の表示	R 3.2.18　大阪高裁　令和2年（ネ）1492 （原審　R 2.5.28　大阪地裁　平成30年（ワ）6029）
参 照 条 文	意24
Key Word	意匠の類似，要部の認定，間接侵害

1．事実関係

　本件は，意匠に係る物品を「データ記憶機」とする意匠権（本件意匠権：意匠登録第1409214号）を有する被控訴人（一審原告，意匠権者）が，控訴人（一審被告）の製造，販売するデータ記憶機（被告製品1～4）の意匠（被告意匠）及び被告製品のケースの意匠が本件意匠権に係る意匠（本件意匠）に類似するとして，控訴人に対し，本件意匠権に基づき，被告製品の差止め等（意37①，②）を請求するとともに，不法行為に基づく損害賠償金を請求した事案である。

　一審判決（R 2.5.28　大阪地裁　平成30年（ワ）6029）では，被告意匠が本件意匠に類似するとして意匠権侵害の成立を認めるとともに，被告製品のケースの意匠が本件意匠に類似するとして間接侵害の成立を認めたうえで，被告製品の差止め，及び損害の賠償を認めた。

　この一審判決に対して，控訴人が不服として本件控訴を提起した。

　本件の意匠に係る物品である「データ記憶機」は，いわゆる外付けハードディスクや外付けHDDと称される機器であり，ケースの内部にHDD本体を収容し，パーソナルコンピュータの追加記憶ドライブや録画機能を有するテレビのデー

（本件意匠参考斜視図）　　　（被告意匠1参考斜視図）

タ記憶機として用いられる。この「データ記憶機」は，需要者によって縦置き又は横置きとして，ケーブルを通してパーソナルコンピュータやテレビと接続され，一般にこれらの近傍に設置される。

┃2．争点

　被告意匠は，本件意匠に類似するか否か（争点１）が争点となった。

┃3．裁判所の判断

　一審判決では，データ記憶機を縦置き，横置きすることについていずれも一般的であるとしつつ，需要者は，その購入，使用に当たり，縦置き・横置きを問わず，データ記憶機の背面及び底面を視認する機会が必ずしも多くなく，視認した場合もさほど強く注意を惹かないとし，使用状態を考慮すると，正面が注目する部分であると指摘している。

　これに対し，控訴人は，データ記憶機について需要者が注目する部分がどこであるかを認定するにあたって，製品の使用時における見え方のみならず，製品の購入時における見え方をも重視すべきであり，正面に限らず，平面及び左右の側面のいずれも，需要者が正面と同程度に注目すると主張した。

　これに対し，裁判所は，「需要者としては，使用する場合のデータ記憶機の置き方を想定して購入するのであるから，前記引用に係る原判決において説示されているとおり（原判決26頁4行目から28頁13行目まで），需要者の注意を惹く程度については，縦置き・横置き両場合の正面に加え，縦置きの場合の平面並びに平面及び正面を斜め方向から視認する場合の左右の側面がより強く，横置きの場合に上面となる側の側面並びに正面及び上記側面を斜め方向から視認する場合の平面はこれらよりやや弱いものと考えるのが相当である。」として，控訴人の主張を採用できないとした。

　また，控訴人は，意匠の要部の認定において，本件意匠と「乙1意匠，乙2意匠及び乙5意匠において製品の正面や平面を平坦としていること及び乙51意匠との類似性を挙げ」て，「本件意匠の基本的構成態様（C3）はありふれているから，本件意匠の要部と見ることはできない」と主張した。

　これに対し，裁判所は，「乙51意匠は，略扁平直方体状で，平面から正面へとつながる角が側面視円弧状に湾曲し，平面から背面につながる角が直角に折れ曲がっている点が本件意匠と共通するといえるものの，本件意匠の「プレート」に相当する構成を有しない。そうである以上，乙51意匠の存在をもって，「プレート」の存在を前提とする本件意匠の基本的構成態様（A3）〜（C3）が本件意匠の意匠登録出願前に公知であったということはできない。」として，控訴人の主張を採用できないとした。

　そして，裁判所は，「本件意匠の要部は基本的構成態様（Ａ３）〜（Ｃ３）であり，これは基本的構成態様の全てである。被告意匠の基本的構成態様の全てである基本的構成態様（ａ３）〜（ｃ３）は（Ａ３）〜（Ｃ３）と共通であり，さらに，本件意匠と被告意匠は，具体的構成態様（Ｈ３）と（ｈ３）及び（Ｉ３）と（ｉ３）も共通である。このように，本件意匠と被告意匠とは，幅・高さ・奥行きが同じ比率の略扁平直方体状であって，平面及び正面の全幅にわたり平坦な１枚のプレートが設けられ，平面から正面につながる角のみが側面視円弧状に滑らかに湾曲しているという形態において共通しているのであり，この全体的な形態が視覚を通じて需要者に与える印象は強い。したがって，両意匠は，その具体的構成態様の差異点を考慮しても，全体として美感を共通にするというべきであり，被告意匠は本件意匠に類似するということができる。」と結論づけた。

▎4．実務上の指針
（１）争点１について
　意匠の類否の判断は，一審の判決にもあるように，需要者の視覚を通じて起こさせる美感に基づいて行うものであり（意24②），この判断に際しては，対比する両意匠の基本的構成態様及び具体的構成態様を全体的に観察するとともに，意匠に係る物品の用途や使用態様，公知意匠等を参酌して，需要者の最も注意を引きやすい部分，すなわち要部を把握し，要部において両意匠の構成態様が共通するか否か，差異がある場合はその程度や需要者にとって美感を異にするものか否かを重視して，両意匠が全体として美感を共通するか否かによるとされる。
　本件では，意匠に係る物品が「データ記憶機」として，縦置き及び横置きのいずれの態様でも使用されることから，意匠の要部を使用態様に応じてどのように認定するかについて争われている。控訴人は，この点について，正面だけでなく，平面や左右の側面にも注目すべきであると主張したのに対し，裁判所は，使用態様にかかわらず正面が中心となり，縦置きの場合に平面及び正面付近の左右の側面が注目され，横置きの場合に上側に位置する側面及びこの付近の正面が注目され，平面への注目が弱くなると判断している。この点については，外付けHDDの使用時を考えると，妥当な判断といえる。すなわち，需要者は，データ記憶機の意匠を全体的に観察するよりも，縦置き時であれば正面に中心に注目し，横置き時であれば上方に位置する側面及びそれに連なる正面に注目することについて，異論はないと思われる。
　この判決のように，意匠の類否の判断に用いる意匠の要部の認定には，その意匠に係る物品の使用態様を十分に考慮することが必要であるといえる。この点については，審査段階ではあまり考慮する必要がない反面，本件のように侵害訴訟の場面では十分な考慮が必要であろう。

　また，本件意匠と被告意匠とは，データ記憶機として，幅・高さ・奥行きが同じ比率の略扁平直方体状であり，縦置き時の上面（本件意匠の平面）から正面につながる角のみが側面視において円弧状に滑らかに湾曲している点において共通している。この上面から正面に至る形状が本件意匠の特徴として把握され，この点が共通している本件意匠と被告意匠とは，全体的な形態が視覚を通じて需要者に与える印象が強いと認定されている。このことからも，全体として直方体状というありふれた形態であっても，そこから抽出される特徴的な部分，注目をひく部分が共通していれば，その他の具体的な構成態様に差異があったとしても美感を共通するとして類似と判断している本件判決は，異論がないものと思われる。

　一般に，極めて独創的なデザインでない限り，侵害訴訟において対比される登録意匠とイ号意匠とは，基本的構成態様が共通することが多いと思われる。一方，この共通点を基本的構成態様として見過ごしてしまうと，対比される2つの意匠の基本的構成態様が軽視されることにもつながりかねない。この基本的構成態様から，登録意匠に特徴的な点を抽出し，この点が共通しているとき，登録意匠とイ号意匠とは美感を共通するという判断の流れは，意匠の類否の判断において参考となる点が多いと思われる。

（2）間接侵害について

　本件の一審では，外付けHDDのケースを譲渡等する行為が間接侵害として認定されている。本件意匠のような外付けHDDの場合，ケースの内側にHDD本体や各種基板類を収容する構造であることから，収容されたHDD本体等を外部から視認することはあまりない。そのため，需要者は，収容するHDD本体や各種基板類の形状とは無関係に，これらを収容するケースを商品の形態として認識すると考えるのが妥当と思われる。したがって，このケースを譲渡等する行為は意匠権を間接的に侵害するという判断に，異論はないものと思われる。

　近年の電子機器の普及にともない，データ記憶機に限らず，ケースと収容される機器とが別売りされることは一般的である。このような場合，需要者は，購買の可否を判断するにあたり，ケースに収容される各種機器に関心があるとしても，その機器の性能だけでなく，ケースを含めた外観も考慮することになるであろう。そうすると，ケースを含めた外観が購買の可否に与える影響は，十分に大きいと思われる。したがって，本件のように電子機器の外観に意匠権が存在する場合，収容される機器にかかわらず，外観を構成するケースの実施に行為について間接侵害が成立するという判断は，意匠の活用の参考になるものと思われる。

（南島　昇）

自動精算機控訴事件

判　決　の ポイント	控訴人の請求を棄却した原判決を維持し，被告意匠は本件意匠に類似しないと判断した。
事件の表示	Ｒ3.2.16　知財高裁　令和2年（ネ）10053 （原審　Ｒ2.8.27　東京地裁　令和元年（ワ）16017）
参　照　条　文	意3①三　意24②
Key Word	類否判断

┃1．事実関係

（1）手続の経緯

　本件は，意匠に係る物品を「自動精算機」とする意匠登録第1556717号の意匠権（本件意匠権）を有する控訴人（原審原告）が，被控訴人（原審被告）に対し，被告製品の販売等が本件意匠権を侵害するとして，被告製品の販売等の差止め及び損害賠償金の支払等を請求した事案である。

　原審は，控訴人の請求をいずれも棄却したため，控訴人は，原判決を不服として本件控訴を提起した。

（2）本件意匠

　本件意匠は，実線で示された上部を後方に傾斜させた縦長長方形状のディスプレイと，ディスプレイを収容する縦長略長方形状のケーシングの正面部分（枠部）とからなるタッチパネル部の部分意匠であり，タッチパネル部が自動精算機本体の正面上部右側に本体の上辺より上方に突出して配置された基本的構成態様からなる。その具体的な形態は以下のとおりである。

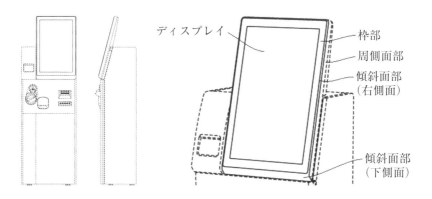

（3）被告意匠

被告意匠は，タッチパネル式の券売機であり，上部を後方に傾斜させた縦長長方形状のディスプレイと，ディスプレイを収容する縦長略長方形状のケーシングの正面部分とからなるタッチパネル部が本体の正面上部左側に本体の上辺より上方に突出して配置された基本的構成態様からなる。その具体的な形態は以下のとおりである。

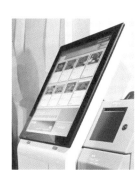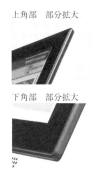

上角部　部分拡大

下角部　部分拡大

▎2．争点

本件では，本件意匠と被告意匠との類否（争点1），本件意匠登録の無効理由の有無（争点2），及び損害の額（争点3）が争点となったが，争点1についてのみ，裁判所の判断が示された。

▎3．裁判所の判断

（1）裁判所は，類否判断について，「登録意匠とそれ以外の意匠とが類似であるか否かの判断は，需要者の視覚を通じて起こさせる美感に基づいて行われ（意匠法24条2項），具体的には，意匠に係る物品の性質，用途，使用形態，公知意匠にはない新規な創作部分の有無等を参酌して，需要者の注意を惹きやすい部分を把握し，そのような部分において両意匠が共通するか否かを中心としつつ，全体としての美感が共通するか否かを検討すべきである」との規範を示している。

（2）この規範に則り裁判所は，公知意匠を参酌し，「本件意匠登録出願前に，自動精算機又はそれに類似する物品の分野において，筐体の上端部から一定程度突出するディスプレイ部について，上方を後方に傾斜させたディスプレイが縦長長方形状であり，ディスプレイを収容するケーシングが縦長略直方形状である意匠が知られていたものといえる」として，「共通点に係る基本的構成態様が類否判断に与える影響はほとんどない」と判断した。

（3）そのうえで，裁判所は，本件意匠の傾斜面部の下側部分について，「傾斜面部の上側及び左右側部分の幅……に対する傾斜面部の下側部分の幅……に極端に差を設けることによって，下側部分が顕著に目立つように設定されており，しかも，傾斜面部の下側部分に本体側から正面側に向けた高さを確保することにより，タッチパネル部が本体の正面から前方に突出する態様を構成させている」とし，「需要者は，様々な離れた位置から自動精算機を確認し，これに接近していくものであり，正面視のみならず，斜視，側面視から生じる美感がより重要であるといえるところ，本件意匠の傾斜面部の下側部分の目立つように突出させられた構成は需要者に大きく着目されるといえ，この構成態様により，本件意匠はディスプレイ部全体が浮き出すような視覚的効果を生じさせている」と認定した。

（4）一方，被告意匠について裁判所は，「傾斜面部と周側面がわずかな幅にすぎず……ディスプレイ部がただ単に本体と一体化しているような視覚的効果しか生じない」と認定した。

（5）これらに基づき，裁判所は，「差異点から生じる印象は，共通点から受ける印象を凌駕するものであり，本件意匠と被告意匠とは，たとえディスプレイ部の位置等に共通する部分があるとしても，全体として，異なった美感を有するものと評価できるのであり，類似しないものというべきである」と結論付けた。

（6）控訴人は，被告意匠の具体的構成態様として，「タッチパネル部下側面が本体の正面から前方に突出する態様で設けられている」旨を主張するとともに，本件意匠と同様に，「被告意匠もタッチパネル部が機器本体から浮き出したような印象を与える」旨を主張した。これに対し裁判所は，被告意匠の傾斜面部の幅は極めてわずかな広さしかない点を指摘して，「需要者にディスプレイ部と本体との間に高低差があるとの印象を与えることはないといえ，タッチパネル部下側面を突出する態様であると認定することは相当ではない」と判断するとともに，「タッチパネル部が機器本体から浮き出したような印象」は，「本件意匠のタッチパネル部下側面が本体の正面から前方に突出する態様で設けられていること……本件意匠の傾斜面部の下側が傾斜面部の上側及び左右側より幅広に構成されていること……から主として生じるものであり，そのような構成を有していない被告意匠からは上記のような印象は受けない」と判断して，控訴人の主張を退けている。

▎4．実務上の指針
（1）類否判断における構成態様の認定
本判決では，美感を生じさせる構成態様の認定・対比において，控訴人と裁

判所との間に著しい差があり，類否判断を大きく左右する要因となった。

　すなわち，控訴人は，「後傾させたタッチパネル部の下側面が，本体正面から前方に突出する態様で設けられている点」を，本件意匠と被告意匠に共通する構成態様として認定し，これにより，「タッチパネル部が機器本体から浮き出したような印象」が両意匠から生じると主張した。これに対し裁判所は，上記の印象は本件意匠のタッチパネル部下側部分の具体的な構成から生じているとして，かかる構成を被告意匠は有していない，と認定したのである。

　意匠はあくまで物品等の美的外観であって，視覚を通じて美感を起こさせるものである以上（意2①），美感を生じさせている具体的な形状の認定・対比が行われなくてはならない。本判決において裁判所は，どのような形状が「タッチパネル部が機器本体から浮き出したような印象」を生じさせているのか，さらには，控訴人が両意匠に共通する構成態様と認定した「本体正面から前方に突出する態様」は，どのような形状により構成されるのか，といった視点により，控訴人よりも具体的な形状に踏み込んで構成態様を認定していると思われる。裁判所が具体的な形状の認定・対比を行い，そのうえで類否判断を行った点が，両意匠を非類似と結論付けるポイントとなったと考えられ，実務上大いに参考になる。

（2）権利行使を見据えた出願方法の決定

　図面の作成は，出願意匠の特徴として主張したいポイントを考慮して行われる。六面図以外の拡大図や断面図は，それらがなければ意匠を理解することが困難な場合にはもちろん，公知意匠との差異を強調したい場合等においても添付される。この点，本件意匠の拡大図は，傾斜面部の下側部分が含まれるように作成されている。その背景には，本件意匠の傾斜面部の下側部分を先行意匠群にはない特徴と捉え，公知意匠との差異を際立たせようとする出願人の意図があったかもしれない。

　公知意匠との関係で，登録可能性の高さと登録後の権利範囲の広さとは相関関係にあり，この両者のバランスを考慮し，どこを落としどころとするかを模索して，出願方法を決定する。権利化を目指すべく，公知意匠との差異点を出願意匠の特徴部分として出願する場合に，登録後の権利行使の場面では，要部において形状を異にする意匠については，権利範囲に含められなくなる可能性がある点を認識しておかなくてはならない。出願方法の戦略を練る際には，権利行使の場面を見据えて，どこまでは権利範囲に含められる可能性が高く，どこからは権利範囲に含められない可能性が高いか，といった権利範囲の広さのシミュレーションを行っておくべきといえよう。むろん，権利範囲に含まれるラインは必ずしも明確ではないことから，必要に応じて関連意匠制度を利用しながら，権利範囲に含まれるかどうかの予測を行うのが有効である。

（浅野　令子）

■グループリーダーの付言

特許・実用新案侵害訴訟（機械）グループリーダー
弁理士　永井　義久（ながい　よしひさ）

特許業務法人　永井国際特許事務所　所長
1977年弁理士登録
弁理士クラブ知的財産実務研究所の設立に関わる。
特許権侵害訴訟，特許無効審判，特許無効審判の審決取消訴訟等を数多く経験している。

　本年は，機械系の特許侵害訴訟事件として，6件を取りあげた。事件内容は多岐にわたる。

　今回の判例群の中での注目されるのは，再生トナーカートリッジ事件（東京地裁　平成29年（ワ）40337）である。この事案は，原告特許権者が，被告らが，原告製のトナーカートリッジ製品から電子部品を取り外し，被告らの製造に係る電子部品と交換したうえで，トナーを再充填するなどして，トナーカートリッジ製品の再生品を販売している被告らに対し，トナーカートリッジ製品の販売等の差止め等を求めた事案である。

　消尽については，インクタンク事件最高裁判決（H19.11.8最高裁第一小法廷平成18年（受）826）を挙げたうえで，「特許製品『情報記憶装置』そのものを取り替える被告の行為については，消尽は成立しないと解される。」と判示した。

　その一方で，概要，次のように，権利濫用の判断をしたものである。すなわち，原告が，使用済みの原告製品についてトナー残量が「？」と表示されるように設定したうえで，その実施品である原告電子部品のメモリについて，十分な必要性及び合理性が存在しないにもかかわらず本件書換制限措置を講じることにより，リサイクル事業者が…再生品を製造，販売等することを制限し，…トナーカートリッジ市場において競争上著しく不利益を受ける状況を作出したうえで，…特許権に基づき権利行使に及んだと認められ，その権利行使は権利の濫用として解すべきである。

　本判決では，公正取委員会が，あるメーカーによる同様な不公正な取引方法に関する先の審査開始事例を引用して，技術上の必要性等の合理的な理由がないのに，あるいは，その必要性等の範囲を超えて，ユーザーが再生品を使用することを妨げる場合には，独占禁止法上問題となるとの考え方を示した点にも注目される。

　メーカーによる利益率の高い消耗品ビジネスとリサイクルビジネスとの相克のもとで，特許権の取得及びその行使はいかにあるべきかを改めて考えさせられる。

第2編　民事訴訟編
第1部　侵害訴訟

第3章
商標

2UNDR事件

判 決 の ポ イ ン ト	真正商品の並行輸入の抗弁を認め，商標権侵害としての実質的違法 性を欠くと判断した。
事件の表示	R 2.10.22　東京地裁　平成30年（ワ）35053
参 照 条 文	商36①　商36②
Key Word	並行輸入

1．事実関係

（1）事件の概要

　商標権者である原告Ｘ１及び原告Ｘ１から当該商標について独占的通常使用権の設定を受けた原告Ｘ２は，標準文字の「2UNDR」からなる原告商標（登録第5696029号）と同一又は類似の商標（以下「本件標章」）が付された男性用下着（以下「2UNDR商品」）の輸入等の行為が原告らの商標権ないし独占的通常使用権を侵害すると主張して，被告Ｙ１に対し，商標法36条1項及び2項に基づき，本件商標を付した商品の譲渡や輸入の停止と当該商品の廃棄等を求めるとともに，被告Ｙ１とその代表取締役である被告Ｙ２に対し，民法709条，民法719条1項及び商標法38条2項に基づき損害賠償金等の支払いを求めた。

（2）経緯等

　原告Ｘ１はカナダ法人であり，カナダ等でも原告商標について商標権を有している。原告Ｘ１は，日本を含む複数国において，販売代理店を介して2UNDR商品を販売している。訴外Ａは原告Ｘ１と所在地及び代表者等を同じくするカナダ法人である。

　訴外Ａは，平成27年1月に，シンガポール法人である訴外Ｂと，2UNDR商品の販売等についての代理店契約を締結した（以下「本件代理店契約」）。本件代理店契約では，訴外Ｂはシンガポール国内で2UNDR商品を販売すること等が定められた。訴外Ａは，平成27年2～6月頃，本件代理店契約に基づき，訴外Ｂに対し2UNDR商品を販売した。訴外Ａは，平成28年5月上旬，訴外Ｂに対し本件代理店契約を解除する旨のメールを送信し，当該契約は解除された。

　被告Ｙ１は，平成28年5月27日～10月7日まで（上記契約の解除後）に，訴外Ｂから2UNDR商品（箱型のパッケージの包装）を購入し，日本国内に輸入した。当該商品は，訴外Ａが本件代理店契約に基づき訴外Ｂに販売した商品である。被告Ｙ１は遅くとも平成28年8月頃から平成29年12月15日頃までウェブサイトや実店舗において，上記包装のまま，当該商品（2UNDR商品）を販売していた。

2．争点

　被告の輸入行為等がいわゆる真正商品の並行輸入として商標権侵害の違法性を欠く場合に当たるかについて争われた。

3．裁判所の判断

　裁判所は，本件輸入行為の違法性について，以下のとおりフレッドペリー事件における並行輸入の抗弁の3要件を提示した後，事実認定を踏まえて，各要件を具備すると判断し，被告Y1の輸入行為は，いわゆる真正商品の並行輸入として，商標権侵害としての実質的違法性を欠く適法なものであると認定した。

（1）並行輸入の抗弁の3要件

　「ア　商標権者以外の者が，我が国における商標権の指定商品と同一の商品につき，その登録商標と同一又は類似の商標を付したものを輸入する行為は，許諾を受けない限り，商標権を侵害する。しかし，そのような商品の輸入であっても，①当該商標が外国における商標権者又は当該商標権者から使用許諾を受けた者により適法に付されたものであり（以下「第1要件」という。），②当該外国における商標権者と我が国の商標権者とが同一人であるか又は法律的若しくは経済的に同一人と同視し得るような関係があることにより，当該商標が我が国の登録商標と同一の出所を表示するものであって（以下「第2要件」という。），③我が国の商標権者が直接的に又は間接的に当該商品の品質管理を行い得る立場にあることから，当該商品と我が国の商標権者が登録商標を付した商品とが当該登録商標の保証する品質において実質的に差異がないと評価される場合（以下「第3要件」という。）には，いわゆる真正商品の並行輸入として，商標権侵害としての実質的違法性を欠く（最高裁平成14年（受）第1100号同15年2月27日第一小法廷判決・民集57巻2号125頁）。」

（2）事実認定

　「本件代理店契約において，代理店契約の解除後の販売代理店における販売や在庫の処分等についての定めはなく，また，本件代理店契約の解除後，訴外A又は原告X1が訴外Bに対して在庫の処分等について指示をしたことはなかった。他方，各国の販売代理店に対して同じ2UNDR商品のカタログや注文のための商品のリストが送付されていたこと……から，我が国で販売される2UNDR商品が他国で販売される2UNDR商品と比べて格別の品質等を有していたとは認められず，2UNDR商品の販売代理店の販売地域の制限が，販売政策上の合意を超えて，2UNDR商品の品質の維持や管理等と関係することをうかがわせる事情は見当たらない」

（3）第1要件

　「本件標章が付されていた本件商品は，訴外Aが代理店契約に基づいて訴外

Ｂに販売したものであった。本件商品を被告Ｙ１が訴外Ｂから購入したのは，……本件代理店契約の解除後であるが，訴外Ａが訴外Ｂに販売した2UNDR商品に対する……訴外Ａの管理内容等に照らし，……原告商標の出所表示機能が害されることになるとはいえない。また，本件代理店契約では，訴外Ｂの販売地域はシンガポールに限定されていたが，……我が国で販売される2UNDR商品が他国で販売される2UNDR商品と比べて格別の品質等を有していたとは認められず，販売地域の制限が本件商品の品質の維持や管理等と関係していたとも認められないから，訴外Ｂの販売地域が限定されていたことによって原告商標の出所表示機能が害されることになるとはいえない。」とし，「本件商品に付された本件標章は，外国における商標権者である原告Ｘ１から使用許諾を受けた訴外Ａ又は訴外Ａと実質的には一体ともいえる原告Ｘ１によって，適法に付されたものであるということが相当である」として，第１要件を具備すると認定した。

（４）第２要件

「原告商標についてのカナダなどの海外における商標権者と日本における商標権者はいずれも原告Ｘ１であり，本件標章は原告商標と同一又は類似のものであるから……それらは同一の出所を表示するものであるといえる」として，第２要件を具備すると認定した。

（５）第３要件

「本件標章が付された本件商品は，本件代理店契約に基づき訴外Ａによって訴外Ｂに販売されたものである。そして，訴外Ａと原告Ｘ１は実質的には一体ともいえた。本件商品が被告Ｙ１により訴外Ｂから購入されたのは，本件代理店契約の解除後であるが，訴外Ａが訴外Ｂに販売した2UNDR商品に対する……訴外Ａの管理内容等に照らし，……原告商標の品質保証機能が害されることになるとはいえない。また，本件代理店契約では，訴外Ｂの販売地域はシンガポールに限定されていたが，……我が国で販売される2UNDR商品が他国で販売される2UNDR商品と比べて格別の品質等を有していたとは認められないこと，訴外Ｂの販売地域の制限が本件商品の品質の維持や管理等と関係するとも認められないこと，本件商品が運送中に品質が直ちに劣化するものではない男性用下着であることなどから，……原告商標の品質保証機能が害されることになるとはいえない」とし，「我が国の商標権者である原告Ｘ１は，直接的に又は少なくとも訴外Ａを通じて本件商品の品質管理を行い得る立場にあって，本件商品と2UNDR商品の日本における販売代理店が販売する商品とは登録商標の保証する品質において実質的に差異がないといえる」として，第３要件を具備すると認定した。

┃4．実務上の指針

　本件は，真正商品の並行輸入の抗弁を争点の一つとし，フレッドペリー事件の最高裁判決での3要件の当て嵌めを行い実質的違法性の有無についての判断がなされた。本件では，特に代理店契約解除後，販売地域制限違反による輸入行為に対して，実務に反映すべき事項を示唆する種々の認定が行われている。

　まず，第1要件に関して，ライセンス契約中の製造地及び製造者制限に違反して商標を付した最高裁判決と異なり，本件では，商標権者等からの譲渡後の流通過程において単に代理店契約の販売地域の制限に違反して輸入等が行われたものであり，その商品の商標は商標権者等が適法に付したものである。そのうえで，裁判所は，代理店契約の解除後の販売や在庫の処分の定め等がなく，また，各国の販売代理店に対して同じカタログや商品注文リストを送付している等の管理内容から，販売地域の制限により原告商標の出所表示機能が害されることはない等として，第1要件の具備を肯定している。

　また，第3要件に関して，「当該登録商標の保証する品質において実質的に差異がない」とは，商品の客観的な品質そのものではなく，品質について商標権者のコントロールが及び得ることであると解されるところ，裁判所は，代理店契約の解除後であって保証を受けられない場合であっても，商標権者からの保証が並行輸入の場面における商標の機能に直ちには影響せず，また，商標権者も欠陥等の保証について日本国内で独自の信用を構築していたとは認められないと原告主張を一蹴しつつ，上記の管理内容等から，原告商標の品質保証機能が害されることはないと判断している。加えて，日本での商品が他国での商品と比べて格別の品質を有しておらず，販売政策上の合意を超えて販売地域の制限が品質の維持管理と関係しないこと等を認定したうえで，商標権者が本件商品の品質管理を行い得る立場にあるとして，第3要件の具備を肯定している。

　これらより，並行輸入問題を検討するに際して，契約解除後の取扱いも含めた代理店契約における品質の維持管理や在庫管理等に関する条項の設定と，商標権者による商品の管理体制の構築の重要性が把握できる。すなわち，商標権者の立場からすれば，販売代理店経由での並行輸入を制限しようとする場合，代理店契約の解除や販売地域を制限するのみでは不十分であり，代理店契約の解除後の販売代理店における販売制限や在庫の処分に関する条項を設けることが肝要であるといえる。また，品質保証について日本国内で独自の信用を構築するために，商品の欠陥（パッケージ劣化等）に対する独自の保証規定や，欠陥品を廉価販売することを防止する等の管理体制の導入や見直しが必要であるといえる。

（和気　光）

Re就活事件

判　決　の ポ　イ　ン　ト	需要者である求職者は，検索エンジンの利用において，外観よりも称呼をより強く記憶し，称呼によって役務の利用に至ることが多いと判断され，商標権侵害が認められた。
事件の表示	R 3.1.12　大阪地裁　平成30年(ワ)11672
参　照　条　文	商36①　商36②　商37一　商38②　商38③
Key Word	商標権侵害，役務の類否，商標の類否，損害額の算定

1．事実関係

　原告は，インターネット上で求人情報，求職者情報の提供を業とする株式会社である。他方，被告は，主にインターネット上で就職情報サイトを運営し，あるいは就職，採用のあっせん等を業とする企業を会員として構成されている一般社団法人である。本件は，本件商標権「Re就活」を有する原告が，被告に対し，被告標章1「リシュ活」等の使用が本件商標権の侵害に当たるとして，被告標章の使用の差止め及び損害賠償請求等を求めたものである。

2．争点

　商標権侵害に関し，役務の類否(争点1)，本件商標と被告標章の類否が(争点2)，損害額算定で，商標法38条2項・3項が争われた(争点3)。

3．裁判所の判断

　以下は判決文の要約である。
　（1）役務の類否
　被告は，スマートフォン用アプリケーションで会員登録した者に対し，求人企業が予め作成し，被告が内容を審査して登録した先輩社員の出身学校名，学部学科名，履修科目等，企業における仕事内容，企業名，本社所在地，企業のサイトへのリンク，採用情報へのリンクなどからなる「先輩社員情報」をレコメンド表示する役務を提供している。上記役務は，求人企業のために，当該企業に興味を持ちそうな者に対し，当該企業の仕事の魅力等を伝達するものであるから「広告」に該当し，求人企業の企業名や本社所在地等を表示するものであるから「求人情報の提供」にも該当する。
　また，被告役務のオファーメッセージ送信サービスは，求人企業が予め登録したメッセージがアプリケーションあるいはEメールで会員登録した者に送付

されるものであり，被告は，この機能について「企業からオファーが届く」，「履修履歴でオファーが届く逆求人アプリ」などと宣伝しているから，「職業のあっせん」，「求人情報の提供」に相当する役務を受けられるものと理解させるものであり，被告が現実にオファーメッセージの内容に関与していないとしても，外形的には上記指定役務に類似するものといえる。以上によれば，被告役務は，本件商標の指定役務と同一又は類似である。

（2）本件商標「Re就活」と被告標章1「リシュ活」の類否

　本件商標と被告標章1とは，語尾の「活」の一文字のみが共通しているにすぎず，欧文字とカタカナから受ける印象も相応に異なるから，外観は同一ではなく，類似するものとも認め難い。また，被告標章1からは特定の観念を生じないため，観念において，両者が同一又は類似ということはできない。しかし，称呼においては，両者は長音の有無が異なるにすぎず，長音は他の明確な発音と比べて比較的印象に残りにくいことから，離隔的に観察した場合，同一のものと誤認しやすく，極めて類似している。被告は，アクセントが異なると主張するが，本件商標も被告標章1も造語であるため，固定したアクセントがあるわけではなく，時と場所を異にしてもアクセントの違いで区別できるほど，印象が異なるものとは認め難い。

　取引の実情を踏まえると，需要者である求人企業では，役務利用に当たっては文書による申し込みを要し，役務のプランを選択し，相応の料金を支払うものであり，新規に正社員を採用するという企業にとって日常の営業活動とは異なる重要な活動の一環として行われる取引であるから，求人に係る媒体の事業者が多数あるなかで，どの程度の経費を投じていかなる媒体でいかなる広告や勧誘を行うかは，各事業者の役務内容等を考慮して慎重に検討するものと考えられ，外観や観念が類似しない本件商標と被告標章1について，需要者である求人企業が，称呼の類似性により誤認混同するおそれがあるとは認め難い。

　しかし，求職者については，役務利用のための会員登録は簡易であり，無料で利用できるうえ，多数の他の求人情報ウェブサイトでも会員登録無料をうたっており，気軽に利用できるように簡単に会員登録ができることを宣伝しているところ，情報を得て就職先の選択肢を広げる意味で複数のサイトに会員登録する動機がある一方で，複数のサイトに会員登録することに何らの制約もなく，現実に多数の大学生が複数の就職情報サイトに登録していることが認められる。そうすると，求職者については，必ずしも役務内容を事前に精査して比較検討するのではなく，会員登録が無料で簡易であるため，役務の名称を見てとりあえず会員登録してみることがあるものと考えられる。そして，本件商標も被告標章1も短く平易な文字列であり，発音も容易であること，本件商標に係る役務や被告役務はインターネット上で提供されているところ，インター

ネット上のウェブサイトやアプリケーションにアクセスする方法としては，検索エンジン等を利用した文字列による検索が一般的であり，正確な表記ではなく，称呼に基づくひらがなやカタカナでの検索も一般に行われており，ウェブサイトや検索エンジン側においてもあいまいな表記による検索にも対応できるようにしていることが広く知られていることからすれば，需要者である求職者は，外観よりも称呼をより強く記憶し，称呼によって役務の利用に至ることが多いものというべきである。

　そうすると，求職者を含んだ需要者に与える印象や記憶においては，本件商標と被告標章1とでは，上記外観の差異よりも，称呼の類似性の影響が大きく，被告標章1は特定の観念を生じず，観念の点から称呼の類似性の影響を覆すほどの印象を受けるものではないから，必ずしも事前に精査のうえ会員登録するわけではない学生等の求職者において，被告標章1を本件商標に係る役務の名称と誤認混同したり，本件商標に係る役務と被告役務とが，同一の主体により提供されるものと誤信するおそれがあると認められる。

（3）損害額の算定（商標法38条2項及び3項）

　加盟企業の加盟金，年会費及び被告役務の利用料金は，定額であり，加盟企業が求人企業に転嫁しないから，被告役務の提供に対する対価には当たらない。ウェブサイトの制作費等は，被告役務の提供に直接必要な費用である。被告役務の提供に係る売上が必要な費用より少ないため，被告が侵害行為により利益を受けたとは認められないので，38条2項に係る主張は採用できない。

　本件商標に係る役務の対象は既卒の就職希望者や転職希望者であり，被告役務の対象は新卒の就職希望者であるから，求職者が異なり，求人企業もその差異を前提に使い分けるため，役務自体は市場において競合関係にない。原告が新卒求職者向けに提供する役務との関係では，被告役務は競争関係にある。本件商標は「通常の時期よりも後に行う就職活動」という観念を生じるから，通常の時期の新卒採用を希望する学生を対象とする被告役務とは整合せず，被告役務が本件商標に係る役務に関係があると認識させることによる顧客誘引力は，それほど高いものとは考え難い。平成21年度のコーポレートブランド以外の商標における非独占的ライセンスの販売高に対する料率のアンケート調査では，第35類で平均値3.9％，最大値11.5％，最小値0.5％，訴訟などの和解交渉の変動料率の平均値0.6％であり，コーポレートブランドは変動料率の平均値が1.9％であった。以上の事情及び侵害行為後に事後的に定める使用料率を考慮すると，被告が原告に対し支払うべき使用料相当額は，被告役務に係る売上額である223万9,196円の10％の22万3,919円と認めるのが相当である。

▌4．実務上の指針

（1）「電話による発注」が一般的な商品・役務では称呼重視であるのに対し，「インターネット取引」など画面を見て発注することが一般的な商品・役務では外観重視の判断も考えられ得る。しかし，本判決では，本件商標と被告標章の類否に関し，需要者を注意力の異なる求人企業と求職者に分けたうえで，求職者においては検索エンジン等を利用した称呼に基づく検索であいまいな表記による検索も可能であることから，求職者が外観よりも称呼をより強く認識し，称呼によって役務の利用に至ることが多いと判断された点が注目される。

（2）判決には「被告標章1と同一の商標（標準文字）が商標登録査定されたことについて，被告は，被告標章1が本件商標に類似しないことの理由としてのみ援用している」とある。被告は，登録商標使用の抗弁を行なわずに，被告標章1と本件商標が非類似であり，被告役務について，第9類「ダウンロード可能なコンピュータソフトウェア」及び第42類「電子計算機用プログラムの提供」に該当する旨主張した。しかし，裁判所は，それらの役務に該当するからといって，上記役務に該当しないことにはならないと判断した。被告自身も商標登録出願をするに際し指定役務を「広告」，「職業のあっせん」，「求人情報の提供」を含む第35類及び第41類のみとしており，被告の主張に説得力はなかったと考えられる。

（3）被告標章1と同一の標章を第35類及び第41類で登録した被告商標（登録第6179363号商標）に対し，原告は，本件商標及び登録第6117479号商標を引用し，4条1項11号及び15号に該当することを理由として異議申立てを行ったが，令和2年12月24日に商標登録維持決定がなされた（異議2019-900352）。本判決では，本件商標の周知性は認められなかったが，本件商標と被告標章1は類似すると判断された。他方，異議申立てでは，「求人情報」の分野における本件商標の周知性は認められたが，両商標は非類似であり，本件商標の独創性は高いとは言い難く，役務の出所について混同を生ずるおそれはないと判断された。異議申立ては査定時である令和元年9月13日を基準とし，侵害訴訟は侵害時を基準とするが，本件では時期的な違いはない。裁判所による商標権侵害における類否判断は，行政庁による類否判断より，侵害時における個別具体的な取引実情が考慮されたと考えられる。主張の際は両者の違いに留意すべきである。

（4）38条2項における損害額の算定では，被告役務の提供に対する対価，また被告役務を提供するために直接必要な費用として，どのような項目が認められるのかが参考になる。38条3項では，第35類のライセンス料の平均値などが列挙されており，本件商標の顧客吸引力がそれほど高くないことや事後的に定める使用料率であること等を考慮して算定された点が参考になる。

（小林　恵美子）

▌グループリーダーの付言

商標グループリーダー
弁理士　小林　恵美子（こばやし　えみこ）

伊東国際特許事務所　商標部勤務。平成11年より商標実務に携わる。平成31年度及び令和2年度弁理士試験委員（商標）。平成29年度より中央大学法学部通信教育課程インストラクター（知的財産法）。本書判例70選シリーズは2010年度版より執筆。

　本年度，識別力に関し，「空調服事件」(p118)では，審決で「通気機能を備えた作業服」等において商品の品質を表示するため識別力がないと判断されたが，審決取消訴訟において「使用による識別力」が認められた。審判請求段階で指定商品の補正により需要者層を限定した点及び「専門誌」等における使用証拠の証明力の評価が非常に参考になる。

　類否判断に関し，「CORE ML事件」(p122)では，「ML」の語が使用例において日本語の訳文の記載がなくても商品の品質を表す語として認識できるか否かが識別力の強弱の判断に影響して審決取消になった。証拠収集や証拠に対する反論方法として参考になる。無効審判の審決取消訴訟では，「寿司ざんまい事件」(p126)で結合商標の要部抽出により類似であるとして無効審決が維持された。「富富富事件」(p130)では，「ふふふ」と称呼及び観念を共通にする場合があっても「限られた場合のみ」であり非類似と判断されて，登録維持審決が維持された。

　「Tuché事件」(p146)では，防護標章登録における著名性の立証に関して，需要者の地理的範囲，人的範囲の基準が示された点が参考になる。また，「GUZZILLA事件」(p134)では，商標権が分割されたことを理由として，審決の適否を争うことが手続上の信義則に反し権利の濫用に当たると判断された。

　不使用取消審判の審決取消訴訟において，「ベガス事件」(p138)では，「ベガス北仙台店」の使用が登録商標「ベガス」の使用と認められた。また，不正使用取消審判の審決取消訴訟では，「空調服事件」(p142)において，登録商標「空調風神服」の変形使用につき，他人の「空調服」と混同を生ずるか否かが争われた。この事件では登録は維持されたが，登録商標の変形使用は，専用権の範囲の使用ではないため，他人の権利に抵触しないか常に留意することが必要である。

　商標権侵害事件では，「Re就活事件」(p228)で，検索エンジンにおける検索方法から「称呼」が重視されて商標権侵害が認められた。ネット上の商標権侵害における主張及び使用料率が参考になる。「2UNDR事件」(p224)では，代理店契約の販売地域の制限に違反した輸入等であったが，日本国内で独自の信用を構築していなかったとして真正商品の並行輸入の抗弁が認められ，商標権侵害は認められなかった。国際的に商品が流通する時代にあって，商標権者側は代理店契約の各種規定の抜けのない整備や独自の品質維持管理体制の構築が益々重要になる。

第4章
不正競争防止法

毛穴ケア用化粧水事件

判 決 の ポ イ ン ト	商品の陳列や容器を外箱から取り出した際に需要者が目にするのは外箱や容器の正面であるとし，原告商品と被告商品の共通点が需要者に強い印象を与えるため，ブランドマークの表示の有無にかかわらず両者は類似し，内容物も毛穴ケア用の化粧水で一致していることから，出所の混同が認められた。
事件の表示	R 2.11.11　東京地裁　平成30年(ワ)29036
参 照 条 文	不競法2①一　不競法3①②　不競法4　不競法5①
Key Word	商品等表示，周知性，類似性，混同，廃棄請求

1. 事実関係

原告(訴訟承継前の原告も含めて「原告」という。)は，化粧品，健康食品等の製造，販売等を目的とする株式会社であり，平成24年3月30日以降，右図表に示す外観を有する毛穴ケア用の化粧水を製造，販売している。

被告は，化粧品等の製造，販売，輸出入等を目的とする株式会社であり，平成29年10月から平成30年5月にかけて，右図表に示す外観

商品の外観

	商品外箱				商品容器	
	正面	背面	左側面	右側面	正面	背面
原告						
被告						

を有する毛穴ケア用の化粧水を製造，販売するとともに，販売のために展示した。なお被告は，平成30年6月以降，被告商品の販売はしていない。本件は，被告が，原告の商品等表示として需要者の間に広く認識されている毛穴ケア用の化粧水の外箱及び容器と類似するデザイン，形状等の外箱及び容器を使用し，同種の商品を譲渡等することにより，原告商品と混同を生じさせたところ，被告の同行為は不正競争防止法2条1項1号所定の不正競争行為に該当すると主張して，不正競争防止法3条1項及び2項に基づき，商品等表示の使用，同商品等表示を使用した商品の譲渡及び譲渡のための展示の差止め並びに同商品の廃棄を求めるとともに，不正競争防止法4条に基づき，損害賠償金の支払を求めた事案である。

2．争点

　原告商品の外箱及び容器の周知性の有無が争われた（争点１）。原告商品と被告商品の外箱及び容器の類否が争われた（争点２）。混同の有無が争われた（争点３）。その他，差止め及び廃棄請求の可否（争点４），故意又は過失の有無（争点５），損害額（争点６）も争われたが，紙面の関係上，本稿では詳細は扱わない。

3．裁判所の判断

（1）周知性の有無

　原告商品は，全国で販売される複数のファッション雑誌に，原告商品の容器の正面が映った写真とともに紹介されており，全国に放送される経済報道番組で原告商品の外箱や容器の正面が映像で紹介された。また，業界新聞では，インバウンド需要の高い人気製品としても紹介されている。日本や中国の各種ウェブページ（原告のウェブページも含む）で原告商品の外箱や容器の正面の写真が掲載されているものが複数ある。それらの販売実績から売上げ本数，売上高の推移が示され，市場占有率も順調に増加し15％近く上昇していること，大型総合免税店や量販店において人気が急上昇しコスメ部門等のランキングで１位を獲得するなど，評価も高いことが提出された証拠により認められた。このように，原告商品は，新たなデザインに変更された平成24年５月から，被告商品の販売が開始された平成29年10月までの間の原告商品の宣伝・広告，容器等の画像掲載状況，販売数・その推移，市場占有率等に照らすと，被告の挙げるウェブサイト等において上位にランキングされていないとしても原告商品の外箱・容器は需要者の間で周知であるというべきとした。

（2）原告商品と被告商品の外箱及び容器の類否

　原告商品及び被告商品が店頭で販売される場合には，外箱の正面が需要者から見える形で陳列され，容器は外箱から取り出した状態で需要者がまず目にするのは容器の正面であるとし，両商品の外箱及び容器の自他識別機能又は出所識別機能を果たす中心的な部分は，その正面のデザインであるとして類否を判断し，需要者の目を引く点の特徴が共通し，両者は類似しているとの印象を与えるというべきとした。

（3）混同の有無

　原告商品の外箱及び容器は商品等表示として需要者の間に広く認識されていると認められる。また，被告商品の外箱や容器が原告商品の外箱や容器と類似していること，両者の商品が毛穴ケア用の化粧水であることを考慮すると，被告商品の容器及び外箱は，原告商品と出所の混同を生じさせるとした。被告は，被告商品の容器及び外箱に被告商品のブランド名が記載されていることや，原告ブランドに係るロゴや十字形のマークと誤認する要素がないことを理由に，

両商品の混同が生じる余地はないと主張したが，外箱及び容器の類似性の程度に加え，被告ブランドの知名度は必ずしも高くなく，需要者が被告ブランドの表示を見て原告ブランドの商品とは異なると識別することは容易ではないと考えられることなども考慮すると，被告ブランドの表示があることや原告のブランドのマーク表示が付されていることは，出所の混同が認められるとの結論を左右するものではないというべきである。

（4）差止め及び廃棄請求の是非

被告は，平成30年6月以降，被告商品の販売はしていないが，未出荷商品，ボトルラベルを保管しており，再度被告商品を販売するなどで原告の営業上の利益を侵害するおそれがある。被告容器に化粧水の入ったものが，被告外箱に詰められて被告商品として存在している以上，外箱，容器及びその内容物である化粧水は一体のものであり，原告が，化粧水も含めて被告商品の廃棄請求は過大ではない。

（5）故意又は過失の有無

被告製品が発売された時点で原告外箱及び原告容器は，原告商品の商品等表示として周知であるから，被告は知っていたか，少なくとも知らなかったことにつき過失がある。

（6）損害額の算定

被告商品の譲渡数量・原告商品の単位数量当たりの利益の額・販売能力・覆滅事由の存在等の検討後，不正競争防止法5条1項の算定による原告の逸失利益額は，被告商品譲渡数量に原告商品単位数量当たりの利益の額を乗じた額である。

▌4．実務上の指針

（1）不正競争防止法2条1項1号の要件と主張のポイント

商品等表示が不正競争防止法2条1項1号によって保護されるためには①商品表示性，②周知性，③使用，④類似性，⑤混同(現実に混同が生じたことは不要)の要件を満たす必要がある。また周知表示混同惹起行為に対する是正や責任追及方法としては，差止め請求(不競法3①)，予防請求(不競法3②)，信用回復措置請求(不競法14)，損害賠償請求(不競法4)が考えられる。被告側の反証や抗弁としては①～⑤の要件のいずれかの該当性を否定することのほか，a 普通名称・慣用表現の使用(不競法19①一)，b 自己氏名の使用(不競法19①二)，c 先使用(不競法19①三)などがある。本事件では，①は商品の外箱及び容器が商品等表示に当たる点については争いがなく，③の使用も明らかだったことから，②，④，⑤について該当性が判断されている。

（2）不正競争防止法2条1項1号における周知性の留意点

不正競争防止法2条1項1号における周知性の留意点は，「需要者」の設定，「周知性」の場所的範囲，主体(「他人」)として周知性を獲得しているか否か，及

び具体的な立証方法があげられる。

　「需要者」とは，対象となる商品や取引の場面における需要者であるため，本件のように一般消費者向け商品であれば一般消費者となるが，例えば，ある一定の関係する業者向けの商品であれば，事業者が「需要者」となりえる。

　「周知性」の場所的範囲は，不正競争防止法2条1項2号（著名表示冒用行為）のように全国的・かつマーケットを問わず知られている必要はなく，当該商品の需要者において知られており，かつ，一定の地域に知られていれば足りる（ニューアマモト事件（S34.5.20最高裁第二小法廷昭和34年（あ）78））。

　ただし地域性については，自己の営業地域だけでなく，権利を行使する相手方の営業地域においても広く認識されていることが必要となる点（勝烈庵事件（S58.12.9横浜地裁昭和56年（ワ）2100））にも留意が必要である。

　「他人」の判断は，一定の資本関係や契約関係に基づき複数の主体で事業が行われている場合や，事業譲渡などで主体が変更してしまう場合には留意が必要である。例えば，X社が長年扱ってきて実績のある商品等αをY社が譲り受けた場合，商品等αがX社のものではなく，Y社のものであるという点の周知をしていない場合などにおいて，請求主体そのものについて不明な点が生じる可能性があることにも留意が必要である（参考文献1）。

　周知性の立証方法としては，①販売期間・販売地域の資料，②販売量，売上高の資料，③市場規模，市場シェア，④販売店数，製品流通量，⑤新聞・雑誌・書籍・テレビ・ラジオ・ウェブページで当該製品が取り上げられた記事，⑥宣伝・広告の地域・量・内容に関する資料，⑦宣伝広告費の金額，⑧需要者に対するアンケート調査，⑨インターネット上でのブログやSNSなどにおける評判を示す情報，⑩インターネットの検索結果，⑪調査結果の信用性を裏付ける資料等があげられる（本事件では，②，③，⑤，⑨を立証）。特許庁の「模倣被害実態調査報告書」によれば，模倣品の50％以上が「最終消費財」であるという結果になっている。裁判では短期間で効果的な証拠をそろえる必要があるため，本事件の化粧品のような最終消費財を扱う事業者は，日常的な情報収拾と整理の活動が欠かせないと考える。

【参考文献】

1．「知財ぷりずむ」経済産業調査会知的財産情報センター編，Vol.16 No.192（2018.9）p21-p27

2．「御池ライブラリー」御池総合法律事務所，No.40（2014.10）p1-p5

3．特許庁「模倣被害実態調査報告書」
　https://www.jpo.go.jp/news/kokusai/mohohin/jittai.html）

（國井　久美子）

京都芸術大学事件

判決のポイント	不正競争防止法2条1項2号の著名性は認められず，2条1項1号の周知性は一部認められたが非類似とされた。
事件の表示	R2.8.27　大阪地裁　令和元年(ワ)7786
参照条文	不競法2①一　不競法2①二
Key Word	著名性，周知性

1．事実関係

　本件は，「京都市立芸術大学」を設置する公立大学法人である原告が，「京都芸術大学」（令和2年4月1日以降の名称。旧称は「京都造形芸術大学」。）を設置する学校法人である被告に対し，不正競争防止法（以下略。）2条1項2号及び1号の不正競争に当たる旨を主張して，被告に対し，3条1項に基づき，「京都芸術大学」の名称を使用してはならない旨の差止め請求を求めた事案である。

　具体的には，原告は，①「京都市立芸術大学」（原告表示1），②「京都芸術大学」（原告表示2），③「京都芸大」（原告表示3），④「京芸」（原告表示4），⑤「Kyoto City University of Arts」（原告表示5）の名称は原告の著名かつ周知な商品等表示であり，これらは被告の「京都芸術大学」と類似し，2条1項1号については誤認混同のおそれがあると主張した案件である。

2．争点

　本件では，①原告表示1ないし5が商品等表示として著名か，②原告表示1ないし5が商品等表示として周知か，③原告表示1ないし5が被告の「京都芸術大学」と類似するか，が争われた。

3．裁判所の判断

　原告表示1～5の商品等表示性は認めたうえで，①2条1項2号該当性については，今回の案件に対し，「これを本件について見るに，大学の『営業』には学区制等の地理的な限定がないことに鑑みると，地理的な範囲としては京都府及びその隣接府県にとどまらず，全国又はこれに匹敵する広域において，芸術分野に関心を持つ者に限らず一般に知られている必要があるというべきである。」としたより具体的な規範を立て，最も使用頻度の高い原告表示1（京都市立芸術大学）について，「原告大学関係者による原告表示1の使用例（前記1(2)）のうち多数を占める原告大学関係者の肩書又は経歴等としての使用の多

くは，そもそも原告の営業表示として使用されたものとはいい難い。その点を措くとしても，芸術家の活動（作品等の展示を含む。）の際には，当該芸術家の名や作品名等が大きく表示され，こうした経歴等はこれらと同程度又はより小さな記載により付記されるという程度にとどまることが通常であり，殊更に注目を惹く形で表示される場合は限られる。こうした活動に接する側の鑑賞者も，研究者その他の特に関心の深い者でなければ，当該活動それ自体や当該芸術家の他の活動等に関心を持つことはあっても，当該芸術家の経歴等にまで興味を持つとは必ずしもいえない。」として原告表示1の著名性を否定し，より使用頻度の低い原告表示2～5についても，著名性を否定した。

また，2条1項1号の②周知性について，まず，「需要者」の認定について，「以上より，『需要者』については，京都府及びその近隣府県に居住する者一般（いずれの芸術分野にも関心のないものを除く。）と解される。」とし，その上で，原告表示1についてのみ，「京都府及びその近隣府県に居住する一般の者が，原告大学を表示するものとして原告表示1を目にする機会は，相当に多いものと合理的に推認される。」として周知性を認める一方，原告表示2～5については，「そもそも，このように多種多様な略称等を生じ，それぞれが一定程度使用されていること自体，原告大学の略称等として各表示それ自体が有する通用力がいずれもさほど高くないことをうかがわせる。同一の文書等の中で，原告表示1と共に使用される例が多いことも，同様に，原告表示2～4の略称等としての通用力の低さをうかがわせる。」などとして，周知性を否定した。

さらに，2条1項1号の③類否について，「原告表示1のうち，『京都』，『芸術』及び『大学』の各部分は，大学の名称としては，所在地，中核となる研究教育内容及び高等教育機関としての種類を示すものとして，いずれもありふれたものである。このため，これらの部分の自他識別機能又は出所表示機能はいずれも乏しい。他方，『（京都）市立』の部分は，大学の設置主体を示すものであるところ，日本国内の大学のうちその名称に『市立』を冠するものは原告大学を含め11大学，『市立』ではなく『市』が含まれるものを含めても13大学にすぎず，しかも，京都市を設置主体とする大学は原告大学のみである（乙2）。このような実情に鑑みると，原告表示1のうち『（京都）市立』の部分の自他識別機能又は出所表示機能は高いというべきである。」として，要部を「京都市立芸術大学」全体とし，被告の「京都芸術大学」とは類似しないとした。

▎4．実務上の指針

（1）はじめに

本件においては，2条1項2号と2条1項1号に基づく主張がなされているが，2条1項2号は，2条1項1号と異なり誤認混同のおそれが要求されない

ものの，類似性が肯定されれば混同のおそれは推定され，特段の事情として被告側で誤認混同のおそれが生じない根拠を主張立証しなければならないとされている（小野昌延編著「新・注解不正競争防止法」（青林書院，第3版，2012年）p. 316や金井重彦ほか編著「不正競争防止法コンメンタール」（レクシスネクシス，改訂版，2014年））。半面，著名性立証のハードルは極めて高いため，結局訴訟で争われる案件の多くは，本件と同じように，2条1項2号の主張は認められず，2条1項1号該当性が主たる争点になっていると考えられる。したがって，2条1項1号の点に絞って検討をする。

（2）原告表示の選び方

本件では，原告表示1の「京都市立芸術大学」は原告表示2～5と比べて，大学の正式名称であって周知性のハードルを超えられる可能性は高いものの，被告の「京都芸術大学」とは類似しないと判断される可能性が高い。これに対し，ⅱ原告表示2（京都芸術大学），3（京都芸大），4（京芸），5（Kyoto City University of Arts）は，原告表示1ほど使用されていないため周知性立証の点で難がある反面，類似性は認められやすい。原告側代理人の立場からすれば，どの表示を主張するか，どこに力点を置くかが悩ましい。

本判決は，原告表示2～4について，「そもそも，このように多種多様な略称等を生じ，それぞれが一定程度使用されていること自体，原告大学の略称等として各表示それ自体が有する通用力がいずれもさほど高くないことをうかがわせる。」としており，これを前提にすれば，今後は，多数の原告表示を主張するより，原告表示を絞って主張すべきということになる。

（3）「需要者」の認定

2条1項1号の周知性立証に当たっては，その前提として誰が「需要者」と設定されるかが非常に重要である。なぜなら，「需要者」，言い換えれば市場が狭く設定されれば，同じ広告宣伝の量，販売数でも市場シェアは高くなり，それだけ周知性が認められる可能性が高まるからである。

本件では，「すなわち，被告大学は，職業的な芸術家を目指す者を対象とする学科にとどまらず，芸術教育を活かして社会に適合する総合力を身に着けることを目指す者を対象とする学科を多く設け，進路決定率が高いことをその特徴の1つとして標榜している。また，受験を要しない通信教育部を設置し，通学不要又は週末のスクーリングのみが課される社会人でも受講可能な制度を備え，幅広い年齢層（18歳以上で，90歳代の学生も含まれる。）に対し芸術教育を提供する通信教育にも取り組んでいる。被告大学の学生数は通学生よりも通信教育部の方が大幅に多く，通信教育部においては，在学生の年齢は30代以上の者が約80％，40代以上の者が約60％を占めるとともに，半数以上が有職者，居住地別では近畿地方が30％弱，関東地方が40％強となっている。」と事実を適示

したうえで,「具体的には, およそこうした芸術分野のいずれにも関心のない者を除き, 多くの一般市民が『需要者』に含まれるというべきである。」と「需要者」の属性を認定するとともに,「また, その地域的範囲については, 上記のとおり, 被告の通信教育部の学生の居住地のうち近畿地方は30％弱にとどまるものの, 被告大学そのものは京都市に所在し, 通学生も多数に上ることに加え, 被告大学の各種活動の場所も京都市を中心とするものと見られることから, 京都府及びその近隣府県に居住する者とするのが相当である。」として,「需要者」の地域的範囲を認定している。

属性と地域的範囲という観点から「需要者」を認定していること, どのような事実から「需要者」の範囲を認定したのかの具体的な判断は, 他の事件で「需要者」についてどう主張立証するかの参考になると思われる。

（4）類否について

本件では,「『（京都）市立』の部分は, 大学の設置主体を示すものであるところ, 日本国内の大学のうちその名称に『市立』を冠するものは原告大学を含め11大学, 『市立』ではなく『市』が含まれるものを含めても13大学にすぎず, しかも, 京都市を設置主体とする大学は原告大学のみである（乙2）。このような実情に鑑みると, 原告表示1のうち『（京都）市立』の部分の自他識別機能又は出所表示機能は高いというべきである。」として,「市立」を関する大学の具体数を明示して,「（京都）市立」部分の自他識別機能又は出所表示機能の高さを認定している。また,「その名称に所在地名を冠する大学は多数あり, かつ, 正式名称を構成する所在地名, 設置主体, 中核となる研究教育内容及び高等教育機関としての種類等のうち一部のみが相違する大学も多い（乙1）。このため, 需要者は, 複数の大学の名称が一部でも異なる場合, これらを異なる大学として識別するために, 当該相違部分を特徴的な部分と捉えこれを軽視しないのが取引の実情と見られる。」として, 取引の実情についても詳細に認定している。このような詳細な認定は, 同種の案件に訴訟代理人として関わった際にどのような主張立証をすべきかのヒントになる。

【参考文献】
1. 小野昌延編著「新・注解不正競争防止法」（青林書院, 第3版, 2012年）
2. 金井重彦ほか編著「不正競争防止法コンメンタール」（レクシスネクシス, 改訂版, 2014年）

（河部　康弘）

オリゴ糖含有食品事件

判　決　の ポイント	被告による表示行為及びアフィリエーターによる表示行為が品質誤認表示行為であると認められた。また，被告が受けた利益の額の97％について，損害額の推定が覆滅された
事件の表示	R３.２.９　東京地裁　平成30年(ワ)3789
参 照 条 文	不競法２①二十　不競法３　不競法４　民709
Key Word	品質誤認表示，推定覆滅事由

1．事実関係

（1）原告は，加工食品，健康食品，健康補助食品等の販売，製造事業等を目的とする株式会社である。原告は，遅くとも平成24年頃には，「カイテキオリゴ」という名称のオリゴ糖含有食品(以下「原告商品」)の販売を開始した。被告は，健康食品等の企画，開発，製造，販売等を目的とする株式会社である。

（2）被告又は被告から表示物の提供を受けたアフィリエーターは，「純粋100％オリゴ糖」，「純度100％」，「100％オリゴ糖」，「天然由来100％オリゴ糖」，「自然由来100％」等を含む表記を用いて，被告商品を販売した。

（3）本件は，原告が被告に対して，品質誤認表示行為の差止め，虚偽事実の告知又は流布の差止め，及び損害賠償金11億1,844万3,444円の支払等を求めた事案である。

2．争点

本件では，被告が品質誤認表示行為(不競法２①二十)を行ったかが争われた(争点1)，被告が信用毀損行為(同項21号)を行なったかが争われた(争点2)，原告の主張が信義則違反かが争われた(争点3)。また，損害の発生及び額について争われた(争点4)。さらに，表示の抹消等の必要性について争われた(争点5)。以下，紙面の都合上，争点1及び争点4について紹介する。

3．裁判所の判断

（1）争点1（被告が品質誤認表示行為を行ったか）について

ア．本件表示について

裁判所は，第三者機関による被告製品の成分分析結果を踏まえ，「被告商品における上記のオリゴ糖の合計の重量比の割合は，53.29％となる」と事実認定した。

　また裁判所は，「需要者は，被告商品においてはオリゴ糖が商品の効能等を決するものであると理解し，被告商品におけるオリゴ糖の純度，割合が示された場合には，被告商品に含まれる上記の効能等を有するオリゴ糖の成分の割合が示されて，被告商品の効能に関係する表示がされていると理解するといえる。これらによれば，被告商品に含まれているオリゴ糖の割合についての表示は，被告商品の品質についての表示といえる」と示したうえで，表示ごとに以下の判断を示した。

　「本件表示のうち，「純粋100％オリゴ糖」，「純度100％」，「100％高純度のオリゴ糖」，「100％高純度」の表示は，需要者に対し，被告商品に含まれるオリゴ糖の成分の割合が，100％であるか，少なくともそれに近いものであるとの印象を与えるものであって，被告商品の品質について誤認させるような表示であると認められる。」

　「本件表示のうち「オリゴ糖100％」，「100％オリゴ糖」，「オリゴ糖 100 パーセント」，「天然由来100％オリゴ糖」という表示も，これと同時に用いられているなどする上記の「純度」に係る表示と併せて読まれるなどして，需要者に対し，被告商品の100％又はそれに近い部分が上記の効能を有する成分であるオリゴ糖で構成されているとの印象を与えるものであって，被告商品の品質について誤認させるような表示であるというべきである。」

　「本件表示のうち，「濃密な５種のオリゴ糖を独自ブレンドした自然由来100％のはぐくみオリゴ」との記載は，「濃密」については幅がある概念であり，被告商品について濃密と表示することが品質の誤認をさせるような表示と認めるに足りないこと，「自然由来100％」についても，被告商品のオリゴ糖が自然由来でないことを認めるに足りる証拠はないことからも，これが品質を誤認させるような表示であるとまではいえない。」

　イ．被告の行為について

　本件では，アフィリエーターの行為が被告の行為に該当するかの判断が示された。具体的に，裁判所は，「アフィリエーターは被告との契約に基づき被告の商品を紹介する者であり，……被告商品の特徴を具体的に記載した文書等をアフィリエーターに渡し，アフィリエーターが被告商品についてそれと同趣旨の記載をウェブサイト等でして被告商品を紹介した場合，アフィリエーターのその記載行為は，被告の不正競争の判断においては，被告がアフィリエーターを通じてした広告等の行為というべきであ」ると判断している。

（２）争点４（損害の発生及び額）について

　裁判所は，以下の理由により，被告が受けた利益の額の97％について，原告が受けた損害の額であるとの推定が覆滅されるとするのが相当であると認定した。

　ア．「被告商品の購入者が自由に記載したアンケート結果によっても，オリ

ゴ糖の純度に特に着目して被告商品を購入した需要者が多かったことが直ちに認められるものとまではいえない」という点

　イ．オリゴ糖類食品は，液体，粉末，顆粒等の形態にかかわらず，一般消費者が，オリゴ糖を簡便に摂取できる点に商品の意義が認められている。「そうすると，需要者は，多数の各商品の中から，各商品の様々な特徴を勘案して選択，購入することもあるといえ原告商品以外のオリゴ糖類商品も原告商品及び被告商品と市場において競合するといえるものである。このようなオリゴ糖類食品市場における原告商品の市場占有率は概ね24.4％程度であった」という点

　ウ．原告は平成26年7月から令和元年9月までの間の損害の発生を主張していたが，「被告は，平成28年11月までは自社の電子商取引サイト等も含めて本件品質誤認表示をしていたが，同月以降，自社の電子商取引サイトからはその表示を削除し，平成30年2月には，アフィリエーターらに対し，「オリゴ糖100％使用」等の表示をしないように求めた」という点

┃4．実務上の指針
（1）品質誤認表示の立証について

　本件については，「オリゴ糖の割合についての表示は，被告商品の品質についての表示といえる」としたうえで，被告商品におけるオリゴ糖の重量比が53.29％しかなかったことから，「オリゴ糖100％」等の表示が純度に係る表示と併せて読まれるなどした場合に，品質誤認表示になると認定している。ところで，品質を誤認しているかどうかについては，原告側に立証責任があるところ，本件のように成分の配合率の場合は第三者機関で分析をすれば証拠を用意できる。しかし，成分の配合率などの数値ではなく，効果効能を示す表示が品質誤認表示に該当するかが争いになった場合，どのようなデータを証拠として用意すればよいかが悩ましいところである。

　この点については，景品表示法（不当景品類及び不当表示防止法）における不当表示の立証方法が参考になる。景品表示法では，5条1号において，商品・役務の品質などの内容につき一般消費者を誤認させる優良誤認に係る表示を規制している。そして，同法を所管する消費者庁ではガイドライン「不実証広告規制に関する指針」を公表しており，事業者からの「提出資料」が効果効能表示の裏付けとなる合理的な根拠に該当する場合を以下のとおりと規定している。

　（A）提出資料が客観的に実証された内容のものであること

　（B）表示された効果，性能と提出資料によって実証された内容が適切に対応していること

　（A）については，さらに以下のとおり規定されている。

　（A-1）試験・調査によって得られた結果（例：JISなどの公定法による試験）

（A-2）専門家，専門家団体若しくは専門機関の見解又は学術文献（特定の
　　　　専門家等による特異な見解は認められない）

　上記ガイドラインを参考にすれば，不正競争防止法における品質誤認表示行
為の立証において，原告は，上記ガイドライン沿った実験データを証拠として
提出したうえで主張を行うとよい。また，被告が反論の証拠として提示した実
験データが上記ガイドラインに沿った証拠ではない場合には，当該証拠が品質
や効果効能の裏付けにはなっていない旨の再反論をすればよい。

（2）表示の行為者について

　本件では，アフィリエーターによる品質誤認表示行為が被告の行為になるか
の判断が示された。すなわち，被告が表示物をアフィリエーターに提供し，ア
フィリエーターが当該表示物と同趣旨の表示を行なった場合，アフィリエー
ターの行為が被告の行為と認定されている。

　この点，景品表示法違反事件（令和3年3月3日消費者庁措置命令）において，
アフィリエイトにおける表示が広告依頼主の違反と認定された例がある。同違
反事件では，表示違反者は，「アフィリエイトプログラムを実現するシステム
をサービスとして提供する「アフィリエイトサービスプロバイダー」と称する事
業者を通じて、本件商品に係る本件アフィリエイトサイト①及び本件アフィリ
エイトサイト②の表示内容を自ら決定している」と認定されている。

　以上を踏まえると，自己が主体的に関与した結果，他人が品質誤認表示を行っ
た場合，自己の不正競争行為となることに留意すべきである。

（3）推定覆滅事由について

　本件では，市場占有率の低さ，損害発生時期の差異に加えて，アンケート結
果において，オリゴ糖の純度に特に着目して被告商品を購入した需要者が多い
わけではなかった点が推定覆滅事由として認められている。したがって，被告
の代理人の立場であれば，賠償額の減額のために，製品の売り上げに対する品
質等表示の寄与度を示すことを検討すべきである。

（石田　理）

発信者情報開示請求事件

判　決　の ポ　イ　ン　ト	発信者によってウェブページに掲載された記載が，虚偽の事実の流布等に当たると主張して，原告が，ウェブサーバーの管理者である被告に対してプロバイダ責任制限法による情報の開示を求めた結果，一部記載については虚偽の事実の流布行為が認められ，同法による開示が認められた。
事件の表示	R 2.11.10　大阪地裁　令和2年(ワ)3499
参 照 条 文	不競法2①二十　不競法2①二十一　プロ責4①
Key Word	商品比較サイト，口コミサイト，アフィリエイト，虚偽の事実，品質等誤認，名誉棄損，プロバイダ責任

▌1．事実関係

（1）当事者

　原告は，インターネット・テレビ等を利用した通信販売事業等を目的とする株式会社であり，原告商品を販売している。被告は，本件ウェブサイトが設置されたウェブサーバーの管理者であり，契約者情報として，本件発信者情報を保有している。

（2）本件ウェブページとその記載

　本件ウェブページは，通販で化粧品を購入しようとする需要者に対し，原告商品と第三者商品を比較対照する情報を提供するものである。

本件記載1は，「単品購入は原告商品も第三者商品も同じ2,980円ですが，」と記載する。また，年間購入の原告商品は1個当たり2,533円であり，第三者商品は2,327円であると記載する。

　本件記載2は，「原告商品の口コミを見てみましたが，全体的な評価は2.0とかなり低めでした。効果なし，騙された，返品できないといった声が多いようです。」と記載する。

　本件記載3は，「1個ずつ届くお試し定期コースでも，第三者商品はいつでも解約OKなので，実質第三者商品の方が単品でもお得ということになりますね。」と記載し，その下に「原告商品は定期コースを途中解約できない！」と記載する。

　本件記載4は，「原告商品の価格は第三者商品よりもちょっと高いのですが……1回量が結構多いのに10gしか入っていないので，原告商品はコスパが悪いな……と思っちゃいました。」という文章を記載する。

　本件記載5は，原告商品には防腐剤として「グルコン酸クロルヘキシジン」が

含まれており，クロルヘキシジンは安全な成分ではあるが，蕁麻疹や発疹が起きたり，粘膜に使用してアナフィラキシーショックが起きた例があること，これは適正濃度を超えた場合の副作用ではあるが，肌の弱い方は無添加処方の第三者商品を選んだ方が安全かもしれないと記載する。

本件記載6は，「原告商品と第三者商品を比較してきましたが，コスパや成分，口コミを見てみても，やっぱり第三者商品の方がオススメです。」と記載する。

（3）第三者商品の価格等

第三者商品は，訴外会社の販売する目元用のクリームであり，原告商品の競合品であると認められる。第三者商品は，単品の定価は3,300円であり，「お得定期コース」を申し込むと，1個当たり2,327円に割引される。

（4）訴外会社による第三者のプロモーション

訴外会社は，第三者商品についてプロモーションを行う提携ウェブサイトを募集しており，募集のためのウェブページにおいて，提携ウェブサイトを通じた定期コースの契約数に応じて報酬を支払うことを明らかにし，第三者商品の複数のセールスポイントを挙げていた。

2．争点

信用棄損行為の成否について争われた。また，開示を受けるべき正当な理由について争われた。

3．裁判所の判断

（1）原告と本件発信者との間の競争関係

裁判所は，不正競争防止法2条1項21号の「競争関係」とは，「現実の市場において商品の販売を競っているといった競合関係が存する場合に限られず，相手方の商品を誹謗したり信用を棄損したりするような虚偽の事実を告知又は流布することによって，相手方を競争上不利な立場に立たせ，その結果，行為者や行為者に対して告知を依頼した者などが，競争上不当な利益を得るような関係にある場合も含む」と判断した。

発信者は，一見，客観的に両商品についての情報を比較・提供するような体裁をとりながら，原告商品と比較して第三者商品の利点をより多く挙げ，第三者商品の購入を勧めていること，第三者商品を購入する場合には訴外会社の公式サイトから購入することを強く推奨する文章を記載していること，訴外会社が第三者商品のセールスポイントとして挙げる特徴が本件ウェブページに複数掲載されていること，第三者商品のプロモーションのための提携サイトには第三者商品の定期コースの契約数に応じた報酬が支払われるとされていることなどを考慮すると，本件発信者は，訴外会社との関係上，第三者商品の売り上げ

向上について利益を有する者であり，原告や原告商品の評価を低下させることによって不当な利益を得る関係に立つ者であると解するのが相当であるから，原告と本件発信者の間には「競争関係」が存すると，裁判所は判断した。

（2）各記載に基づく信用棄損行為の成否

裁判所は本件記載1について，原告商品の年間購入コースの価格は1個当たり2,384円であるところ，実際より高価な2,533円を記載し，第三者商品の単品購入の価格は3,300円であるところ，実際より廉価な2,980円を記載しているがいずれも虚偽の事実であって，原告の営業上の信用を害するものであると判断した。

裁判所は本件記載2について，本件発信者が本件口コミサイトには実際に存在しない書き込みを，転載を装って本件ウェブページ上に虚偽の記載をした，あるいは本件発信者又はその意を受けた者が本件口コミサイトに虚偽の書き込みを行い，本件発信者がこれを転載したという事実までは認められない以上，虚偽の事実を流布すると認めることができないと判断した。

裁判所は本件記載3について，ある程度の注意をもって読めば，解約できないとされる原告商品のコースは，「年間購入コース」であると理解することができ，紛らわしい記載ぶりではあるものの，虚偽の事実を流布するということはできないと判断した。

裁判所は本件記載4について，「価格は……ちょっと高い。」「コスパが悪いな」との記述は，筆者の個人的な感想又は主観的意見を述べたものにすぎないと解されるから，虚偽の事実を流布するとは認められないと判断した。

裁判所は本件記載5について，原告商品に含まれる防腐剤に副作用があるおそれを述べる記載であるが，原告商品自体の危険性をいうものではなく，虚偽の事実を流布するとは認められないと判断した。

裁判所は本件記載6について，筆者の個人的な感想又は主観的評価を述べるものであるから，虚偽の事実を流布するとは認められないと判断した。

（3）開示を受けるべき正当な理由

裁判所は，原告は本件発信者に対して損害賠償等を請求する意向であり，その前提として本件発信者を特定することは必要不可欠であるから，原告には損害賠償請求権等の行使のために本件発信者の発信者情報の開示を受けるべき正当な理由（プロバイダ責任制限法4条1項2号）が認められると判断した。

▎4．実務上の指針

（1）アフィリエイトと不正競争防止法2条1項21号の競争関係

一般に，アフィリエイトとは，ウェブサイト上に記載した広告によってウェブサイトの閲覧者が広告主の商品又はサービスを購入したとき，生じた利益に

応じて広告制作者に成功報酬を与えることをいい，そのような広告制作者をアフィリエイターという。

　本判決では，発信者が訴外会社と，第三者商品の売上向上について利益を有する者であり，原告や原告商品の評価を低下させることによって不当な利益を得る関係に立つものであるとして，同号の「競争関係」が認められた。

　一方，公平な消費者の視点で商品を比較するウェブサイト又はブログを制作する者や，商品の売上に応じて成功報酬を受け取ることなしに，自己の嗜好又は信念に基づいて，ある商品又はサービスの購入を推薦するウェブサイト又はブログを制作する者は，同号の「競争関係」を満たさないと考えられる。
一般にアフィリエイターと呼ばれる売上に連動する成功報酬受領者は，同法の「競争関係」の存在が認められうる点に留意すべきである。

（2）記載に対する判断

　本判決では，本件記載1についてのみ原告の請求が認められた。本件記載1は，原告商品の価格として実際よりも高価な金額を記載し，第三者商品の価格として実際よりも廉価な金額を記載していた。

　一方，本判決では，本件記載2ないし6については原告の請求が認められなかった。理由は，虚偽の記載であることの立証が困難であったこと（本件記載2）や，個人的な感想又は主観的な意見を述べたものにすぎないと判断されたもの（本件記載4及び本件記載6）等であった。

　本判決では，どのような記載であれば，個人的な感想又は主観的な意見を述べるとの範疇を超えて，虚偽の事実を流布すると認められるかの具体例は示されていないため，判断基準は明らかではない。

　このため，実務家においては，対象となる記載のうち，まずは客観的に明らかに虚偽の事実となりうる記載の有無に注目し，客観的に明らかな虚偽の事実があれば，その記載に基づいて主張を行うべきである。

（伊達　　浩）

■グループリーダーの付言

不正競争グループリーダー
弁理士　石田　理(いしだ おさむ)

(特定侵害訴訟代理登録)
特許業務法人太陽国際特許事務所　意匠商標室長
日本弁理士会　不正競争防止法委員会　副委員長(令和2年度,令和3年度)
特許等の権利化業務に加え,不正競争防止法,景品表示法等に関する講演や,侵害訴訟案件を担当している。

　本年度の不正競争防止法に係る判例紹介では4件の侵害訴訟について取り上げた。具体的に,「京都芸術大学事件」(p238),「毛穴ケア用化粧水事件」(p234)では周知表示混同惹起行為(法2条1項1号)及び著名表示冒用行為(同項2号)について,「発信者情報開示請求事件」(p246)では信用毀損行為(同項第21号)について取り上げた。また,本年度は「オリゴ糖含有食品事件」(p242)において,「実務家のための知的財産権判例70選」で取り上げることの少ない誤認惹起行為(同項第20号)に係る事件について紹介した。

　一方,本年度,営業秘密の侵害行為(同項第4号〜第10号)に係る判例については,取り上げなかったものの,この1年間において判決は出ている。ところで,営業秘密の民事規定による保護は度重なる法改正により充実されており,最近では平成30年の法改正でインカメラ手続の拡充が図られている。また,営業秘密の侵害行為には刑事罰が適用されるが,警察庁が公表している「令和2年における生活経済事犯の検挙状況等について」によれば,平成26年に11件であった検挙件数が,平成27年の罰則強化等の法改正を機に増加しており,令和2年には22件となっている。このように,営業秘密の保護に関しては,民事及び刑事の両面での保護が図られている。

　また,経済産業省では,「秘密情報の保護ハンドブック」,「秘密情報の保護ハンドブックのてびき」等を発行し,営業秘密の保護に関する情報発信に努めている。さらに,コロナ禍によるテレワークの増加を受けて,令和2年5月には,Q&A解説「テレワーク時における秘密情報管理のポイント」を公表している。同解説では,シェアオフィス等の不特定多数が出入り可能な場所でテレワークを行う場合,紙の資料・PC等を机上等に放置したり,他人がいる場所でのオンライン会議を控える点,自宅から社内サーバやクラウドにアクセスする場合,セキュリティを十分に確保する必要がある点などについてアドバイスをしている。営業秘密の漏えいを防ぐべく,テレワークをされる際の参考にされたい。

第5章
著者権

金魚電話ボックス控訴事件

判 決 の ポ イ ン ト	電話ボックスの内側に水を満たし金魚を泳がせた作品「金魚電話ボックス」について，原審ではアイディアとされた表現について創作性が認められ，著作権侵害であるとされた。
事 件 の 表 示	R 3.1.14　大阪高裁　令和元年（ネ）1735 （原審　R 1.7.11　奈良地裁　平成30年（ワ）466）
参 照 条 文	著2①一　著2①十五　著21　著27
Key Word	著作物性，複製，アイディア

1．事実関係

（1）事案の概要

本件は，電話ボックスの内側に水を満たし金魚を泳がせた美術作品（以下「被告作品」という。）を制作して展示した被控訴人（原審における被告）らに対し，現代美術家である控訴人（原審における原告）が，被告作品について，自己の著作物である美術作品（以下「原告作品」という。）を複製したものであり，自らの著作権（複製権）及び著作者人格権（氏名表示権及び同一性保持権）を侵害したとして，被告作品の制作の差止め，被告作品を構成する公衆電話ボックス様の造作水槽及び公衆電話機の廃棄，不法行為に基づく損害賠償金の支払等を求めた。

なお，被控訴人（被告）は，被告作品を制作した芸術系大学の学生団体から作品の部材を引き継いだ団体の代表者と，被告作品の管理を行っていた商店街協同組合である。

（2）原審の判断

原判決（R 1.7.11奈良地裁平成30年（ワ）466）では，原告作品の基本的な特徴として，①公衆電話ボックス様の造形物を水槽に仕立て，その内部に公衆電話機を設置した状態で金魚を泳がせていること，②金魚の生育環境を維持するために，公衆電話機の受話器部分を利用して気泡を出す仕組みであることを挙げた。そして，この①，②の特徴について，「①については，確かに公衆電話ボックスという日常的なものに，その内部で金魚が泳ぐという非日常的な風景を織り込むという原告の発想自体は斬新で独創的なものではあるが，これ自体はアイディアにほかならず，表現それ自体ではないから，著作権法上保護の対象とはならない。また，②についても，多数の金魚を公衆電話ボックスの大きさ及び形状の造作物内で泳がせるというアイディアを実現するには，水中に空気を注入することが必須となることは明らかであるところ，公衆電話ボックス内に

通常存在する物から気泡を発生させようとすれば，もともと穴が開いている受話器から発生させるのが合理的かつ自然な発想である。すなわち，アイディアが決まればそれを実現するための方法の選択肢が限られることとなるから，この点について創作性を認めることはできない。」とした。

　他方で，原告作品における，公衆電話ボックス様の造形物の色・形状や，内部に設置された公衆電話機の種類・色・配置等の具体的な表現については創作性を認め，著作物に当たると判断した。

　そのうえで，原判決は，複製権侵害が成立するとの原告の主張に対し，原告が同一性を主張した上記①，②の特徴は，著作権法上の保護が及ばないアイディアに対する主張であるから，原告の同一性に関する上記主張はそもそも理由がないとした。

　また，著作物性を認めた原告作品の具体的表現内容についても，公衆電話ボックス様の造形物を用いるというアイディアに必然的に生じる表現であること，被告作品から原告作品を直接感得することができないことを理由に，原告作品と被告作品の同一性を認めなかった。

▌2．争点
　本件では，原告作品の著作物性，被告作品による原告作品の著作権（複製権又は翻案権）侵害の有無が主に争われた。

▌3．裁判所の判断
（1）原告作品の著作物性について
　裁判所は，原告作品のうち本物の公衆電話ボックスと外観が異なる点として，以下の4点を挙げた。

　第1に，電話ボックスの多くの部分に水が満たされている。第2に，電話ボックスの側面の4面とも，全面がアクリルガラスである。第3に，その水中には赤色の金魚が泳いでおり，その数は，少なくて50匹，多くて150匹程度である。第4に，公衆電話機の受話器が，受話器を掛けておくハンガー部から外されて水中に浮いた状態で固定され，その受話部から気泡が発生している。

　裁判所は，まず第1から第4の各要素について創作性を検討し，第1〜第3の点について，単体では創作性を否定した上で，第4の点については，「水槽に空気を注入する方法としてよく用いられるのは，水槽内にエアストーン（気泡発生装置）を設置することである。」と指摘し，受話器の受話部から気泡が発生しているという表現には，控訴人の個性が発揮されているとした。

　そして，原告作品について，第1と第3の点のみでは創作性を認めることはできないものの，これに第4の点を加えることによって，原告作品は，「電話ボッ

クス様の水槽に50匹から150匹程度の赤色の金魚を泳がせるという状況のもと，公衆電話機の受話器が，受話器を掛けておくハンガー部から外されて水中に浮いた状態で固定され，その受話部から気泡が発生しているという表現」について創作性があり，美術作品としての著作物性を有すると判断した。

（2）著作権（複製権又は翻案権）侵害について

　裁判所は，著作権侵害の有無について，原告作品と被告作品とにおける同一性（類似性）の有無，及び原告作品への依拠に基づき判断した。

　裁判所は，原告作品と被告作品の共通点について，①公衆電話ボックス様の造作水槽に水が入れられ，水中に主に赤色の金魚が50匹から150匹程度，泳いでいること，②公衆電話機の受話器がハンガー部から外されて水中に浮いた状態で固定され，その受話部から気泡が発生していることとした。そして，「共通点①及び②は，原告作品のうち表現上の創作性のある部分と重なる。」と判示した。一方，公衆電話機の機種と色，屋根の色，公衆電話機の棚の形状，電話ボックスを満たす水の量などの相違点は，ありふれた表現であるか，鑑賞者が注意を向けない表現にすぎず，原告作品のうち表現上の創作性のない部分に関係するとした。以上より，裁判所は，「被告作品は，原告作品のうち表現上の創作性のある部分の全てを有形的に再製し」，後記するように原告作品に依拠していると認められるとして複製権の侵害を認めた。

　なお，裁判所は，複製権の侵害を認めたうえで，仮に相違点である，公衆電話機の種類と色，屋根の色などの選択に創作性を認めることができ，原告作品と別の著作物であるとしても，「上記共通点①及び②に基づく表現上の本質的な特徴の同一性を維持し，原告作品における表現上の本質的な特徴を直接感得することができるから，原告作品を翻案したもの」であると判示した。

　依拠性については，被控訴人が，被告作品を制作した芸術系大学の学生団体のメンバー及び指導教授と知り合いであること，展示会への出品に控訴人からの抗議があり学生団体が出品を辞退した経緯があること，別の展示会への出品に関し，控訴人から著作権侵害をしているとして被控訴人が抗議を受けている等の事実関係を認定したうえで，被告作品が原告作品に依拠していると判断した。

▌**4．実務上の指針**

　本判決では，著作物性の判断において，原審ではアイディアと判断された「公衆電話機の受話器が，受話器を掛けておくハンガー部から外されて水中に浮いた状態で固定され，その受話部から気泡が発生している」点について，創作性のある表現と認めたものであり，アイディアと表現の区別について実務上参考になる。

　著作物として保護を受けるためには，「思想又は感情を創作的に表現したも

の」(著2①一)であることが必要であり，「表現」に当たらない「アイディア」については，著作権によって保護されない（S59.1.26大阪地裁昭和55年（ワ）2009）。これは，他者がアイディアを自由に利用し別の表現を創作する余地を残すことが文化の発展に寄与するから等の理由による。

　本判決においては，創作性に関し，「ある思想ないしアイデアの表現方法がただ1つしか存在しない場合，あるいは，1つでなくとも相当程度に限定されている場合には，その思想ないしアイデアに基づく表現は，誰が表現しても同じか類似したものにならざるを得ないから，当該表現には創作性を認め難い」と判示した。これは，創作性を表現の「選択の幅」と捉えるものであり，選択の幅が狭い場合には，個性を発揮できず同じような表現を採用せざるを得ないため，創作性が認められにくく，選択の幅が広い場合には，他者になお他の表現を選択する余地が残されているから創作性が肯定されやすいという考えであり，従来の裁判例を踏襲する（H20.7.17知財高裁平成20年（ネ）10009）。

　本判決では，原告作品の上記した第1の要素「電話ボックスの多くの部分に水が満たされている」ことについては，「電話ボックスを水槽に見立てるという斬新なアイデアを形にして表現したものといえるが，表現の選択の幅としては，入れる水の量をどの程度にするかということしかない。」として，創作性を認めなかった。一方，第4の要素である「受話部から気泡が発生している」点については，他の選択肢（気泡発生装置の設置）があり，水槽に空気を注入する方法としてアイディアから必然的に生じる表現ではないこと，また，ありふれた表現でもないことを理由として創作性を認めている。

　本判決では，被告作品が原告作品の複製権や翻案権を侵害するか否かを判断する手法として，原告作品の著作物性を認定してから，被告作品に原告作品の創作的表現が複製ないし翻案されているかを判断する手法（二段階テスト）を採用している。これに対し，両作品に共通する要素を取り出し，そこが創作的な表現に該当するか否かにより判断する手法（濾過テスト）がある（江差追分事件（H13.6.28最高裁民集55巻4号837頁））。どちらの手法をとっても，共通点について創作性のある表現が一致していれば侵害が認められ，創作性がない，表現それ自体でない部分（アイディア）の一致では，侵害は否定される。

　以上のように，著作物性の有無と，著作権侵害の成否の判断の両方に創作性がかかわっており，実務上，著作権者側の立場であれば，両作品の共通点について「選択の幅」があることを示したうえで，ありふれた表現でないことを主張することが有効であると思われる。

（中村　新二）

音楽教室における著作物使用にかかわる
請求権不存在確認請求控訴事件

判　決　の ポ イ ン ト	音楽教室における教師の演奏行為の演奏主体は音楽教室事業者であるとした一方，生徒の演奏行為の演奏主体は生徒であると判断した。
事件の表示	R 3 .3 .18　知財高裁　令和2年（ネ）10022 （原審R 2 .2 .28　東京地裁　平成29年（ワ）20502等）
参 照 条 文	著2⑤　著22　著30の4
Key Word	演奏権，公衆に直接聞かせることを目的，権利濫用

1．事実関係

　本件は，音楽教室を運営する控訴人らが著作権管理事業者である被控訴人に対し，被控訴人が管理する全楽曲に関して，各控訴人が生徒との間で締結した音楽及び演奏技術の教授に係る本件受講契約に基づき行われるレッスンにおける，控訴人らの教室又は生徒の居宅内においてした被告管理楽曲の演奏について，被控訴人が控訴人らに対して演奏権侵害に基づく損害賠償請求権又は不当利得返還請求権をいずれも有していないことの確認を求めた事案である。

　原審は，各控訴人らについても確認の利益があることを認めたうえで，すべての控訴人らとの関係で，①音楽教室事業者である控訴人らは音楽著作物である被告管理楽曲の利用主体である，②教室内にいる生徒は「公衆」である，③教師は著作権法22条にいう「公衆」である生徒に対し，生徒は「公衆」である他の生徒又は演奏している自分自身に対し，「直接聞かせることを目的」として演奏をしている，④2小節以内の演奏であっても音楽著作物の利用であるとし，⑤控訴人らの演奏権の消尽，実質的違法性阻却事由及び権利濫用の主張をいずれも排斥し，被控訴人の控訴人らに対する著作権侵害に基づく損害賠償請求権及び不当利得返還請求権のいずれの存在も認め，控訴人らの請求をいずれも棄却した。控訴人らは，原判決を不服として本件控訴を提起した。

2．争点

　本件では，音楽教室における演奏が「公衆」に対するものであるか（争点2），音楽教室における演奏が「聞かせることを目的」とするものであるか（争点3）について争われた。

▍3．裁判所の判断

音楽教室における演奏が「公衆」に対するものであるか（争点２）及び音楽教室における演奏が「聞かせることを目的」とするものであるか（争点３）

①著作物の利用主体の判断基準について

演奏の主体の判断に当たっては，演奏の対象，方法，演奏への関与の内容，程度等を考慮し，誰が音楽著作物の演奏をしているかを判断するのが相当である（ロクラクⅡ事件（H23.1.20最高裁第一小法廷平成21年（受）788））。

②「公衆に直接聞かせることを目的として」について

著作権法22条は，「公衆に直接」について，演奏権の行使となる場合を「不特定又は多数の者」に聞かせることを目的として演奏することに限定しており，「特定」とは，演奏権の主体と演奏を聞かせようとする相手方との間に個人的な結合関係があることをいい，「直接」については，演奏者は面前にいる相手方に聞かせることを目的として演奏することを求めている。

③「聞かせることを目的」について

著作権法22条における「聞かせることを目的」とは，演奏が行われる外形的・客観的な状況に照らし，演奏者に「公衆」に演奏を聞かせる目的意思があったと認められる場合をいい，それを超える要件を求めるものではないし，また，「著作物に表現された思想又は感情を自ら享受し又は他人に享受させることを目的」としない場合に著作権の制限を認める著作権法30条の４に留意したとしても，演奏技術等の習得は，音楽著作物に込められた思想又は感情の表現を再現することなしにはあり得ず，教師の演奏も当該音楽著作物における思想又は感情の表現を生徒に理解させるために行われるものであるから，著作物に表現された思想又は感情を他人に享受させる目的があることは明らかである。

④教師による演奏行為について

音楽教室における教師の演奏行為の本質は，音楽教室事業者との関係においては雇用契約又は準委任契約に基づく義務の履行として，生徒との関係においては本件受講契約に基づき音楽教室事業者が負担する義務の履行として，生徒に聞かせるために行われる。そして，演奏主体については，控訴人らは教師に対し，雇用契約又は準委任契約に基づき，その管理支配下において演奏させているため，教師がした演奏の主体は，規範的観点に立てば控訴人らである。

⑤「公衆に直接聞かせることを目的として」について

演奏権の行使に当たるか否かの判断は，演奏者と演奏を聞かせる目的の相手方との個人的な結合関係の有無又は相手方の数において決せられるところ，この演奏者とは，著作権法22条の趣旨からみると，演奏権の行使について責任を負うべき立場の者，すなわち演奏の主体にほかならない。そうすると，音楽教室における演奏の主体は，教師の演奏については控訴人らである。

　生徒が受講の申込みをして控訴人らとの間で受講契約を締結すれば，誰でもそのレッスンを受講することができ，生徒の個人的特性には何ら着目されていないから，控訴人らと生徒の当該契約から個人的結合関係が生じることはなく，控訴人らからみて，生徒は人数に関わりなく，いずれも「不特定」の者に当たり，「公衆」になるというべきである。

　次に，音楽教室におけるレッスンは，教師による演奏を行って生徒に課題曲を聞かせることにより演奏技術等の教授を行うものであるから，教師による演奏が公衆である生徒に対し聞かせる目的で行われていることは明らかである。

　⑥生徒による演奏行為について

　音楽教室における生徒の演奏行為の本質は，演奏技術等の教授を受けるため，教師に聞かせようとして行われるものと解する。そうすると，他の生徒に「聞かせる目的」で演奏しておらず，控訴人らは，生徒の演奏によって，演奏権侵害に基づく損害賠償債務又は不当利得返還債務のいずれも負わない。

┃ 4．実務上の指針
（1）教師による演奏行為について

　本件では，音楽教室における演奏主体について，音楽教室事業者たる控訴人らと教師間における雇用契約又は準委任契約に基づき，管理支配下において演奏させており，教師がした演奏の主体は控訴人らであると判示しており，クラブ・キャッツアイ事件（S63.3.15最高裁第三小法廷昭和59年（オ）1204）やダンス教室事件控訴審（H16.3.4名古屋高裁平成15年（ネ）233）において示された「カラオケ法理」を考慮すれば，疑問を挟む余地はない。

　そして，控訴人らの音楽教室事業者と生徒間に個人的結合関係が未だ生じていない受講契約締結時点に着目し，生徒が「公衆」に該当し，教師による演奏が公衆である生徒に対し聞かせる目的で行われているとした判断についても首肯できる。

　この結論については，フィットネスクラブ（管理開始2011年），カルチャーセンター（同2012年），社交ダンス以外のダンス教室（同2015年），歌謡教室（同2016年）など，類似の著作物利用分野について，既に利用許諾手続の合意が形成されていることを踏まえ，公平性の観点からも納得できるものである。

　ここで，教師の演奏行為が著作権侵害となることを避ける方策について検討する。受講契約の締結以前から音楽教室事業者と生徒との間に個人的結合関係が形成されている場合には，当該生徒は「公衆」に該当しないため，音楽教室事業者と当該生徒とが受講契約のみを介して個人的結合関係を形成しておらず，教師による演奏行為が演奏権の侵害とはならないと考えられる。また，例えば，音楽教室事業者と生徒とが受講契約を締結する際に，双方の知人等の第三者か

らの紹介状や所定の音楽コンクール等の受賞歴等を受講条件とする場合には，当該生徒は「不特定」の者に該当しないとともに「誰でも受講契約の締結が可能」とはいえず，当該生徒は最早「公衆」に該当しない可能性がある。

（2）生徒による演奏行為について

生徒による演奏行為は他の生徒に「聞かせることを目的」とするものであると原審では判示されたが，本判決では，「公衆」である他の生徒に対し聞かせる目的で行われているのではなく，（「公衆」に該当しない特定の）教師に聞かせようとして行われているのであり，生徒の演奏の主体は当該生徒であるから，生徒の演奏によっては，控訴人らは被控訴人に対し，演奏権侵害に基づく損害賠償債務又は不当利得返還債務のいずれも負わない，とした判断についても首肯できる。

（3）「聞かせることを目的」について

本件では，著作権法22条における「聞かせることを目的」に関し，「音楽教室における教師の演奏が当該教師の本来の演奏とは異なるなどの事情があるとしても，……著作物に表現された思想又は感情を生徒に享受させる目的があることには変わりなく，このようなことが不可能なように繰り返しレッスンすることなどあり得るはずもない」としたうえで，「「聞かせることを目的」とする演奏とは，「聞き手に官能的な感動を与えることを目的とする演奏」あるいは「音楽の著作物としての価値を享受させることを目的とする演奏」をいう……。」との控訴人らの主張を退けた点についても，音楽教室におけるレッスンの実態も踏まえれば，疑問を挟む余地はないと考える。

（4）その他

音楽著作物については，ほとんどの場合，その代替物が存在しないという特殊性があり，対象楽曲が著作権管理事業者による管理対象である場合，単純に当該対象楽曲の代わりに著作権の保護期間が満了した他の楽曲を使用すればよいということにはならない。そうすると，著作権管理事業者への著作権信託契約しか実質的に選択肢がない現在の情況にかんがみれば，音楽教室事業者に対しては使用料の料率を低廉にしたい等の著作権者の意思を，著作権管理事業者と利用者間における包括許諾契約に反映できるような仕組みをそろそろ検討すべき時期に来ているように思う。例えば，被控訴人が採用している著作権信託契約と，一部の著作権管理事業者が採用している委託契約とのいずれかを，著作権管理事業者と著作権者との合意に基づいて選択できるようにするとともに，当該委託契約が選択された場合，著作権者の意思に基づき，利用者の性質に応じて使用料を変更できるような仕組みを導入することが考えられる。

（大和田　昭彦）

リツイート事件

判決のポイント	プロバイダ責任制限法による発信者情報開示請求の事案において，著作権法19条1項の「著作物の公衆への提供若しくは提示」は，同法21条から27条までに規定する権利に係る著作物の利用によることを要しない，と判断された。
事件の表示	R2.7.21　最高裁三小　平成30年(受)1412
参照条文	プロ責4①　著19①　著19②
Key Word	リツイート，氏名表示権，侵害情報

1．事実関係

　本件は，写真家で「本件写真」の著作者である原告X（被上告人）が，「ツイッター」のウェブサイトにされた投稿（ツイート及びそのリツイート）により本件写真に係る原告Xの氏名表示権等を侵害されたとして，ツイッターを運営する米国法人である被告（上告人）らに対し，「プロバイダ責任制限法」4条1項に基づき，上記投稿に係る発信者情報の開示を求める事案である。

　本件の原審である知財高裁では，本件ツイートによる著作権侵害は認定したものの，著作権侵害を行った本件ツイートへのリツイートが，著作権（複製権・公衆送信権）は侵害しないが著作者人格権（同一性保持権・氏名表示権（著19））を侵害していると認定したことから，本件は，被告（上告人）が，原審の判断には，著作者人格権侵害の認定について法令解釈に誤りがあるとして，最高裁の判断を求めたものである。

2．争点

　本件各リツイート者は，著作権侵害となる著作物の利用をしていないから，著作権法19条1項の「著作物の公衆への提供若しくは提示」をしていない，といえるか（争点1），本件各リツイート記事中の本件各表示画像をクリックすれば，本件氏名表示部分がある本件元画像を見ることができることから，本件各リツイート者は，本件写真につき「すでに著作者が表示しているところに従って著作者名を表示」（著19②）しているといえるか（争点2），本件各リツイートによる本件氏名表示権の侵害について，①プロバイダ責任制限法4条1項1号の「侵害情報の流通によって」権利が侵害されたという要件，及び，②本件各リツイート者は同項の「侵害情報の発信者」の要件，の二つの要件に該当しないのに，これらが充足されるとした原審の判断にはプロバイダ責任制限法の解釈適用の誤

りがあるか(争点3)が争点となった。

▎3. 裁判所の判断
（1）争点1について
「著作権法19条1項は，文言上その適用を，同法21条から27条までに規定する権利に係る著作物の利用により著作物の公衆への提供又は提示をする場合に限定していない。また，同法19条1項は，著作者と著作物との結び付きに係る人格的利益を保護するものであると解されるが，その趣旨は，上記権利の侵害となる著作物の利用を伴うか否かにかかわらず妥当する。そうすると，同項の「著作物の公衆への提供若しくは提示」は，上記権利に係る著作物の利用によることを要しないと解するのが相当である。したがって，本件各リツイート者が，本件各リツイートによって，上記権利の侵害となる著作物の利用をしていなくても，本件各ウェブページを閲覧するユーザーの端末の画面上に著作物である本件各表示画像を表示したことは，著作権法19条1項の「著作物の公衆への……提示」に当たるということができる」，と判断された(下線は判決文による)。
（2）争点2について
「被上告人は，本件写真画像の隅に著作者名の表示として本件氏名表示部分を付していたが，本件各リツイート者が本件各リツイートによって本件リンク画像表示データを送信したことにより，本件各表示画像はトリミングされた形で表示されることになり本件氏名表示部分が表示されなくなったものである」，また，「本件各リツイート者は，本件各リツイートによって本件各表示画像を表示した本件各ウェブページにおいて，他に本件写真の著作者名の表示をしなかったものである。そして，本件各リツイート記事中の本件各表示画像をクリックすれば，本件氏名表示部分がある本件元画像を見ることができるとしても，本件各表示画像が表示されているウェブページとは別個のウェブページに本件氏名表示部分があるというにとどまり，本件各ウェブページを閲覧するユーザーは，本件各表示画像をクリックしない限り，著作者名の表示を目にすることはない。また，同ユーザーが本件各表示画像を通常クリックするといえるような事情もうかがわれない。そうすると，本件各リツイート記事中の本件各表示画像をクリックすれば，本件氏名表示部分がある本件元画像を見ることができるということをもって，本件各リツイート者が著作者名を表示したことになるものではないというべきである」，と判断された(下線は判決文による)。
（3）争点3について
裁判所は，「本件各リツイート者は，その主観的な認識いかんにかかわらず，本件各リツイートを行うことによって，」「本件元画像ファイルへのリンク及びその画像表示の仕方の指定に係る本件リンク画像表示データを，特定電気通信

設備である本件各ウェブページに係るサーバーの記録媒体に記録してユーザーの端末に送信し，これにより，リンク先である本件画像ファイル保存用URLに係るサーバーから同端末に本件元画像のデータを送信させた上，同端末において上記指定に従って本件各表示画像をトリミングされた形で表示させ，本件氏名表示部分が表示されない状態をもたらし，本件氏名表示権を侵害したものである。そうすると，上記のように行われた本件リンク画像表示データの送信は，本件氏名表示権の侵害を直接的にもたらしているものというべきであって，本件においては，本件リンク画像表示データの流通によって被上告人の権利が侵害されたものということができ，本件各リツイート者は，「侵害情報」である本件リンク画像表示データを特定電気通信設備の記録媒体に記録した者ということができる。<u>以上によれば，本件各リツイートによる本件氏名表示権の侵害について，本件各リツイート者は，プロバイダ責任制限法4条1項の「侵害情報の発信者」に該当し，かつ，同項1号の「侵害情報の流通によって」被上告人の権利を侵害したものというべきである。</u>所論の点に関する原審の判断は，是認することができる」，と判断した（下線は判決文による）。

┃4．実務上の指針

（1）争点1について

著作権侵害は，一般的には，支分権（著作権法第21条〜27条）に属するいずれかの行為が無権限者によりなされた場合に認定される。そこで，著作権法第19条（氏名表示権）第1項の「著作物の公衆への提供若しくは提示」に関しても，これらの行為を前提とするか否かについて議論が分かれていた。本件でリツイート者の行為は，本件画像ファイルへのリンクとHTML及びCSSプログラムデータ（侵害情報）の送信であり，上記支分権には該当しなかったが，最高裁では，多数説といわれている説を採用して，上述のように，リツイート者の行為が同項に該当すると判断した。そのため，今後は，支分権に限定されることなく，本項の「著作物の公衆への提供若しくは提示」があった否かが判断される事になり，広汎な行為が含まれることになる。本来，本項については，同条3項による調整も考慮すべきと思われるが，本件は，発信者情報開示請求事件であるためか，上告人側からの十分な主張立証が無かったために考慮されなかったようであり，本判決の射程は実際には限定的なものになるかもしれない。

（2）争点2について

書籍に記載されたイラストや写真等については，目次や巻末部分に著作者名等が表示されることは慣例的に行われており，ネットにおいても，サムネイル画像をクリックする事で，画像全体を表示すること等も同様に行われている事から，本件における判断については，議論の余地があるところである。しかし，

本件では，被上告人から，この点について十分な主張立証はされなかったようであり，その主張立証の範囲で審理が行われた事から，最高裁では，このようなクリックをするような事情はうかがえない，と判断されたようである。

（3）争点3について

裁判所の判断では，侵害情報として，（本件画像ファイルへのリンクとHTML及びCSSプログラムデータ）が認定されており，上告人であるT社の主張に基づいて，本件各リツイート者によるリツイート行為によって，これら侵害情報が本件ウェブページに記録されて，ユーザーが閲覧できるようになっていると事実認定されている。本件は発信者情報開示請求事件であるため，リツイート者は当事者とはならないが，リツイート者としては侵害情報の送信主体とされたことには不満もあろうし，上記著作権法第19条第3項等についても十分な主張立証がされていない部分があるように見受けられる。被上告人は，もともとは，ツイート者がリツイート者の一部と同一人であると思われる情報があったために，ツイート者についての更なる情報を得るためにリツイート者についても発信者情報の開示請求をしたようであるが，本判決により，今後リツイート者はツイート者が氏名表示権侵害をした画像を使用していないか十分に注意する義務を負うことになり，知らぬ間に発信者情報の開示対象になってしまう可能性も危惧される。

なお，本件では原審で判断された同一性侵害については，判断されていない。そのため，リツイート者について同一性侵害について問題になった場合には，いわゆるカラオケ法理（クラブキャッツアイ事件（S63.3.15最高裁第三小法廷昭和59年（オ）1204））により，侵害情報の送信主体をT社（業者）と主張することも可能かもしれない。すなわち，プロバイダ責任制限法は，アップロードされたデータが権利侵害情報（例えば，著作権を侵害する画像）を含むものであっても，一定範囲でプロバイダの責任を制限するものであるが，同法は，アップロードされたデータをプロバイダが加工して用いることまでも免責しようとするものではないと思われる。そして，このような加工を免責していないとすれば，侵害情報（HTML及びCSSプログラムデータ）はリツイートという仕組みのために，業者が作成したものであり，業者はリツイートという本件における「枢要な行為」を「管理支配」しており，リツイートという仕組みを奨励してユーザーに使用させることで「利益」を受けていると思われ，帰責性があると考えることもできるためである。

（菅野　好章）

キャラクター画像侵害事件

判決のポイント	原告作品のような単純化されたキャラクターが，人が日常的にする表情やポーズをとる様子を描く場合，その表現の幅が限定されるため，原告作品が著作物として保護される範囲も，原告作品の内容性質に照らし，狭い範囲にとどまるものというべきである，と判断された。
事件の表示	R 2.10.14　東京地裁　令和元年(ワ)26106
参照条文	著20　著21　著27
Key Word	LINEスタンプ，擬人化されたキャラクター

1．事実関係

（1）本件は，原告が，被告に対し，被告が制作したキャラクターの画像を用いた「LINE」のスタンプやグッズを販売する行為が，原告の制作した漫画に係る原告の著作権（複製権・翻案権，公衆送信権及び譲渡権）並びに著作者人格権（氏名表示権及び同一性保持権）を侵害するなどと主張して，別紙1作品目録の「うるせぇトリ」欄記載の画像を使用した上記スタンプ等の商品の作成，販売の差止めと，上記画像及び商品の廃棄を求めるとともに，損害賠償等の支払を求める事案である。

（2）本件の原告Xは平成16年11月から本件雑誌に連載された漫画「Mr. BEAK」の作者であり，これには作品名と同名の原告キャラクターが登場する。

（3）被告は，Mのペンネームで「うるせぇトリ」と題するキャラクターを用いた被告作品の作者であり，L株式会社が運営するSNSプラットフォーム「LINE」において，被告作品を「クリエイターズスタンプ」として販売するほか，被告作品を使用した様々なグッズを販売している。

2．争点

被告作品が原告作品の複製又は翻案に当たるか否かが争点となった。

3．裁判所の判断

（1）裁判所では最初に，次のように複製と翻案について基本的な解釈を示した。「複製とは，印刷，写真，複写，録音，録画その他の方法により有形的に再製することをいい（著作権法2条1項15号参照），既存の著作物に依拠し，これと同一のものを作成し，又は，具体的表現に修正，増減，変更等を加えても，

新たに思想又は感情を創作的に表現することなく，その表現上の本質的な特徴
の同一性を維持し，これに接する者が既存の著作物の表現上の本質的な特徴を
直接感得することのできるものを作成する行為をいうと解される」，また，「翻
案（著作権法27条）とは，既存の著作物に依拠し，かつ，その表現上の本質的な
特徴の同一性を維持しつつ，具体的表現に修正，増減，変更等を加えて，新た
に思想又は感情を創作的に表現することにより，これに接する者が既存の著作
物の表現上の本質的な特徴を直接感得することのできる別の著作物を創作する
行為をいう（最高裁平成11年（受）第922号同13年6月28日第一小法廷判決・民集
55巻4号837頁参照）」。

　そのうえで裁判所は，「著作権法は，思想又は感情の創作的な表現を保護す
るものであるから（同法2条1項1号参照），既存の著作物に依拠して作成又は
創作された著作物が，思想，感情若しくはアイデア，事実若しくは事件など表
現それ自体でない部分又は表現上の創作性がない部分において，既存の著作物
と同一性を有するにすぎない場合には，複製にも翻案にも当たらないというべ
きである」として，原告作品全体の創作性及び被告作品全体との対比について
検討を行った。

　（2）原告作品全体の創作性及び被告作品全体との対比について，裁判所は，
「原告キャラクターは，頭部は髪がなく半楕円形であり，目は小さい黒点で顔
の外側に広く離して配され，上下に分かれたくちばし部分はいずれも厚くオレ
ンジ色であり，上下のくちばしから構成される口は横に大きく広がり，体は黄
色く，顔部分と下半身部分との明確な区別はなく寸胴であり，手足は先細の棒
状であるとの特徴を有しており，原告作品においては，原告キャラクターのこ
れらの特徴の全部又は一部が表現されているものと認められる」と認定した。
そのうえで裁判所は，証拠（乙1）及び別紙「対比キャラクター」等に基づいて，
「原告作品に描かれた原告キャラクターの上記特徴のうち，キャラクターの髪
を描かず，頭部を半楕円形で描く点は同別紙の「エリザベス」及び「タキシード
サム」と，目を小さい黒点のみで描く点は同別紙の「タキシードサム」，「アフロ
犬」，「ハローキティ」，「にゃんにゃんにゃんこ」及び「ライトン」と，口唇部分
を全体的に厚く，口を横に大きく描く点は同別紙の「おばけのQ太郎」と，顔部
分と下半身部分とを明確に区別をせずに寸胴に描き，手足は手首・足首を描か
ずに先細の棒状に描く点は同別紙の「おばけのQ太郎」及び「エリザベス」（ただ
し，いずれも手の部分）と共通し，いずれも，擬人化したキャラクターの漫画・
イラスト等においては，ありふれた表現であると認められる」とし，「そうする
と，原告作品は，上記の特徴を組み合わせて表現した点にその創作性があるも
のと認められるものの，原告作品に描かれているような単純化されたキャラク
ターが，人が日常的にする表情をし，又はポーズをとる様子を描く場合，その

表現の幅が限定されることからすると，原告作品が著作物として保護される範囲も，このような原告作品の内容・性質等に照らし，狭い範囲にとどまるものというべきである」として，作品ごとに検討を行った。

（3）作品ごとの複製又は翻案該当性に関する検討について，裁判所では，例えば，原告作品1-1と被告作品1-1について次のような対比を行った。「両作品は，ほぼ正面を向いて立つキャラクターにつき，目を黒点のみで描いている点，くちばしと肌の色を明確に区別できるように描いている点，顔部分と下半身部分とを明確に区別せずに描いている点，胴体部分に比して手足を短く描いている点のほか，黒色パーマ様の髪が描かれている点において共通するが，黒色パーマ様の髪型を描くこと自体はアイデアにすぎない上，その余の共通点は，いずれも擬人化されたキャラクターにおいてはありふれた表現であると認められる。他方，両作品については，原告作品1-1では，キャラクターの体色が黄色で，両目が小さめの黒点のみで顔の外側付近に広く離して描かれ，上下のくちばしはオレジ色で，たらこのように厚く描かれているのに対し，被告作品1-1では，キャラクターの体色は白色で，両目がより顔の中心に近い位置に，多少大きめの黒点で描かれ，上下のくちばしは黄色で原告キャラクターに比べると厚みが薄く，横幅も狭く描かれているなどの相違点がある（以下，これを「作品に共通する相違点」という。）。加えて，原告作品1-1では，キャラクターが，いわゆるおばさんパーマ状の髪型（毛量は体の約5分の1程度で，への字型の形状をし，眉毛も見えている。）をして，口を開け，左手を上下に大きく振りながら，表情豊かに相手に話しかけているかのような様子が表現されているのに対し，被告作品1-1では，いわゆるアフロヘアー風のこんもりとした髪がキャラクターの体全体の半分程度を占めるなど，その髪型が強調され，キャラクターの表情や手足の描写にはさしたる特徴がないなどの相違点があり，その具体的な表現は大きく異なっている。」などと判断し，「両作品は，アイデア又はありふれた表現において共通するにすぎず，具体的な表現においても上記のとおりの相違点があることにも照らすと，被告作品1-1から原告作品1-1の本質的特徴を感得することはできない」として，「被告作品1-1は，原告作品1-1の複製にも翻案にも当たらない」と判断した。そして，同様に他の作品についても検討を行い，「被告作品が原告作品の複製又は翻案に当たるとは認められないから，その余の点につき判断するまでもなく，原告の請求はすべて理由がない」，として原告の請求を棄却した。

▎4．実務上の指針

（1）本件は，擬人化されたキャラクター画像について，複製又は翻案該当性が判断された事例を追加するものとして参考となる判決である。

キャラクター画像が原告画像を複製等したものであるかについては，その
キャラクター画像の表現上の本質的特徴が再製されているかどうかで判断され
る。例えば，サザエさん事件（S51.5.26東京地裁昭和46年（ワ）151）のように「誰
がこれを見てもそこに連載漫画「サザエさん」の登場人物であるサザエさん，カ
ツオ，ワカメが表現されていると感得されるようなものである。つまり，そこ
には連載漫画「サザエさん」の登場人物のキャラクターが表現されているものと
いうことができる」，というように，本質的特徴を判断できればよいが，最近
の事案では，本件のように，原告キャラクター画像の特徴点を抽出したうえで，
被告キャラクター画像との共通点と相違点とを詳細に比較して，これらの点が
ありふれたものであるにすぎないかどうか等を判断して，被告キャラクター画
像の複製等の該当性が判断されるようになっている。

　そのため，このようにキャラクター画像を構成要素ごとに詳細に検討した結
果，原作品を参照して製作されたキャラクター画像であり，感覚的には一見し
てかなり似ているように見える場合であっても翻案等の該当性が否定される事
案（例えば，博士イラスト事件（H20.7.4東京地裁平成18年（ワ）16899），マン
ション読本事件（H21.3.26大阪地裁平成19年（ワ）7877））もあるため，翻案等の
該当性を判断する場合には注意が必要である。

　（2）本件は，擬人化されたキャラクターの翻案等の該当性が判断された事案
であるが，擬人化されたキャラクターの場合には，手足，及び，顔については
目鼻などのパーツも，概ね所定の位置にあることが共通した特徴になる。その
ため，上述のような詳細な検討がなされる結果，ほとんどデットコピーでない
と侵害とされる事案は少ないようである。すなわち，フラねこ事件（H27.9.10
大阪地裁平成26年（ワ）5080）のように原告キャラクターの顔のパーツをそのま
ま用いたような事件や，顔などに目鼻が無く人型の体型に特徴が認められた，
出る順シリーズ事件（H16.6.25東京地裁平成15年（ワ）4779）を除いて，本件と
同種の事案（例えば，ケロケロケロッピ事件（H13.1.23東京高裁平成12年（ネ）
4735））では，翻案等の該当性が否定されているようである。

　なお，擬人化キャラクターの事案では，本件のように鳥に限らず，ウサギや，
本（タウンページ事件（H12.5.30東京高裁平成12年（ネ）464））を擬人化したもの
等もあるが，単なる擬人化では，アイデア・表現二分論に基づいて，翻案等の
該当性に関する判断要素とはされないことが通例である。

（菅野　好章）

漫画のWeb上著作権侵害事件

判 決 の ポ イ ン ト	原著作物を侵害しているか否かは，二次的著作物の権利行使の制約とならない旨を判示した。
事件の表示	R 2.10.6　知財高裁　令和2年（ネ）10018 （原審　R 2.2.14　東京地裁　平成30年（ワ）39343）
参 照 条 文	著23　民1　民709　著114
Key Word	キャラクターの著作権，二次的著作物，PV数

1．事実関係

　一審原告は第三者の原漫画に基づき制作された漫画の著作者であり，一審被告は，書籍・DVD・ビデオ・ゲーム用ソフトウェアの売買等を目的とする株式会社である。一審原告の漫画は，その許可なく被告会社の関わるウェブサイトに掲載され，閲覧者はこれらを無料で閲覧することができた。

　一審は，被告の著作権侵害を認め，原告の1,000万円の請求に対して219万円余の損害賠償を認めたが，この一審判決の損害賠償額を不服とした一審原告及び侵害は成立しないと主張する一審被告の双方が控訴し，一審判決の妥当性が争われた事案である。

2．争点

　本件では，①一審原告の漫画は，原漫画の「キャラクター」を利用した違法な二次的著作物には当たらない，とした一審の判断は妥当か，②一審原告の各漫画は，利用した原漫画にこそオリジナリティがあるのであるから，一審原告の本件損害賠償請求は信義則違反又は権利濫用に当たるのではないか，③一審が認めた損害賠償額について，各ウェブサイトにおいて本件各漫画が公衆送信されたPV数から減じて，損害賠償額を計算したことは妥当か，が争われた。

3．裁判所の判断

（1）原漫画を利用した一審原告の著作物は違法な二次的著作物となり得るか

　裁判所は，一審原告の「本件各漫画は，原著作権に依拠して作成されたもの」と認定した。一方，「原著作物のシーンと本件各漫画のシーンとでは，主人公等の容姿や服装などといった基本的設定に関わる部分以外に共通ないし類似する部分はほとんど見られず(中略)著作権侵害の主張立証としては不十分である

といわざるを得ない」と指摘し，一審被告による「原著作物の「キャラクター」を
そのまま利用して，原著作物の著作権者(中略)の許諾なく，ストーリーを同性
愛及びわいせつなものに変容したものである」から，「このような本件各漫画は，
(中略)違法なものである」旨の主張は成立しない旨を判示した。なお，判決で
は「漫画の「キャラクター」は，一般的には，漫画の具体的表現から昇華した登
場人物の人格ともいうべき抽象的概念であって，具体的表現そのものではなく，
それ自体が思想又は感情を創作的に表現したものとはいえないから，著作物に
当たらない(最高裁判所平成4年(オ)第1443号，同9年7月17日第一小法廷判
決，民集51巻6号2714頁)」ため，その抽象概念としてのキャラクターを利用し
たことが違法であるとする「一審被告らの著作権侵害の主張は，それ自体失当
である」とも述べている。

（2）原漫画を利用した著作物に基づいて権利侵害を主張することは権利濫用に該当するか

裁判所は，原著作物と原告著作物との間に「仮に著作権侵害の問題が生ずる
余地があるとしても(中略)その他の部分については，二次的著作権が成立し得
るものというべきである」とし，一審原告が「オリジナリティがあり，二次的著
作権が成立し得る部分に基づき，本件各漫画の著作権侵害を主張し，損害賠償
等を求めることが権利濫用に当たるということはできない」と判示した。

（3）損害賠償額を認定するにあたり，本件各漫画のPV数に本件各同人誌の利益額を乗じた額から9割を控除したことは妥当か

裁判所は，「法114条1項本文に基づく損害額の推定は，「受信複製物」の数量
に，単位数量当たりの利益の額を乗じて行うものとされている。(中略)「受信
複製物の数量」とは，公衆送信が公衆によって受信されることにより作成され
た複製物の数量を意味するのであるから(法114条1項本文)，単に公衆送信さ
れた電磁データを受信者が閲覧した数量ではなく，ダウンロードして作成され
た複製物の数量を意味するものと解される」とし，「本件においては，公衆が閲
覧した数量であるPV数しか認定することができないのであるから，法114条1
項本文にいう「受信複製物の数量」は，上記PV数よりも一定程度少ないと考え
なければならない」と判示した。また，「本件において，一審被告会社は，本件
各ウェブサイトに本件各漫画の複製物をアップロードし，無料でこれを閲覧さ
せていたのに対し，一審原告は，有体物である本件各同人誌(書籍)を有料で販
売していたものであり，一審被告会社の行為と一審原告の行為との間には，本
件各漫画を無料で閲覧させるか，有料で購入させるかという点において決定的
な違いがある。そして，無料であれば閲覧するが，書籍を購入してまで本件各
漫画を閲覧しようとは考えないという需要者が多数存在するであろうことは容
易に推認し得るところである。(中略)そうすると，本件各漫画をダウンロード

して作成された複製物の数（法114条１項の計算の前提となる数量）は，PV数よりも相当程度少ないものと予想されるうえに，ダウンロードして作成された複製物の数の中にも，一審原告が販売することができなかったと認められる数量（法114条１項ただし書に相当する数量）が相当程度含まれることになるのであるから，これらの事情を総合考慮したうえ，法114条１項の適用対象となる複製物の数量は，PV数の１割にとどまるとした原判決の判断は相当である」と判示した。

▌4．実務上の指針

（1）「漫画のキャラクターは著作物ではない」との最高裁判決の意味について

　一般に漫画のキャラクターというと，漫画に登場する人物の絵柄のように考えてしまうが，この最高裁判決でいう「キャラクター」とは「漫画の具体的表現から昇華した登場人物の人格ともいうべき抽象的概念」の意味である。本判決で引用する「ポパイ事件」の最高裁判決は，「具体的な漫画を離れ，右登場人物のいわゆるキャラクターをもって著作物ということはできない」と判決しているが，ここでいう「キャラクター」はこの判決と同様に，容姿の特徴を含めて，キャラクター設定などの「抽象的概念」のことを指す。

　現代の作品で例えれば，アニメ『機動戦士ガンダム』に登場する「シャア」について，「本名はキャスバル・レム・ダイクンであり，ジオン共和国指導者ジオン・ズム・ダイクンを実父に持つ。ダイクン亡き後，国家を私物化したザビ家に恨みを持つ。アイマスクを常時着用する」というようなキャラクターの設定は著作物ではないということである。一方で，仮面を被り赤い軍服を身に着けたシャアの容姿，つまりキャラクターの絵柄は当然ながら具体的な表現であり著作物である。著作権の侵害を主張する者は，常に具体的な表現が複製等されていることを明確にしてその主張を行わなければならない。

　今回の判決においては，裁判所は，一審被告の主張は，具体的な侵害箇所の特定がなされていないという理由で，一審原告漫画による原漫画の著作権侵害を認定しなかった。しかし，一審原告が行う創作活動のように，コミケットなど同人誌販売会で販売される漫画には，他人の著作物に対するアンソロジーやパロディ作品が多い。かかる創作活動に利用する原漫画の中には外観的に特徴あるキャラクターも多いと思われ，その具体的表現が複製される場合は，それらの著作権を侵害することとなる。当然のことながら，二次的著作物として著作権が成立しても，他者の著作権を侵害する場合がある。従って，一審原告のような執筆活動を行う著作者は，原漫画の権利侵害の注意は常に心掛ける必要があろう。

（2）他人の著作権を侵害している場合の権利行使の可否について

本事件は，一審被告が，当該著作物を著作権法で保護される著作物ではない（争点①），そして第三者の原漫画の著作権を侵害している違法なものであるから権利濫用に当たる（争点②）と抗弁した事案であるが，一審原告の漫画を無断で利用し，著作権の侵害行為を行っている蓋然性の高い一審被告が，かかる主張を行うことは筋がよいとは思えない。

裁判所は，一審判決と同様にこれら被告の主張を一切認めなかったわけであるが，この控訴審判決では，さらに一歩進んで，原著作物に対する著作権侵害が認められる場合であっても，オリジナリティがあり，二次的著作権が成立し得る部分に基づき，本件各漫画の著作権侵害を主張し，損害賠償等を求めることができる旨を判示した。この判決は，原著作物を侵害しているか否かは，二次的著作物の権利行使の制約とならない旨を明確にしたことに意味のある判決である。

（3）著作権法114条1項（損害額の推定）の考え方について

著作権法114条1項は権利者の立証負担の軽減を図るための規定であり，判決が述べるように，損害額は，視聴数ではなく，「公衆送信が公衆によって受信されることにより作成された著作物若しくは実演等の複製物……の数量」（譲渡等数量）に基づいて推定されることが規定されている。しかしながら，本事件の一審被告はその業態から，視聴者に無料で一審原告の著作物を公開することでweb上の閲覧数に応じた広告収入を得ていたと考えられる。そして，もし，その広告収入が判決の損害賠償額以上の金額であったならば，著作権者が一審判決に納得せず，控訴したことも理解できる。特に，同項には「著作権者等の当該物に係る販売その他の行為を行う能力に応じた額を超えない限度において」という限定や，今回適用のあったただし書の「譲渡等数量の全部又は一部に相当する数量を著作権者等が販売することができないとする事情があるときは，当該事情に相当する数量に応じた額を控除する」といった損害賠償額を抑制する規定があり，損害賠償額が大きくなりにくい。侵害者の広告収入が明確になれば，侵害者の得た利益を損害額と推定する同条2項を用いることもできるが，原告が侵害者の広告収入の立証を行うにはハードルが高く，実際にこの規定を用いて損害賠償を求めることは困難な場合が多いであろう。

ウェブ上で広告収入を目的とする著作権侵害は，今後も多く発生すると思われ，著作権法にはこの種の侵害行為の抑止効果が求められる。より大きな損害賠償が著作権者に認められるようなルールの見直しが求められるのではないだろうか。

（中川　裕幸）

漫画・アニメ著作権控訴事件

判 決 の ポイント	翻案行為には広範かつ多様な態様があり得ることから，このような一般的抽象的な翻案行為の差止は認められないと判示された。また，商標権の移転登録手続の請求を認めた原判決が支持された。
事件の表示	R 2.6.24　知財高裁　令和元年（ネ）10050等 （原審　R 1.6.19　東京地裁 平成28年（ワ）10264：第1事件） （原審　R 1.6.19　東京地裁 平成28年（ワ）22298：第2事件）
参 照 条 文	著112　著27
Key Word	事実認定，差止めの必要性，契約に基づく商標権の移転登録手続請求

▌1．事実関係

　本件の紛争は，簡単にまとめると，人気漫画作品について，著作権管理の窓口となった一審被告が，原作の著作者である一審原告の想定を超えた範囲で作品の利用を進めたため，一審原告が一審被告を訴えたというものである。

　本件の第1事件は，本件漫画の著作者兼著作権者である原告が，被告に対し，①本件漫画を原作として翻案された本件アニメについて，配信，DVD販売，キャラクター商品の製造販売，ウェブサイトへの掲載，ぱちんこ・パチスロ遊技機を第三者に製造販売させる行為が著作権侵害に当たるとして差止め請求をし，②本件商標権は，本来は原告に帰属し，両者の合意に基づき第三者名義で商標登録を受けることを許諾したものであり，合意の終了により，原告は，第三者から本件商標権を承継した被告に対し，本件商標権の返還を請求できるとして，本件商標権の移転登録手続を求めた事案である。

　本件の第2事件は，被告が，原告及び第2事件被告に対し，①被告が本件アニメの公衆送信を許諾した第三者に対し，原告らが配信の停止を求めた行為，②被告を経由した第三者からの本件漫画の利用許諾申入れを原告らが拒絶した行為，③被告が本件漫画の二次的利用に関する窓口業務を行うことを内容とする契約を原告らが不当に更新拒絶した行為が，それぞれ共同不法行為に当たり，②及び③は債務不履行に当たるとして損害賠償を求めた事案である。

▌2．争点

　本件では，多くの争点が設定されているが，争点の概要は，①権利譲渡，明示許諾又は黙示の許諾があったか（判決における争点1），②本件漫画及び本件

アニメの翻案及び翻案した商品の販売の翻案権侵害について，抽象的な差止請求権が認められるか（判決における争点3），③原告の被告に対する本件商標の移転登録手続請求権の有無（判決における争点6），である。

3．裁判所の判断

①判決における争点1につき，権利譲渡及び明示の許諾は認められないとした原審判決を肯定し，黙示の許諾があったとした原審判決を否定した。

②判決における争点3につき，「そこで検討するに，翻案とは，既存の著作物に依拠し，かつ，その表現上の本質的な特徴の同一性を維持しつつ，具体的表現を改変し，新たに思想又は感情を創作的に表現することにより，これに接する者が既存の著作物の本質的な特徴を直接感得することのできる別の著作物を創作する行為をいい，翻案に当たるかどうかの判断は規範的な法律判断であり，しかも，翻案行為には広範かつ多様な態様があり得るものである。そうすると，差止めの対象となる侵害態様を具体的に特定することなく，一般的抽象的な翻案の不作為を求めることは，翻案に当たるかどうかが一義的に明確であるとはいえない上，翻案に当たるかどうかの判断を強制執行の段階で執行機関に委ねることととなり，相当ではないから，一般的抽象的な翻案の差止めの必要性は認められない。」として，本件漫画及び本件アニメの抽象的な翻案行為の差止めを認めなかった。

③判決における争点6につき，「そして，前記（1）で認定したとおり，フリーウィルは本件アニメ化契約の有効期間内に本件商標の登録出願を行ったものであるから，本件アニメ化契約3条（3）に基づく商標権の移転義務を負うと認められる。」として，原告の被告に対する本件商標の移転登録手続請求権を認めた原審判決を肯定し，「一審被告は，一審原告に対し，原判決別紙商標目録記載の商標権の移転登録手続をせよ。」という判決主文を言い渡した。

4．実務上の指針
（1）黙示の許諾についての判断

本判決は，送信許諾契約について，原告の黙示の許諾があったか否かについて，原判決と結論を異にしている。

原判決は，「原告は，本件送信許諾契約について認識しつつ，その使用許諾料の一部の支払を受けていたと認めるのが相当である。」として，使用許諾料を得ていたことを，黙示の許諾を肯定するうえでの大きな考慮要素としていると考えられる。これに対し，本判決では，「上記のとおり一審原告は本件通知をもって異議を留めていることに照らすと，上記支払の事実から直ちに一審原告が本件許諾契約の許諾期間の期間延長の合意について黙示の許諾をしたものと認め

ることはできない。」として，使用許諾料の支払を受けた事実をもってしても，直ちに黙示の許諾は肯定されないとした。

また，原判決は，「これに対し，原告は，被告が四者契約4条1項及び3項に基づく通知義務を果たしておらず，また，原告は雑誌連載等で多忙であったから，被告から交付された支払明細書の内容を確認することは不可能であり，平成27年6月10日まで中央映画貿易との契約を認識していなかったと主張する。」としている。

ここからすると，使用許諾料は，少なくとも一審原告側が積極的に請求書等を発行して支払われていたものではなく，一審被告の一審原告に対する他の支払とともに支払われていたものであると考えられる。支払について，支払をストップするように要求することや，もらったお金を返金するということは，それなりの行動を要する。使用許諾料の一部の支払を受けていたことについて，一審原告側が積極的に使用許諾料を要求したのではなかったという事情も，原審判決と本判決で評価が異なったことの一因かもしれない。

（2）翻案権侵害に対する抽象的な差止め請求

本判決は，翻案について，「一審被告の具体的な行為を念頭においたものではなく，特定の第三者の具体的な行為を念頭においたものでもない」状況で差止め請求が認められるかについて，翻案に当たるかの判断は法律判断であることを確認したうえで，抽象的な差止請求は認められないとしている。

判決の請求の趣旨は，例えば『被告は，原告に対し，●円を支払え。』のような形で，法的な判断が排除されていて一義的に明確な記載になっていることが要求される。『被告は，原告に対し，損害賠償金として●円を支払え。』とする判決主文では，裁判所ではなく，強制執行の段階で執行機関が『損害賠償金として』支払われているかという法的な判断をしなければならなくなるからである。

本件の場合，どのような形で翻案がなされるかが特定されていないために差止めが認められなかったが，「一審被告の具体的な行為を念頭においたもの」であって，別紙等で具体的な翻案行為を特定できれば，当然のことながら差止めは認められる。

しかし，原告側からすると，相手方がどのような翻案をするのか未来を予測することはできないため，基本的には過去の具体的な翻案行為を特定して差止めを要求することになる。そうすると，翻案権侵害については，過去に行った翻案行為以外の行為を差し止めることは難しいと考えられる。

（3）契約に基づく商標権の移転

本判決では，契約に基づく商標権の移転義務を認めている。

翻案権侵害に対する抽象的な差止請求の可否の件でも述べたが，判決の請求の趣旨は，法的な判断が排除されていて一義的に明確な記載になっていること

が要求され，これがなされていないと，せっかく判決を得たのに強制執行ができないということになりかねない。

　請求の趣旨，特に非典型的な請求の趣旨を記載する場合の起案担当者は，『この請求の趣旨で本当に強制執行ができるのか。』という悩みを抱えながら，請求の趣旨を起案することになるが，過去に判決で認められた請求の趣旨であれば，強制執行ができる可能性が高い。

　契約に基づく商標権の移転について，実際に訴訟で認められた例がどれくらいあるか不明であるが，多くの弁護士が請求の趣旨を記載する際に参考にする塚原朋一編著「事例と解説　民事裁判の主文」には，契約に基づく商標権の移転についての判決主文は掲載されていない。

　また，東京地方裁判所知的財産部のウェブサイトには，知的財産訴訟における和解条項例集は，和解条項案をまとめている。裁判所における和解は，判決主文と同様に強制執行に用いられるため，請求の趣旨の検討にも有用であると考えられるが，ここにも契約に基づく商標権の移転についての判決主文は掲載されていない。

　今後このような案件を扱う際には，本判決の主文である「一審被告は，一審原告に対し，原判決別紙商標目録記載の商標権の移転登録手続をせよ。」という記載方法は，実務上参考になると思われる。

【参考文献】
1．塚原朋一編著「事例と解説　民事裁判の主文」(新日本法規，第二版，2015年)
2．東京地方裁判所知的財産部ウェブサイト
　https://www.courts.go.jp/tokyo/saiban/wakai/index.html

（河部　康弘）

競艇勝舟投票券自動購入ソフト事件

判　決　の ポ イ ン ト	競艇の勝舟投票券を自動的に購入するプログラムの著作権を共有する原告らが，原告らのプログラムを逆コンパイルして制作したプログラムを販売した被告らに対して損害賠償等を請求して認められた。
事件の表示	Ｒ３.１.21　大阪地裁　平成30年(ワ)5948
参 照 条 文	著114②　著2
Key Word	競艇，勝舟投票券，舟券，逆コンパイル

1．事実関係
（1）原告ソフトウェアの制作と販売

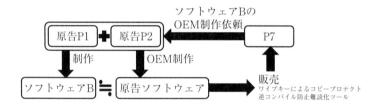

　　原告P1及びP2は，ソフトウェアＢを制作し，販売するとともに，そのOEM製品を制作し，販売を希望する者に提供していた。原告らはP7からの依頼を受けて，原告ソフトウェアを制作し，提供した。原告ソフトウェアをP7に提供する際，原告P1は，無断複製防止のためにワイブキーによるコピープロテクトを施すとともに，逆コンパイルによる複製，改変防止のために難読化ツールを使用した。
（2）被告プログラムの制作

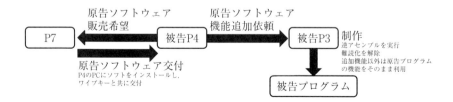

　　P7は，原告ソフトウェアを販売したいとの被告P4からの申し出を受け，被告P4のパソコンに原告ソフトウェアをインストールして，ワイブキーととも

にP4に交付した。被告P4は，プログラマーである被告P3に対し，期待値と称する推奨設定によって舟券を自動購入する機能を原告ソフトウェアに追加することを依頼した。被告P3は，原告プログラムの逆コンパイルを行い，難読化を解除し，上記機能以外は元々の原告プログラムの機能をそのまま利用して，被告プログラムを作成した。

（3）被告ソフトウェアの販売

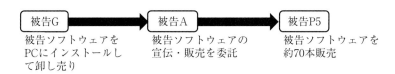

被告P3が代表取締役である被告Gは，被告ソフトウェアをパソコンにインストールして被告Aに卸し，被告Aは，その宣伝，販売を被告P5に委託した。被告P5は，被告Aの名義で，被告ソフトウェアを1本60万円ないし100万円で約70本販売した。

▎2．争点
　原告プログラムの著作物性について争われた。また，被告プログラムは原告プログラムを複製又は翻案したものか否かについて争われた。さらに，被告らが原告プログラムを複製又は翻案することについて権利者から許諾を受けていたかについて争われた。なお，その他の争点は紙面の都合上，割愛する。

▎3．裁判所の判断
（1）原告プログラムの著作物性
　裁判所は，自動運転（ユーザーの設定した条件等にしたがって原告プログラムが自動的に舟券の購入等の動作を実行している状態）中の画面レイアウトについて，一定の意図のもとに特定の指令を組み合わせ，独自のメソッドを作成して独自の構成で記述していると認めた。
　また，裁判所は，自動運転の設定を保存するための構造体のソースコード及び自動運転を制御するための構造体のソースコードについて，一定の意図のもとに特定の指令を組み合わせ，多数の構造体を設定し，配列・構造化した独自のものになっていると認めた。
　裁判所は，DEMEDAS情報（競艇公式ウェブサイトで公開されていた予想情報）を取得する処理のソースコードについて，HTMLデータから一定の情報を抽出する指令の記述は選択の余地があるところ，メンテナンス性を考慮して独

自の記述をしていると認めた。

さらに裁判所は，舟券購入サイトへの投票処理のソースコードについて，人間が情報を入力してログインや舟券購入の操作をすることを想定して作成されている投票サイトのサーバーに，人間の操作を介さずに必要なデータを送信してログインや舟券の購入を完了するための指令の表現方法は複数考えられるところ，複数の方式を適宜使い分けて記述し，一連の舟券購入動作を構成していると認めた。

上記より，裁判所は，ソースコードには表現上の創作性があるといえ，これらを組み合わせて構成されている原告プログラムに表現上の創作性が認められると判断した。

（2）被告プログラムは原告プログラムを複製又は翻案したものか

被告プログラムは，被告P4がP7より入手した原告プログラムについて，被告P3が逆コンパイルを行うとともに難読化を解除し，期待値と称する機能を追加した以外は，逆コンパイルによって得られた原告プログラムの機能をそのまま利用したものであるから，少なくともそのまま利用した部分において，原告プログラムを複製したものであると，裁判所は判断した。

また裁判所は，被告プログラムは原告プログラムを構成するプログラムファイルであるBoatRaceCom.DLL及びKcommon.DLLを複製して作成されたことが明らかであり，被告プログラムは原告プログラムと画面表示やモジュール名がほぼ同じであり，被告プログラムのマニュアルの記載と原告プログラムのマニュアルの記載がほぼ同一であることも上記の結論と合致すると判断した。

（3）被告らが原告プログラムを複製することについて権利者から許諾を受けていたか

裁判所は，原告らはワイブキーによりコピープロテクトを施したうえで，原告ソフトウェアをP7に交付し，その都度代金の支払を受けているのであって，P7が原告プログラムの著作権を譲り受けたと解し得る関係にはないと判断した。

なお，被告らは，原告プログラムを開発したP7が権利者であり，被告P4は原告プログラムを複製し改変することについてP7の許諾を得たと主張したが，裁判所は，被告P3は，P7又は原告らから原告プログラムのソースコードの提供を受けることなく，逆コンパイルを行うとともに難読化を解除して原告プログラムを複製しているため，被告らの主張は採用できないと判断した。

▌4．実務上の指針
（1）開発支援ソフト・開発言語と著作物性

裁判所は，原告プログラムは市販のプログラム開発支援ソフトウェアであるMicrosoft Visual Studioを使用してMicrosoft Visual Basic言語で記述されてお

り，ソースコードを個別の行についてみれば，標準的な構文やありふれた指令の表現が多用されており，独創的な関数等は用いられていないと判断した。しかし，裁判所は，画面レイアウト生成のソースコード，自動運転の設定を保存するための構造体及び自動運転を制御するための構造体のソースコード等について表現上の創作性があるとし，これらを組み合わせて構成されている原告プログラムにも表現上の創作性が認められると判断した。

実務家においては，たとえ開発支援ソフトや開発言語によって対象となるプログラムのソースコードに標準的な構文やありふれた指令の表現が多用されている場合でも，ソースコード中の指令の組み合わせや独自の記述の有無を把握したうえで，対象となるプログラムの著作物性を判断すべきである。

（２）逆コンパイルの有無と著作権侵害

一般に，プログラムを逆コンパイルすることが直ちに著作権の侵害に該当するとはいえない。しかし一方で，独自にプログラムを制作する際に，他人のプログラムを逆コンパイルする行為は不要である。

本件では，被告P3が被告プログラムの制作にあたり，原告プログラムを逆コンパイルして制作したことを，被告P5が制作及び公開したプロモーション動画で自認していた。このため，原告プログラムをそのまま利用した部分について，被告プログラムが原告プログラムを複製していると認定することが容易であった。

実務家においては，プログラム制作時に逆コンパイルがあったか否か，その事実の立証ができるか否かについて，留意すべきである。

一方，プログラム制作時に逆コンパイルがなかった場合，又は逆コンパイルの事実の立証ができない場合であっても，本判決で考慮されたように，原告プログラムのDLLファイルのGUID値（Microsoft Visual Studioを使用してプログラムを開発した際に自動的に生成される識別子であり，128ビットのランダムな数値であるため，偶然一致することはほぼあり得ない）が被告プログラムのDLLファイルのGUID値と一致するか否か，原告プログラムの画面表示，モジュール名又はマニュアルの記載が被告プログラムのものと一致するか否かを要素として，被告プログラムが原告プログラムを複製したか否かが判断され得ることを，実務家は留意すべきである。

（伊達　浩）

第2部
その他民事訴訟

「FeliCa」職務発明対価請求控訴事件

判　決　の ポ　イ　ン　ト	一審原告に対し，本件訴訟提起後まで報奨金の支払いをしていた一審被告は，対価支払請求権について時効の完成を主張できない旨が判断された。
事件の表示	R 2.6.30　知財高裁　平成30年（ネ）10062 （原審H30.5.29　東京地裁　平成27年（ワ）1190）
参　照　条　文	旧特35③
Key Word	相当の対価，独占の利益，消滅時効，仮想実施率

1．事実関係

（1）本件は，一審被告の従業員であった一審原告が一審被告に対し，職務発明について特許を受ける権利を一審被告に承継させ，平成16年改正前特許法35条3項の規定により，相当の対価の未払分296億6,976万3,400円の一部である5億円及びこれに対する遅延損害金の支払いを求めた事案である。

（2）原判決は，3,181万8,836円及びこれに対する遅延損害金の限度で一審原告の請求を認容し，その余の請求を棄却した。

（3）原判決に対し，両当事者がそれぞれ控訴した。一審原告は，控訴に当たり，一部請求の範囲を3億円として不服の範囲を限定するとともに当審において遅延損害金について訴えの拡張を行った。その内容は，当審において請求する相当の対価3億円を関係各特許に割り付けた上，各特許の特許登録日を遅延損害金の起算日とするものである。

2．争点

本件では，平成16年改正前特許法35条3項（以後「旧特許法35条3項」という。）の相当の対価の支払請求権の存否及び額につき，①被告製品における本件発明の実施の有無，②登録日前の実施に対応する相当の対価支払請求権の消滅時効の成否，③本件発明により受けるべき利益，④本件発明について被告が貢献した程度，⑤本件発明に対する発明者間における原告の貢献の程度，が争われた。

3．裁判所の判断

（1）被告製品における本件発明の実施の有無

原審と同じく，被告製品は第三者が製造販売していたとすれば特許法101条5号に該当する物であって，本件発明の間接実施品に当たる旨，判示された。

（2）登録日前の実施に対応する相当の対価支払請求権の消滅時効の成否

　勤務規則等の定めに基づき職務発明について特許を受ける権利を使用者に承継させた従業者は，使用者に対する相当の対価支払請求権を取得するところ（旧特許法35条3項），同請求権についての消滅時効の起算点は特許を受ける権利の承継時であるのが原則であるが，勤務規則等に対価の支払時期に関する定めがある場合，その支払時期が消滅時効の起算点となると解される（オリンパス職務発明事件（H15.4.22最高裁第三小法廷平成13年（受）1256）参照）。

　被告発明考案規定上，報奨金が支払われるためには，特許権等の登録がされることが必要である。しかしながら，実質的に見ても登録前の実施と登録後の実施とを区別する必要に乏しいと考えられることからすると，上記規定は，登録前の実施等についても報奨金を支給する趣旨を定めたものである。被告発明考案規定は，特許権等の登録及び実施等がされた後，直ちに報奨金等の支払いが行われる旨が定められていると解することも困難である。したがって，対価支払請求権は原則どおり，特許を受ける権利の承継時に期限の定めのないものとして発生していると解するほかはない。そうすると，被告発明考案規定に基づく報奨金の支払いは，登録前後を問わず，実施等に対する対価支払請求権全体に対する一部弁済であって，債務の承認又は時効援用権の放棄に当たる。そして，一審被告は，本件訴訟が提起された後である平成28年3月頃まで報奨金の支払いをしていたことは前提事実のとおりであるから，登録前の実施等に対する対価支払請求権について，時効の完成を主張できないことは明らかである。

（3）本件発明により受けるべき利益

　本件発明により「使用者等が受けるべき利益」として，①使用者等が特許権を自ら独占実施することによって得る利益（独占の利益），②一審被告がFN社に対して実施権の現物出資をしたことに伴う利益，③第三者に対する実施許諾に伴う利益，の三つが考えられる。

　①独占の利益

　実施品の売上高に関し，超過売上げの割合は，原審のとおり40%と認めるのが相当である。なお，出願公開前における特許発明の実施について独占の利益を肯定することは困難であるが，出願公開後においては一定条件の下，補償金請求権が認められ，この限度で特許法上の保護が与えられているのであるから，特許権登録後の2分の1の限度で独占の利益が認められるというべきである。

　仮想実施料率について，経済産業省知的財産政策室編「ロイヤルティ料率データハンドブック」によれば，本件実施発明が関連する「器械」「電気」「コンピュータテクノロジー」「精密機器」の各分野における平均実施料率は，2.9%〜3.5%である。また，IT業界におけるライセンス実務において，標準必須特許の累積ロイヤルティ料率は最大5%であるから，平均累積ロイヤルティ料率は，これ

らの平均実施料率と異ならないことが予想される。そして，FeliCaの技術的意義は高いと認められるから，この点は仮想実施料率を高める方向に働くと考えられる一方，FeliCaには本件特許発明以外の技術も用いられており，相応の意義を有すると考えられる。そうすると，FeliCa技術に対して支払われるべき実施料のすべてを本件実施発明に帰属させるべきと考えることはできず，この点は，本件実施発明に対する仮想実施料率を下げる方向に働く。

　これらを総合考慮すると，本件実施発明に対して支払われるべき仮想実施料の料率は，11件の特許発明全体で3.3%，1件当たりでは原審が0.8%のところ，0.3%程度が相当であると判示された。

　②一審被告がFN社に対して実施権の現物出資をしたことに伴う利益

　一審原告は，FN社から一審被告に対してなされた利益還元のみならず，FN社から受領すべき相当なライセンス料を現物出資に当たっての評価に基づき計算された価値に加算すべき旨主張するが，当該利益還元については，一審被告がFN社へ当該実施権を出資した対価として得たFN社株式を保有し続け，FN社の事業利益の一部を一審被告に還元することによるものであり，現物出資の評価に当たって評価され尽くしているから，評価額にさらに加算するのは相当でない。

　③第三者に対する実施許諾に伴う利益

　訴外J社が販売するSuicaカードには，訴外A社によるICチップの製造～J社納入までの商流に一審被告が介在していないものがある。これらのICチップには，一審被告開発のFeliCa OSが搭載されており，一審被告はこれらのICチップ1個当たり所定額をA社から受領している。一審原告は，FeliCa OSではライセンスに基づき本件各発明が実施されていることが明らかであるから，独占の利益として算定されるべきである旨を主張するが，本件各特許の実施許諾料と同視して独占の利益に加算するのは相当ではない。なぜなら，本件各発明を実施するステップも含まれているが，ICチップの動作に関連するそれ以外のステップも多数含まれており，本件各発明を実施するステップに対応する部分は極めて少ないと考えられるからである。そして，本件各発明を実施するステップが占める割合が極めて少ないことを考慮し，計算式に基づいて算定された5,000万円を第三者に対する実施許諾に伴う独占の利益と考えることとする。

（4）本件発明について一審被告が貢献した程度

　原審と同じく，本件発明について一審被告が貢献した程度を95%（発明者らの貢献度を5%）と評価するのが相当である，と判示された。

（5）発明者間における一審原告の貢献の程度

　原審と同じく，各本件実施発明の共同発明者間における一審原告の貢献の程度は，均等として評価するのが相当である，と判示された。

▌4．実務上の指針

　本件に関する実務上の指針については，原審と異なる判断がされた以下の争点について述べることとする。なお，本件については，平成16年改正前特許法が適用される事件であるが，平成16年改正特許法及び平成27改正特許法が適用される事件においても，同様の判断がなされるものと考えられる。

（1）登録日前の実施に対応する相当の対価支払請求権の消滅時効の成否

　消滅時効の起算点については，本件では被告発明考案規定上，具体的な支払時期が定められていなかったため，原則通り，特許を受ける権利の承継時に期限の定めのないものとして発生することとなる旨の判断には首肯できる。

　そして，登録前の実施と登録後の実施とを区別する必要性が実質的に乏しいことから，発明報奨実務において，登録前の実施と登録後の実施とを区別して報奨金を支払う実務を採用する企業は，その煩雑さ故に現実には存在しないものと考えられる。そうすると，被告発明考案規定に基づく報奨金の支払いは，登録前後を問わず，実施対価支払請求権全体に対する一部弁済であり，債務の承認又は時効援用権の放棄に当たるとの判断についても至極真っ当なものであると考える。

　この点に関し，本件で示された，報奨金の支払いが債務の承認又は時効援用権の放棄に当たるという判示事項については，通常，半期又は年度ごとに報奨金の支払いを行う企業の発明報奨実務とは馴染まないと考える。すなわち，本件訴訟の提起後まで報奨金の支払いをしていた一審被告については，訴訟提起後に報奨金の支払いを直ぐに停止する手段しか残されていないと考えられる。

（2）本件発明により受けるべき利益

　本件発明により受けるべき利益に関し，独占の利益について，出願公開前における特許発明の実施について独占の利益を肯定することは困難であり，出願公開後は，補償金支払請求権を考慮し，特許権登録後に対する所定割合の限度で独占の利益が認められる点については首肯できるが，2分の1という具体的な割合の算定については，今後の議論が待たれよう。

　また，第三者に対する実施許諾に伴う利益の算定における仮想実施料率の決定に関し，本件発明が属する分野における平均実施料率の実例を参照して仮想実施料の料率を決定した手法については，ライセンス実務における通常の手法であるため首肯できる。他方，本件発明については，標準必須特許として標準化団体に対して宣言された事情等が存在しないにもかかわらず，標準必須特許の累積ロイヤルティ料率を参照した点に関し，どの範囲まで類似事例を参照すべきかについては，今後の裁判例の蓄積を待ちたいと考える。

（大和田　昭彦）

特許権持分一部移転登録手続等請求控訴事件

判 決 の ポイント	本件発明に一定の関与をした原告が本件特許権持分移転登録を請求したが，共同発明者ではないと判断された。
事件の表示	R 3.3.17　知財高裁　令和2年（ネ）10052 （原審　R 2.8.21　東京地裁　平成29年（ワ）27378）
参照条文	特74①
Key Word	特許権持分移転登録，発明者の認定

1. 事実関係

　本件は，X（控訴人）が，Y1（企業）及びY2（K大学教授）を特許権者として設定登録された「癌治療剤」に係る特許（特許第5885764号，以下「本件特許」）に係る発明（以下「本件発明」）の共同発明者であるとして，Y1，Y2に対して，本件発明の発明者であることの確認及び特許法74条1項に基づく本件特許権の持分各4分の1の移転登録手続等を求めた事件である。

　本件発明は「PD-1の免疫抑制シグナルを阻害する抗PD-L1抗体を有効成分として含む癌治療剤」（請求項1）である。本件特許出願は，分割出願であり，その曾祖父出願の出願日は平成15年7月2日である。本件特許公報に発明者として記載されているのは，Y2，A教授，B氏（Y2の研究室に所属する博士課程学生）及びC氏（Y1の従業員）である。Xは，平成12年4月にK大学大学院S研究科修士課程に入学し，A教授の研究室に所属し，平成14年3月まで修士課程，平成17年3月まで博士課程に在籍し，同月，博士号の学位を取得した。

　Xは，修士課程の間，①抗PD-L1抗体の性状確認等，②ヒトの$\gamma\delta$型T細胞及びNK細胞を使用した実験，③815／PD-L1細胞に対する2C細胞の細胞傷害性測定実験，④DBA／2マウスへの815／PD-L1細胞移植実験，⑤P815特異的細胞傷害性T細胞及びP815移植DBA／2マウスに対する抗PD-L1抗体の投与実験，⑥J558L細胞を使用した実験を行い，修士論文を執筆し，修士号を取得した。

　X，B氏，W助手（A教授研究室所属），Y2及びA教授は，「腫瘍細胞中のPD-L1と宿主免疫システムからの回避との関係及びPD-L1をブロックすることによるがん免疫治療について」と題する論文を執筆し，これを米国科学アカデミー紀要（PNAS）平成14年9月17日号に発表した（PNAS論文）。

　本件特許明細書には，実施例1～5が記載されているが，実施例1～3，5の実験結果を示す図面には，PNAS論文に掲載された対応する図面と概ね同一の実験データが記載されている。

▌2．争点

Xは本件発明の共同発明者に該当するか。

▌3．裁判所の判断

（1）原審の判断

以下の理由に基づき，Xは本件発明の共同発明者ではないと判断した。

（a）発明者の認定基準

原審は，「発明者と認められるためには，当該特許請求の範囲の記載に基づいて定められた技術的思想の特徴的部分を着想し，それを具体化することに現実に加担したことが必要であり，仮に，当該創作行為に関与し，発明者のために実験を行い，データの収集・分析を行ったとしても，その役割が発明者の補助をしたにすぎない場合には，創作活動に現実に加担したということはできないと解すべきである。」とした。

そして，本件に即した場合，本件発明の発明者は，「①抗PD-L1抗体がPD-1分子とPD-L1分子の相互作用を阻害することによりがん免疫の賦活をもたらすとの技術的思想の着想における貢献，②PD-1分子とPD-L1分子の相互作用を阻害する抗PD-L1抗体の作製・選択における貢献，③仮説の実証のために必要となる実験系の設計・構築における貢献及び個別の実験の遂行過程における創作的関与の程度などを総合的に考慮し，認定されるべきである」とした。

（b）本件における判断

原審は，①抗PD-L1抗体がPD-1分子とPD-L1分子の相互作用を阻害することによりがん免疫の賦活をもたらすとの本件発明の技術的思想を着想したのは，Y２及びA教授であり，Xは関与していない，②抗PD-L1抗体の作製・選択に貢献した主体は，A教授及びW助手であり，Xは，A教授らの指導も受けつつ，一定の役割を果たしたということはできるものの，その貢献の度合いはごく限られたものであった，③本件発明を構成する個々の実験については，Xが実際の作業を行ったものの，各実験系の設計及び構築をしたのはA教授であり，各実験の遂行過程におけるXの貢献は限られたものであった，として，Xを本件発明の発明者であると認めることはできないとした。

また，Xは，PNAS論文において共同第一著者であると明記されていたこと，及び，その脚注に，BとXは本研究に等しく貢献したと記載されていたことを主張したが，裁判所は，「論文の共同第一著者とされ，研究に等しく貢献した旨の記載があるとしても，そのことから，直ちに当該論文の共同第一著者を発明者であると推認することはできない。」とした。

（2）知財高裁の判断

知財高裁は原審の判断を支持したが，以下の部分について判断を変更した。

（ａ）発明者の認定基準

本件発明の発明者といえるためには，「特許請求の範囲の記載によって具体化された特許発明の技術的思想（技術的課題及びその解決手段）を着想し，又は，その着想を具体化することに創作的に関与したことを要するものと解するのが相当であり，その具体化に至る過程の個々の実験の遂行に研究者として現実に関与した者であっても，その関与が，特許発明の技術的思想との関係において，創作的な関与に当たるものと認められないときは，発明者に該当するものということはできない。」とした。

（ｂ）本件における判断

原審がＸの貢献につき「その貢献の度合いはごく限られたものであった」と認定した点については，「その貢献は，創作的な関与に当たるものと認めることはできない」と改めた。また，PNAS論文との関係については，「控訴人は，Ａ教授の指導，助言を受けながら，自らの研究として本件発明を構成する個々の実験を現実に行ったものと認められるから，Ａ教授の単なる補助者にとどまるものとはいえないが，一方で，……上記実験の遂行に係る控訴人の関与は，本件発明の技術的思想との関係において，創作的な関与に当たるものと認めることはできない」と改めた。

また，控訴事件において，Ｘは，JEM論文及びダナ・ファーバー特許出願に基づいて，「抗PD-L1抗体がPD-1分子とPD-L1分子の相互作用を阻害することによりがん免疫の賦活をもたらすとの「知見」ないし「着想」は，本件出願当時，公知であったことに照らせば，本件発明の技術的思想の特徴的部分は，具体的な免疫細胞と標的となるがん細胞を用いた実験によってがん免疫の効果を実証し，上記着想を具体化した点にあり，かかる実験の着想及び遂行に貢献した控訴人は，本件発明の発明者であるというべきである」と主張した。しかし，裁判所は，上記がん免疫の賦活をもたらすとの「知見」，「着想」がJEM論文及びダナ・ファーバー出願に基づいて本件出願時において公知ではなかったとし，Ｘの主張を排斥した。

▌4．実務上の指針

本件は，平成23年特許法改正により導入された特許法74条１項に基づく特許権持分一部移転登録手続等請求事件であり，主たる争点は，発明者の認定である。

発明者の認定基準に関しては，技術的思想の創作行為に現実に加担したこと，特に，技術的課題の解決手段に係る発明の特徴的部分の完成に関与することが必要であると理解されている（H28.2.24知財高裁平成26年（行ケ）10275）。これに対し，①発明者に対して一般的管理をしたにすぎない者，②発明者の指示に従い，補助をしたにすぎない者，発明者による発明の完成を援助したにすぎな

い者等は，技術的思想の創作行為に現実に加担したとはいえないから，（共同）発明者に該当しないとされる（H17.9.13東京地裁平成16年（ワ）14321）。

このような従来の基準に照らすと，本判決には注目すべき点が2点ある。まず，第1は，発明者の認定基準につき，原審判決が「技術的思想の特徴的部分を着想し，それを具体化することに現実に加担したことが必要」としていた点から，「特徴的部分」の文言を削除し，「特許発明の技術的思想（技術的課題及びその解決手段）を着想し，又は，着想を具体化」としている点である。本件発明は，医薬用途発明であるところ，ある物（化合物，抗体）の特定の医薬用途への適用という技術的思想全体が特徴的部分であるともいえる。このように考えると，医薬用途発明の場合，発明から「特徴的部分」を抽出することは不要である場合が多いとも考えられる。しかし，他方で，医薬の発明は，一般的にこれを着想してから発明の完成に至るまでには，比較的長期的に数々の実験，検証が行われるため，医薬用途発明そのものを技術思想と捉えると，公知技術との対比において本件発明のブレークスルーとなるべき点に関与し，かつ貢献した者を的確に発明者として認定できなくなる危惧もある。

第2の点は，知財高裁が，発明者と認定されるには「着想を具体化することに創作的に関与したこと」が必要という基準に基づき，PNAS論文に関する原告の貢献につき「A教授の単なる補助者にとどまるものとはいえない」としつつ「本件発明の技術的思想との関係において，創作的な関与に当たるものと認めることはできない」とした点である。従来の基準では「単なる補助者」の場合に発明者性が否定されることのみが明確にされていた点に照らすと，本判決の発明者の認定基準はやや高くなっているようにも思われる。いずれにしても，発明者性の認定には，実験ノート，議事録等の証拠が重要になるところ，このような証拠を残しておくことがいずれの立場でも重要になると思われる。

【参考文献】
　髙部眞規子編著「最新裁判実務大系第10巻　知的財産権訴訟Ⅰ」（青林書院，2018年）p244

（加藤　志麻子）

特許実費等請求控訴事件

判 決 の ポ イ ン ト	特許の実施許諾等に係る契約における「本件特許権等」は契約の文言上，特許権のみ又は製造販売品のみを対象とするに限らず，これらの技術分野に関する特許権又は出願中の特許に対して特許実費の支払義務があるとされた。
事件の表示	R 3.1.14　知財高裁　令和2年(ネ)10047 (原審　R 2.7.29　東京地裁　平成31年(ワ)3197)
参照条文	特77　民415　民492　民494
Key Word	契約，特許実費の範囲，専用実施権

1．事実関係

（1）事案の概要

　本件は，控訴人と被控訴人の間において被控訴人が有する本件特許等の実施許諾等に係る契約を締結し，同契約上控訴人において支払義務を負う費用のうち，平成29年10月1日～平成30年3月31日の平成29年度第2半期における特許実費(すなわち，特許に係る出願，登録及び維持に要する費用)として残額4,506万843円及び遅延損害金並びに実施料220万7,070円及び遅延損害金の各支払いを求めた事案であり，原告の請求を認容する原判決が支持された。

（2）本件契約の内容

　控訴人と被控訴人は，被控訴人が有する本件特許等の実施許諾に関して契約を締結した。契約書(以下「本件契約書」)の条項中，「本件特許権等」とは，「本件製品を技術的範囲に含む乙が現に所有し又は将来に所有すべき特許権及び出願中の特許……の総称を意味する」と定義され，本件特許権等には，「対象特許目録記載の特許権及び出願中の特許，並びにこれらの特許権等に関する分割出願，継続出願，一部継続出願，再発行，更新，延長及び追加が含まれる」と定義されている(契約書中の乙は，被控訴人)。また、「本件製品」とは，「圧電型加速度センサ，触覚センサ，トルクセンサ，マイクロ発電機，及びMEMSミラーを意味する」と定義されている。被控訴人は，本件特許権等に基づき，控訴人に対して控訴人が全世界において本件製品を開発，製造，販売，使用，販売の申出，輸出及び輸入することに専用実施権又は独占的通常実施権を設定又は許諾し，控訴人は，専用実施権又は独占的通常実施権を有している本件特許権等に限り特許実費を負担する。また，控訴人は，自己の選択により，契約に定める専用実施権及び独占的通常実施権を非独占的通常実施権に変更することがで

きる。ランニング・ロイヤルティについては，控訴人は，本件特許権等が有効に存続している国で本件製品を販売した際，ランニング・ロイヤルティとして本件製品の正味販売価格の３％相当額を支払うとされている。

■2．争点

控訴人が支払義務を負う特許実費はどの範囲であるのか（争点１），控訴人が支払義務を負うランニング・ロイヤルティはどの範囲であるのか（争点２）について争われた。

■3．裁判所の判断

裁判所は，本件契約書の「専用実施権又は独占的通常実施権を有している本件特許権等」の解釈を示し，支払義務を負う特許実費及びランニング・ロイヤルティの範囲について，概ね原判決を支持する判断を下した。

（１）特許実費の支払義務を負う「本件特許権等」の解釈

裁判所は，「専用実施権……を有している本件特許権等」との関係で，特許実費を負担する対象が，専用実施権の設定登録がされた特許権に限られるかを問題にした。本件契約書の条項では，「本件特許権等」について，出願中の特許も含まれるとの定義があること（１条），特許権又は出願中の特許に係る出願，登録及び維持に要する特許実費を負担するとの規定，及び非独占的通常実施権への変更通知をしたときは，当該変更通知がなされた対象特許権及び／又は出願中の特許については費用負担義務を免れるとの規定（５条）があることの一方で，出願中の特許に対して仮専用実施権の設定等がされたものに限るとの規定はないことを指摘し，契約の文言上，控訴人が負担する特許実費に出願中の特許についての実費が含まれることは明らかであるとし，既成の特許権のみならず出願中の特許，将来出願される特許及び将来成立する特許権を含めて専用実施権又は独占的通常実施権の設定及び許諾が対象であることを明らかにした。そして，契約上，専用実施権は，設定の合意があれば設定登録の有無にかかわらず，３年経過後には独占的通常実施権に変更されることからすると，「専用実施権又は独占的通常実施権を有している」は，特許権又は出願中の特許で専用実施権の設定等の合意があることを意味すると解され，非独占的通常実施権へ変更していないものであれば特許実費を支払う義務があり，専用実施権の設定登録等を受けた特許権のみが支払対象であるとは解釈し得ないと判示した。

（２）本件特許権等が「本件製品を技術的範囲に含む」との条項の解釈

裁判所は，本件特許権等とは「本件製品を技術的範囲に含む」とする契約条項の定義に関して，控訴人の販売等に係る製品，又は当該技術分野の製品一般のいずれを意味するのかを問題とした。契約上の「本件製品」では，圧電型加速度

センサ，触覚センサ，トルクセンサ，マイクロ発電機，及びMEMSミラーを意味するとの定めがあるものの，控訴人が製造，販売するあるいは製造，販売する予定の製品といった限定はないから，本件製品とはこれらの技術分野の製品一般を意味し，「本件特許権等」は，これらの技術分野に関する特許権又は出願中の特許を意味すると解するのが相当とした。

（3）本件変更通知の対象の解釈

裁判所は，控訴人が被控訴人に対してした本件変更通知，すなわち，契約条項に基づいて控訴人が有するすべての専用実施権を非独占的通常実施権に変更する通知の対象には，本件特許権等に含まれる出願中の特許は含まれず，本件変更通知の対象は契約対象となる本件特許権等のうちの一部にとどまることから，本件変更通知によって何らの専用実施権を有しないことが明確となった以降の特許実費について，控訴人が負担すべきものではないとし，かつ本件変更通知後の特許実費請求は権利濫用であるとする控訴人の主張を退けた。

（4）支払義務を負うランニング・ロイヤルティの範囲

契約条項で規定される「本件特許権等が有効に存続している国において」について，裁判所は，「本件特許権等」の解釈を踏まえると，支払義務の対象は，現に有効に存続している特許権，又は出願後に取り下げや拒絶査定の確定等の事情が存在せず特許権として発生する余地のある特許出願であり，出願すら存在しない特許等は除かれ，支払義務は，本件特許権等に含まれる特許権又は出願中の特許が存在する国における本件製品の販売に限定することを定めたと解するのが自然であるとした。この点，控訴人は特許発明の実施を基準に算定されるべきと主張したが，裁判所は，多数の特許権等を一括して実施許諾する際にロイヤルティを一定額に留め得るのにそうしていないのであるから，実施料算定に関する合意はなかったとして控訴人の主張を退けた。

▎4．実務上の指針

本判決は，特許の実施許諾等に係る契約は，当事者間の黙示の合意に依るのではなく，契約内容が明確に規定された契約書をもって締結すべきであることを明示している。

本件では，控訴人及び控訴人との間で特許の実施許諾等に係る契約を締結した被控訴人の間に契約の事実が存在し，契約条項も明記されている。契約条項には，支払義務を負う対象である特許権等のほか，専用実施権の設定及び独占的通常実施権の許諾，並びに非独占的通常実施権との関係等に関しての規定も含められている。その一方で，本件は，契約条項に規定された内容の曖昧さ，不明確さが争いの契機となった事例といえる。

契約は，契約内容を示してその締結を申し入れる意思表示に対し相手方が承

諾したときに成立し，契約内容は自由に決定できるとされているところ（民521，民522），契約に際しては明確さをもって合意に至ることが重要である。本件契約書のように，書面こそあっても解釈上の不一致が生じる文言を含む条項はむしろ当事者間の争いを助長し兼ねないことに留意したい。

　一般に特許権と表した場合，特許法第66条，第77条の特許権に係る規定を踏まえれば，特許権は登録のうえ存在し得る権利となるところ，契約自体は当事者間で自由に取決めることができるため，契約条項が存在すれば条項中の内容に従って解釈され，決せられる。本件の控訴人は，特許法第77条を根拠に設定登録を受けた特許権のみが対象であるとの主張をしたが，本件のように，契約条項の「本件特許権等」が出願中の特許を含むことが明記された状況では，既成の特許権のみとする解釈よりもむしろ，出願中の特許，将来出願される特許及び将来成立する特許権も包含されるとする解釈がされることに違和感はないであろう。裁判所は，判決文で同じ用語は同じ意味であるのが原則としてもすべての契約書がそうであるとは限らないとも述べており，条項は常に明確に設けておくべきである。

　また，裁判所は，本件特許権等が本件製品を技術的範囲に含むものと定義されていることについて，契約締結に至る交渉の状況を踏まえ，「本件特許権等」との文言は，いずれかの本件製品がその技術的範囲に属する場合に限らず，本件製品のいずれかに関する発明を含む場合を意味すると解するのが相当と判示した。一般に，ランニング・ロイヤルティは，ライセンス対象（例えば発明品）がどの程度製造又は使用等されたかに応じて支払う対価である。ところが，現実には控訴人の販売する製品が当然に特許権の技術的範囲に含まれるとはいえないのであり，そういう想定のもと，支払条件を事細かに設定しておくべきである。本事例では，ロイヤルティ支払いの範囲を定める「本件特許権等」は，契約条項に規定の技術分野の特許権だけでなく出願中の特許も意味するとされ，その技術分野に関する製品一般を対象として支払義務が生じることになった。支払条件として本件特許権等の実施の有無やその数に何ら触れず，支払の対象を明らかにしていなかったことは，不利な情勢を招く要因となったことは否めない。裁判所が指摘するように，ランニング・ロイヤルティは，製品の名称を特定しその販売額に応じて定められている状態が適性と考えられ，実際に実施する特許権等の数にかかわらずランニング・ロイヤルティを一定額にとどめられるうえ，実施の有無が争いとなる事態も防ぐことができる点で合理的であろう。

（西山　崇）

多環性カルバモイルピリドン誘導体許可抗告事件

判 決 の ポ イ ン ト	弁護士職務基本規程57条に違反する訴訟行為については，相手方である当事者は，同条違反を理由として，これに異議を述べ，裁判所に対しその行為の排除を求めることはできない。
事件の表示	Ｒ3.4.14　最高裁二小　令和2年(許)37 (原審　Ｒ2.8.3　知財高裁　令和2年(ラ)10004)
参 照 条 文	弁護士職務基本規程57　弁護士法25一
Key Word	訴訟行為の排除，利益相反，職務の公正を保ち得る事由

1．事実関係

（1）事件の概要

　本件は，相手方らを原告とし，抗告人を被告とする訴訟(以下「本件訴訟」という。)において，相手方らが，弁護士Ａ及び弁護士Ｂ(以下，併せて「Ａ弁護士ら」という。)が抗告人の訴訟代理人として訴訟行為をすることは弁護士職務基本規程(平成16年日本弁護士連合会会規第70号。以下「基本規程」という。)57条に違反すると主張して，Ａ弁護士らの各訴訟行為の排除を求める事案である。

（2）本件の経緯

　①本件訴訟は，発明の名称を「HIVインテグラーゼ阻害活性を有する多環性カルバモイルピリドン誘導体」とする特許第4295353号の特許権者である相手方らが，抗告人によって上記特許に係る特許権が侵害されている旨主張して，抗告人に対し，不法行為に基づく損害賠償を求めて，東京地方裁判所に提起されたものである。

　②弁護士Ｃは，相手方に組織内弁護士として所属し，平成30年2月から令和元年10月までの間，本件訴訟の提起のための準備を担当していたが，同年12月31日，相手方を退社し，令和2年1月1日，Ａ弁護士らの所属する法律事務所(以下「本件事務所」という。)に入所した。Ａ弁護士らは，抗告人から令和2年1月8日付け委任状の交付を受けて本件訴訟の訴訟代理人となった。

　③相手方らは，令和2年2月7日，東京地方裁判所に対し，本件事務所の所属弁護士である弁護士Ｃは基本規程27条1号の規定により本件訴訟につき職務を行い得ないのであるから，本件訴訟においてＡ弁護士らが抗告人の訴訟代理人として訴訟行為をすることは，基本規程57条に違反すると主張して，Ａ弁護士らの各訴訟行為の排除を求める申立て(以下「本件申立て」という。)をした。なお，弁護士Ｃは，同月10日，本件事務所を退所した。

　④東京地方裁判所は，弁護士法25条1号に違反する訴訟行為につき，相手方らが裁判所に対して同号に違反することを理由として訴訟行為を排除する旨の裁判を求める申立権を有することから，本件基本規程57条違反の訴訟行為についても，相手方らが裁判所に対して同条に違反することを理由として訴訟行為を排除する旨の裁判を求める申立権を有すると解され，本件訴訟はA弁護士らとの関係で同条本文の定める事件に該当するが，A弁護士らには同条ただし書の「職務の公正を保ち得る事由」があるから，A弁護士らの訴訟行為は同条に違反しない旨判断し，相手方らの本件申立てを却下する決定(以下「原々決定」ともいう)をした。相手方らは，原々決定を不服として知的財産高等裁判所に即時抗告をした。

　⑤知的財産高等裁判所は，A弁護士らに同条ただし書の「職務の公正を保ち得る事由」があるとは認められないとして，原々決定を取り消し，A弁護士らが，本件訴訟につき，弁護士としての職務として抗告人らの訴訟代理をしてはならない旨の決定(以下「原決定」ともいう)をした。A弁護士らは，原決定を不服として最高裁判所に抗告した。

2．争点

　本件訴訟におけるA弁護士らの各訴訟行為を，基本規程57条に違反すると主張して，排除し得るか否かが争われた。

3．裁判所の判断

　原審は，以下のとおり判断して，本件訴訟におけるA弁護士らの各訴訟行為を排除する旨の決定をした。

　しかし最高裁は，「弁護士法25条1号は，先に弁護士を信頼して協議又は依頼をした当事者の利益を保護するとともに，弁護士の職務執行の公正を確保し，弁護士の品位を保持することを目的とするものである。そして，基本規程57条が，共同事務所の所属弁護士は，他の所属弁護士等が基本規程27条1号の規定により職務を行い得ない事件について職務を行ってはならないとするのも，これと同様の目的に出たものである。そうすると，弁護士法25条1号の場合と同様，基本規程57条に違反する訴訟行為についても，相手方である当事者は，これに異議を述べ，裁判所に対しその行為の排除を求めることができるものと解するのが相当である」としたものの，

　上記の原審の判断を是認することができないとした。その理由は以下のとおりである。

　すなわち，「基本規程は，日本弁護士連合会が，弁護士の職務に関する倫理と行為規範を明らかにするため，会規として制定したものであるが，基本規程

57条に違反する行為そのものを具体的に禁止する法律の規定は見当たらない。民訴法上，弁護士は，委任を受けた事件について，訴訟代理人として訴訟行為をすることが認められている（同法54①，55①，55②）。したがって，弁護士法25条1号のように，法律により職務を行い得ない事件が規定され，弁護士が訴訟代理人として行う訴訟行為がその規定に違反する場合には，相手方である当事者は，これに異議を述べ，裁判所に対しその行為の排除を求めることができるとはいえ，弁護士が訴訟代理人として行う訴訟行為が日本弁護士連合会の会規である基本規程57条に違反するものにとどまる場合には，その違反は，懲戒の原因となり得ることは別として，当該訴訟行為の効力に影響を及ぼすものではないと解するのが相当である。」

　以上の理由から，裁判所は，基本規程57条に違反する訴訟行為については，相手方である当事者は，同条違反を理由として，これに異議を述べ，裁判所に対しその行為の排除を求めることはできないとして，原決定を破棄し，原々決定に対する抗告を棄却した。

▎4．実務上の指針
（1）訴訟行為を排除する旨の裁判を求める権利

　弁護士法25条には，弁護士が職務を行い得ない事件として，相手方の協議を受けて賛助し，又はその依頼を承諾した事件などの利益相反事件が規定されている。しかし，この規定は弁護士個人に対する規定であって，複数の弁護士が所属する共同事務所単位に対する規定ではない。共同事務所単位での利益相反事件については，基本規程57条で規定され，弁護士法では規定されてはいない。このことが本件では問題となった。

　すなわち，弁護士法25条1号に違反する訴訟行為については，相手方である当事者が，これに異議を述べ，裁判所に対しその訴訟行為の排除を求める申立権を有することが最高裁判例で定着している（S38.10.30最高裁大法廷昭和35年（オ）924，H29.10.5最高裁第一小法廷平成29年（許）6参照）。しかし，基本規程57条に違反する訴訟行為については，申立権かあるか否かは判例がなく，今回争われたわけである。

　裁判所は，弁護士には訴訟代理人として訴訟行為をすることが法律で認められているので，法律で規定されている弁護士法25条1号とは異なり，弁護士連合会の会規にすぎない基本規程57条に違反することにとどまる場合には，訴訟行為の効力に影響を及ぼすものではないとして，申立権を認めなかった。

　このように本件は弁護士の職務に係る事案であるが，弁護士法25条及び基本規程57条と同趣旨の規定が，それぞれ，弁理士法31条及び弁理士倫理3条の2に設けられているので，本件は弁理士の業務に対しても少なからぬ影響を与え

るものといえよう。

　本件の事案を弁理士の業務に当てはめてみると，基本規程57条と同様に，弁理士倫理３条の２に違反する行為そのものを具体的に禁止する法律は見当たらず，また，弁理士の訴訟代理は，民事訴訟法ではないが，弁理士法６条及び６条の２第１項で法律上規定されていることから，弁理士倫理３条の２に違反する訴訟行為が排除されるようなことはないと考えられる。

　もっとも，弁理士倫理に違反した場合は，弁理士会会則49条による処分の対象となり得る点に当然に留意すべきだろう。

　なお，弁理士倫理では，共同事務所の範囲が拡張されている点にも留意すべきである（弁理士倫理３条の２②）。同じ共同事務所に所属する弁理士が他の事務所（主たる事務所又は従たる事務所を問わない）にも所属している場合は，他の事務所も含めたものが共同事務所とみなされ，しかも，共同事務所とみなされた事務所とさらに異なる事務所に所属する弁理士がいるときは，当該さらに異なる事務所も含め共同事務所とみなされ，順次拡張されていく点に留意する必要がある。

（２）情報遮断措置（チャイニーズ・ウォール）について

　前審の東京地裁及び知財高裁では，基本規程57条のただし書の「職務の公正を保ち得る事由」の有無が争われ，東京地裁はA弁護士らに当該事由があることを認めたものの，知財高裁は，弁護士Cを含む弁護士や弁理士が同じ執務室で執務を行い，各弁護士及び弁理士個人の執務スペースの周囲三方がノートパソコンの画面の２倍程度の高さの仕切りが設けられていたにとどまること，本件事務所の各弁護士及び弁理士の間で，補助する事務局の職員を別にするといった態勢は執られていなかったことから，情報遮断措置として十分なものとは認めなかった。このことから，情報遮断措置として認めてもらうためには，事務所の場所も職員も異にするブランチとするしかないように思われる。

　前審の争いも，十分な情報遮断措置をいかにして構築するかという観点から，参考になる。

【参考文献】
　弁理士倫理第３条の２及び第４条の２に関するガイドライン（令和３年３月４日公表）

（小國　泰弘）

■グループリーダーの付言

特許・実用新案審決取消訴訟(化学)グループリーダー
弁理士・薬剤師　小國　泰弘(おぐに　やすひろ)

(特定侵害訴訟代理業務認定・薬剤師)
特許業務法人津国　勤務。実務経験18年。
弁理士クラブ知的財産実務研究所副所長。弁理士クラブ判例研究部会の
前部会長。同研究部会の設立当初以来およそ13年間，知財関連の裁判例
についてのサーチ及び研究を継続的に行う。

　本年度版では12件の化学関係の審決取消訴訟を取り上げた。詳細は各稿をお読みいただくとして，ここでは，特に興味をひく判決を取り上げる。

　特許権の存続期間の延長登録の有効性に関して，「ナルフラフィン止痒剤事件」(p108)では，処分の対象となった本件医薬品の有効成分がナルフラフィン塩酸塩であるか又はそのフリー体のナルフラフィンであるかが争われた。特許発明には，ナルフラフィン塩酸塩が包含されておらず，そのフリー体のナルフラフィンが包含されていた。そのため，当該有効成分がナルフラフィン塩酸塩であれば，特許発明の実施に政令で定める処分が必要であったとはいえなくなる。結局，裁判所は，当該有効成分が，製造販売承認書に記載された「ナルフラフィン塩酸塩」と形式的に決するのではなく，本件医薬品の承認審査で効能・効果を生ぜしめる成分として着目されたナルフラフィンと，本件医薬品に配合されている，その原薬形態のナルフラフィン塩酸塩の双方であると認定した。出願当初はナルフラフィンの酸付加塩がクレームされていたが，審査過程で補正により削除されてしまったため起こった事件といえる。補正には十分な注意を払うべきということを再認識させられる事件である。

　医薬用途発明の進歩性に関して，「止痒剤事件」(p72)では，当該医薬用途とすることが引用文献から動機付けられるか否かが争われた。裁判所は，公知文献から認められる仮説や推論も，動機付けを基礎付ける場合があるとしたものの，本件においては，技術的裏付けが乏しく，本件優先日当時において研究の余地が大いに残されていたとして，動機付けられるとは認めなかった。引用発明を認定する際には，技術的裏付けなどの有無にも注意を払うのがよいだろう。

　進歩性に関して，「ヒト結膜肥満細胞安定化剤事件」(p52)は，発明の効果が予測できない顕著なものであることを否定して審決を取り消した点に法令の解釈適用を誤った違法があるとして最高裁判所から差し戻された事案である。本事案は，発明の進歩性の有無を判断する際の発明の効果の位置付けを考える上で参考になる。

　補正に関して，「保温シート事件」(p8)は，出願時の技術常識から，当業者は織布又は不織布が透過性を有することを当然に理解するとして，明細書に明示されていない「透過性を有する」という事項を自明と認めた。補正の際に参考になる判決といえる。

資料編

裁判例インデックス

判例番号	掲載頁	タイトル	執筆者	特許・実案法	意匠	商標	不競法	著作権	査定系	当事者系	その他	その他	電気	機械	化学	その他	最高裁	高裁	地裁	キーワード
1	4	電子記録債権の決済方法事件	川原 行雄	○									○					知財		発明該当性、人為的な取決め
2	8	保温シート事件	古舘久月子	○											○			知財		新規事項、新たな技術的事項の導入
3	12	回転ドラム型磁気分離装置事件	寺本 論史	○										○				知財		相違点の認定、引用発明の認定、容易想到性
4	16	炎症性疾患治療用組成物事件	大槻真紀子	○											○			知財		新規性、進歩性、内在していた効果
5	20	合金化合物と微量金属元素を含む輸液製剤事件	玉腰 紅子	○											○			知財		拡大先願、相違点、実質的な相違点、発明の基礎となる技術思想
6	24	デッキ型対戦ゲーム事件	奥川 勝利	○									○					知財		ゲーム上の取決め、容易想到性
7	28	ウエハ検査装置事件	齋藤 昭彦	○									○					知財		容易想到性、動機付け
8	32	医薬品相互作用チェックシステム事件	及川 周	○									○					知財		発明の要旨認定、技術常識、リバースエ判決
9	36	遊技機事件	角田 昌大	○									○					知財		進歩性、動機付け
10	40	船舶事件	青木 宏義	○										○				知財		発明認定、用語の解釈、発明の開示
11	44	鋼矢板圧入引抜機事件	根岸 勇大	○										○				知財		進歩性、相違点の容易想到性、技術常識、周知事項

判例番号	掲載頁	タイトル	執筆者	法域					系列				技術分野				言い渡し裁判所			キーワード
				特許・実案法	意匠	商標	不競法	著作権	行政訴訟系 査定系	行政訴訟系 当事者系	侵害訴訟系	その他	電気	機械	化学	その他	最高裁	高裁	地裁	
12	48	2輪ヒンジ事件	牧内 和美	○										○				知財		進歩性
13	52	ヒト結膜肥満細胞安定化剤事件	岸本 達人	○											○			知財		予測できない顕著な効果、確定した取消判決の拘束力
14	56	リチウムイオン二次電池用正極およびリチウムイオン二次電池事件	都野 真哉	○											○			知財		進歩性、一致点・相違点の認定の誤り、副引用例発明の認定の誤り、容易想到性
15	60	スパッタリングターゲット事件	剣持 勇一	○											○			知財		進歩性、取消判決の拘束力
16	64	(メタ)アクリル酸エステル共重合体事件	權正 英樹	○											○			知財		進歩性、動機付け
17	68	包装体及び包装体の製造方法事件	玉腰 紀子	○											○			知財		進歩性、動機付け、課題の共通性、解決手段の共通性
18	72	止痒剤事件	澤田 孝之	○											○			知財		医薬用途発明、進歩性
19	76	作業機事件	山川 太朗	○										○				知財		実施可能要件
20	80	発光装置事件	坂手 茂樹	○									○					知財		サポート要件
21	84	ロール製品パッケージ事件	坂手 英博	○										○				知財		サポート要件
22	88	ボロン酸化合物事件	大井 道子	○											○			知財		サポート要件
23	92	両面粘着テープ事件	西山 崇	○											○			知財		明確性要件、用語の意義
24	96	フルニアフェンジ作成デバイス及びキット事件	小越 一輝	○										○				知財		パリ優先権

判例番号	掲載頁	タイトル	執筆者	特許・実案法	意匠	商標	不競法	著作権	行政訴訟系 査定系	行政訴訟系 当事者系	その他	侵害訴訟系 当事者系	その他	電気	機械	化学	その他	最高裁	高裁	地裁	キーワード
39	168	情報処理装置事件	保立 浩一	○								○		○						東京	発明の意義、解決課題
40	172	無線通信サービス提供システム控訴事件	川原 行雄	○								○		○					知財		発明の進歩性、出願経過
41	176	ビストン武正縮機における冷媒吸入構造事件	坂手 英博	○								○			○					東京	技術的範囲、訂正要件違反
42	180	エタノール含有大豆胚軸発酵物事件	北口 智英	○								○				○			知財		技術的範囲、均等論の第1要件
43	184	ドットパターン控訴事件	川口 眞輝	○								○				○			知財		新規事項、新たな技術的事項の導入、特許無効の抗弁
44	188	アンテナ装置控訴事件	須藤 淳	○								○			○				知財		サポート要件、特許無効の抗弁
45	192	基礎パッキン用スペーサー控訴事件	北口 智英	○								○			○				知財		損害額の推定、推定の覆滅
46	196	光照射装置控訴事件	谷 征史	○								○			○				知財		損害額の推定、推定の覆滅、共有持分
47	200	発光装置控訴事件	南島 昇	○								○			○				知財		損害賠償額の推定、実施に対し受けるべき金銭の額
48	204	再生トナーカートリッジ事件	井上 一	○								○			○					東京	権利濫用、消尽
49	210	組立家屋事件	茅野 直勝		○							○								東京	意匠法上の物品、類否判断
50	214	データ記憶控訴事件	南島 昇		○							○							大阪		意匠の類似、要部の認定、間接侵害

判例番号	掲載頁	タイトル	執筆者	特許・実案法	意匠	商標	不競法	著作権	審定系	当事者系	その他（行政訴訟系）	その他（侵害訴訟系）	電気	機械	化学	その他（技術分野）	最高裁	高裁	地裁	キーワード
62	268	漫画のWeb上著作権侵害事件	中川 裕幸					○				○						知財		キャラクターの著作権、二次的著作物、PV数
63	272	漫画・アニメ著作権控訴事件	河部 康弘					○				○						知財		事実認定、差止めの必要性、契約に基づく商標権の移転登録手続請求
64	276	競艇勝舟投票券自動購入ソフト事件	伊達 浩					○				○							大阪	競艇、勝舟投票券、舟券、逆コンパイル
65	282	「FeliCa」職務発明対価請求控訴事件	大和田昭彦	○												○		知財		相当の対価、独占の利益、消滅時効、仮想実施率
66	286	特許権持分一部移転登録請求控訴事件	加藤志麻子	○												○		知財		特許権持分移転登録、発明者の認定
67	290	特許実費等請求控訴事件	西山 崇	○												○		知財		契約、特許実費の範囲、専用実施権
68	294	多環性カルバモイルピリジン誘導体許可抗告事件	小國 泰弘	○												○	二小			訴訟行為の排除、利益相反、職務の公正を保ち得る事由

裁判例索引

キーワード索引

執筆者リスト（五十音順）

青 木 宏 義	弁理士	インフォート国際特許事務所
浅 野 令 子	弁理士	井澤国際特許商標事務所
石 田 　 理	弁理士	（業）太陽国際特許事務所
稲 山 朋 宏	弁理士	オアシス国際特許事務所
井 上 　 一	弁理士	リバーフロー国際特許事務所
今 堀 克 彦	弁理士	（業）秀和特許事務所
潮 　 太 朗	弁理士	阿部・井窪・片山法律事務所
及 川 　 周	弁理士	（業）志賀国際特許事務所
大 井 道 子	弁理士	（業）協働特許事務所
大 槻 真紀子	弁理士	（業）志賀国際特許事務所
大和田 昭 彦	弁理士	株式会社クロスコンパス
奥 川 勝 利	弁理士	黒田国際特許事務所
小 國 泰 弘	弁理士	（業）津国
小 越 一 輝	弁理士	（業）秀和特許事務所
加 藤 志麻子	弁理士	阿部・井窪・片山法律事務所
茅 野 直 勝	弁理士	（業）酒井国際特許事務所
川 口 眞 輝	弁理士	川口弁理士事務所
川 原 行 雄	弁理士	桐朋国際特許法律事務所
河 部 康 弘	弁護士・弁理士	小林・弓削田法律事務所
菅 野 好 章	弁理士	アドバンス国際特許事務所
岸 本 達 人	弁理士	東京セントラル特許事務所
北 口 智 英	弁理士	（業）太陽国際特許事務所
國 井 久美子	弁理士	国立大学法人信州大学
黒 瀬 勇 人	弁理士	特許業務法人サトー国際特許事務所
剣 持 勇 一	弁理士	セントラル硝子株式会社
小 林 恵美子	弁理士	伊東国際特許事務所
權 正 英 樹	弁理士	（業）樹之下知的財産事務所
齋 藤 昭 彦	弁理士	あきた知的財産事務所
坂 手 英 博	弁理士	（業）太陽国際特許事務所
澤 田 孝 之	弁理士	キョーリン製薬ホールディングス株式会社
須 藤 　 淳	弁理士	（業）後藤特許事務所
瀧 澤 匡 則	弁理士	せいしん特許法律事務所

伊	達		浩	弁理士	ソニー株式会社
谷		征	史	弁理士	(業)協働特許事務所
玉	腰	紀	子	弁理士	慶應義塾大学
都	野	真	哉	弁理士	TMI総合法律事務所
角	田	昌	大	弁理士	インフォート国際特許事務所
寺	本	諭	史	弁理士	和気国際特許事務所
永	井		望	弁理士	(業)永井国際特許事務所
永	井	義	久	弁理士	(業)永井国際特許事務所
中	川	裕	幸	弁理士	(業)中川国際特許事務所
中	村	新	二	弁理士	(業)磯野国際特許商標事務所
西	山		崇	弁理士	(業)太陽国際特許事務所
根	岸	勇	太	弁理士	(業)信栄特許事務所
野	崎	彩	子	弁理士	(業)太陽国際特許事務所
羽	切	正	治	弁理士	羽切特許事務所
濱	田	百合子		弁理士	(業)栄光特許事務所
藤	田	祐	作	弁理士	アーバン国際特許事務所
古	館	久丹子		弁理士	(業)栄光特許事務所
保	立	浩	一	弁理士	保立国際特許事務所
牧	内	和	美	弁理士	(業)サトー国際特許事務所
南	島		昇	弁理士	(業)サトー国際特許事務所
森	廣	亮	太	弁理士	(業)秀和特許事務所
山	内	輝	和	弁理士	アーバン国際特許事務所
山	川	茂	樹	弁理士	山川国際特許事務所
山	本	晃	司	弁理士	東京セントラル特許事務所
和	気		光	弁理士	和気国際特許事務所

実務家のための
知的財産権判例70選　2021年度版
2021（令和3）年12月23日　初　版　発　行

編　集	一般社団法人弁理士クラブ
©2021	知的財産実務研究所
発　行	一般社団法人発明推進協会

発行所	一般社団法人発明推進協会	
	所在地	〒105-0001
		東京都港区虎ノ門3-1-1
	電　話	東京　03（3502）5433（編集）
		東京　03（3502）5491（販売）
	ＦＡＸ	東京　03（5512）7567（販売）

乱丁・落丁本はお取替えいたします。　印刷：勝美印刷株式会社
ISBN978-4-8271-1363-1　C3032　Printed in Japan

発明推進協会ホームページ：http://www.jiii.or.jp/